데모스테네스 5

나남
nanam

한국연구재단 학술명저번역총서
서양편 457

데모스테네스 5

2025년 2월 25일 발행
2025년 2월 25일 1쇄

지은이   데모스테네스
옮긴이   최자영
발행자   趙相浩
발행처   (주) 나남
주소   10881 경기도 파주시 회동길 193
전화   (031) 955-4601 (代)
FAX   (031) 955-4555
등록   제 1-71호 (1979. 5. 12)
홈페이지   http://www.nanam.net
전자우편   post@nanam.net

ISBN 978-89-300-4189-8
ISBN 978-89-300-8215-0 (세트)

책값은 뒤표지에 있습니다.

이 책은 2019년 대한민국 교육부와 한국연구재단이 우리 시대 기초학문의 부흥을
위해 펼치는 학술명저번역사업의 지원을 받은 책입니다(2019S1A5A7069146).

한국연구재단
학술명저번역총서
457

데모스테네스 5

데모스테네스 지음

최자영 옮김

Demosthenes

데모스테네스 ⑤

차 례

일러두기 9

변론

32. 제노테미스의 '위법의 소(訴)'에 대한 항변 11
33. 아파투리오스의 '위법의 소(訴)'에 대한 항변 27
34. 대부 관련하여 포르미온에 반대하여 45
35. 라크리토스의 '위법의 소(訴)'에 대한 항변 69
36. 포르미온을 위한 '위법의 소(訴)'에 대한 항변 93
37. 판타이네토스에 반대한 '위법의 소(訴)'에 대한 항변 121
38. 나우시마코스와 크세노페이테스에 반대하는
    '위법의 소(訴)'에 대한 항변 149
39. 이름 관련하여 보이오토스에 반대하여 1 163
40. 모친의 지참금 관련하여 보이오토스에 반대하여 2 185
41. 지참금 관련하여 스푸디아스에 반대하여 211
42. 재산교환 관련하여 파이니포스에 반대하여 225
43. 하그니아스의 재산 관련하여
    (소시테오스가) 마카르타토스에 반대하여 243
44. 아르키아데스의 재산 관련하여
    레오카레스에 반대하여 281

지은이·옮긴이 소개 308

데모스테네스 ①

옮긴이 머리말

변론
1. 올린토스 변(辯) 1
2. 올린토스 변(辯) 2
3. 올린토스 변(辯) 3
4. 필리포스를 비난하여 1
5. 평화에 대하여
6. 필리포스를 비난하여 2
7. 할론네소스에 대하여
8. 케르소네소스 사태에 대하여
9. 필리포스를 비난하여 3
10. 필리포스를 비난하여 4
11. 필리포스의 서신에 대한 답신
12. 필리포스의 서신
13. 급여에 대하여
14. 납세분담조합에 대하여
15. 로도스인의 자유를 위하여
16. 메갈로폴리스인들을 위하여
17. 알렉산드로스와의 조약에 대하여

옮긴이 해제

데모스테네스 ②

변론
18. 화관 관련하여 크테시폰을 위하여
19. 사신의 배임에 대하여

데모스테네스 ③

변론

20. 면세특권 관련하여 렙티네스에 반대하여

21. 폭행 관련하여 메이디아스를 비난하여

22. 안드로티온을 비난하여

23. 아리스토크라테스를 비난하여

데모스테네스 ④

변론

24. 티모크라테스를 비난하여

25. 아리스토게이톤을 비난하여 1

26. 아리스토게이톤을 비난하여 2

27. 아포보스의 후견을 비난하여 1

28. 아포보스의 후견을 비난하여 2

29. 아포보스에 반대하고 위증 혐의에
    연루된 파노스를 위하여 3

30. 오네토르에 반대한 명도소송 1

31. 오네토르에 반대한 명도소송 2

데모스테네스 ⑥　　　　　　　데모스테네스 ⑦

변론
45. 스테파노스의 위증을 비난하여 1
46. 스테파노스의 위증을 비난하여 2
47. 에우에르고스와 므네시불로스의
　　위증을 비난하여
48. 재산 손해를 야기한
　　올림피오도로스를 비난하여
49. 채무 관련하여 티모테오스에 반대하여
50. 삼단노선주 부담 관련하여
　　폴리클레스에 반대하여
51. 삼단노선주직의 화관에 대하여
52. 칼리포스에 반대하여
53. 아레투시오스에 속한 예속인 목록
　　관련하여 니코스트라토스에 반대하여
54. 코논의 학대 행위를 비난하여
55. 재산 손해와 관련하여 테이시아스의
　　아들이 칼리클레스에 반대하여
56. 대부 관련하여 다레이오스가
　　디오니소도로스를 비난하여
57. 에우불리데스에 반대한
　　에욱시테오스의 항소
58. 테오크리네스를 비난하는
　　에피카레스의 정보 고지
59. 테옴네스토스와 아폴로도로스가
　　네아이라를 비난하여
60. 장례 추도사
61. 연정의 글

변론 서설
서신
부록
1. 고대 아테나이의 법원(法源)과
　　법 실현의 주체
2. 〈드라콘법〉에 보이는 비고의 살인사건
　　재판, 비자발적인 것과 계기조성
3. 고대 아테나이 정당방위·합법적
　　살인사건 재판, 델피니온 재판소
4. 고대 아테나이 아레오파고스에서의
　　살인사건 재판
5. 〈에우크라테스법〉과 아레오파고스
6. 아레오파고스 의회의 구성
7. 아레오파고스 의회의 여러 가지 명칭
8. 아티모이와 페우곤테스
9. 데모스테네스 변론 원제목의
　　그리스어 표기

용어 해설
찾아보기

일러두기

1. 이 책은 그리스어 원문과 영문판, 프랑스어판, 일본어판을 함께 참고하여 번역했다. 미국 Loeb 총서의 *Demosthenes* 〔C. A. Vince 외 편집 및 번역, 1962∼1978〕를 기본으로, 그 외에 그리스어 Kaktos 판본, *Demosthenes* (1994), 프랑스 Belles Lettres 판본, *Démosthène plaidoyers politiques* (O. Navarre & P. Orsini 편집 및 번역, 1954), 일본 京都大學學術出版會의 西洋古典叢書 《デモステネス 弁論集 1》(2006) 등을 참고했다.

2. 'demos (데모스)'는 민중, 민회 (*ekklesia*), 행정구역으로서의 촌락 등 여러 가지 의미로 쓰인다. 행정구역을 지칭하는 경우, 구(區) 로 번역했다.

3. 인명 · 지명 표기에 있어 외래어표기법보다 그리스어 발음을 우선시했다. (예: 아테네 → 아테나이, 테베 → 테바이, 다리우스 → 다레이오스)

4. 본문 중에 표기된 숫자는 고전 원문의 쪽수 (절) 이다.

5. 참고문헌 표기에 있어, 고대 문헌의 장과 절은 '12. 34.'와 같이 표기했는데 '12장 34절'을 뜻한다.

6. 고대 아테나이 화폐단위는 1탈란톤 = 60므나, 1므나 = 100드라크메, 1드라크메 = 6오볼로스이다. 탈란톤과 므나는 주조 화폐가 아니라 무게 (*money*) 로 측량하며, 드라크메와 오볼로스는 주조 화폐 (*coin*) 이다. 탈란톤은 소 한 마리 가격에 해당하며, 소의 팔과 다리를 사방으로 늘여 편 상태의 모양 (머리는 제거) 으로 만든다. 금속의 가치에 따라 1탈란톤의 은은 더 가볍고, 동은 더 무겁다.

32

제노테미스의 '위법의 소(訴)'에 대한 항변

해제

이 글은 공적 법정 변론으로서, '위법의 소(訴)에 대한 항변'[1]과 관련한 것이다. 데모스테네스의 친척인 데몬이 상인 프로토스에게 금전을 대부(貸付)했는데, 프로토스는 그 돈으로 시켈리아에서 곡물을 샀다. 그 곡물은 마살리아[2] 출신 헤게스트라토스의 배로 시켈리아에서 페이라이에우스로 운송될 계획이었다. 헤게스트라토스는 동향인인 제노테미스와 공동으로 선적 화물을 담보로 돈을 대부받았다. 그런데 이들은 대부해 준 이들을 기만하여, 돈을 마살리아로 송금하고는, 항해 도중에 배를 침몰시키고, 그와 함께 담보물도 사라지도록 하려 했다. 부득이하게 배가 파선하는 경우, 대부금을 변제하지 않아도 되기 때문이었다.

헤게스트라토스가 배에 구멍을 뚫어 침몰시키기로 했는데 성공하지 못했고, 오히려 그런 시도가 발각되어 버린 상황에서 달아나려다가 바다에 떨어져 죽

---

1   *paragraphe.*
2   오늘날 프랑스 남부 해안 마르세이유.

어 버렸다. 배가 목적지에 닿자, 제노테미스는 선적 곡물이 자기 것이라고 하면서 양도하기를 거부했다. 제노테미스가 주장하기를, 애초에 곡물은 이제는 죽어 버린 선주 헤게스트라토스의 것이었는데, 자기가 그에게 돈을 빌려주었다는 것이었다.

그러나 프로토스와 데몬이 그 곡물에 대한 권리를 주장하고 나섰고, 제노테미스가 그들을 상대로 소(訴) 제기했다. 그러자 데몬이 제노테미스의 소 제기는 성립하지 않는 것이라는 항변의 소를 제기했다. 이 항변의 절차를 '위법의 소(訴)에 대한 항변'이라고 한다.

'위법의 소에 대한 항변'은 맞고소의 절차로서, 애초에 상대가 제기한 본안의 소가 위법하므로, 제소 자체가 성립하지 않는다는 취지의 것이다. 항변하는 이가 주장할 수 있는 것은, 제소한 현안이 합법적인 것이 아니라거나, 본안의 제소가 다른 절차를 따라야 하는 것이라거나, 아니면 본안이 이미 재판을 거친 사안이라는 것 등이다. '위법의 소에 대한 항변'은 맞고소(antigraphe)의 일종이다.[3]

'위법의 소에 대한 항변'은 본안의 소에 선행하여 심리가 이루어진다. 본안소에서의 피고는 '위법의 소에 대한 항변'에서 원고가 되어, 먼저 변론의 기회를 갖는다. 이 맞고소의 결과에 따라 본안의 재판 속개 여부가 판가름 나며, 그때까지 본안 재판은 연기된다. '위법의 소에 대한 항변'에서 패소한 원고는 '6분의 1(에포벨리아)'의 벌금을 물어야 한다.

'위법의 소에 대한 항변'의 절차는 기원전 4세기 초반에 정초(定礎)되었다. 아테나이 30인 참주정에 의한 내란을 거친 다음인 기원전 403년 사면령이 내리고, 과두정부[4] 혹은 내란 기간[5] 중에 자행된 부당행위 관련하여 어떤 소 제

---

3   참조, Lysias, 23 〔(플라타이아인이 아니라는 사실 관련하여) 판클레온을 비난하여〕. *anti-gaphe* (*dike*).

기도 하지 못하도록 하는 화해의 법이 통과되었고 맹세로서 법을 지키도록 했다. 누구라도 이 법을 어기고 내란 기간의 일로 고소하면, '위법의 소에 대한 항변' 절차에 의해 문죄당한다.[6]

이 변론은 기원전 340년경, 데몬을 변호하기 위해 데모스테네스가 작성한 것이나 끝부분이 소실되었다. 데모스테네스의 '위법의 소(訴)에 대한 항변'과 관련한 변론 가운데 최초의 것으로 간주된다.

---

4   펠로폰네소스 전쟁에서 아테나이가 스파르타에 패배(404 B. C.)한 다음 아테나이에 몇 달 동안 들어섰던 30인 참주에 의한 과두정 등을 뜻한다.

5   30인 참주를 타도하기 위해 민주파가 필레를 거쳐 페이라이에우스에서 아테나이로 진격했고, 마침내 30인 참주정치가 타도된 과정을 뜻한다.

6   참조, Isokrates, *Kata Kallimachou* (칼리마코스에 반대하여), 1~3.

1. 재판관 여러분, 제가 '위법의 소(訴)'에 대한 항변7을 제기함에 있어, 이 소송은 성립하지 않는다는 점과 관련하여, 제 기소가 근거한 법률에 대해 먼저 말씀드리겠습니다. 재판관 여러분, 법률에 따르면, 아테나이로부터 혹은 아테나이를 향해 화물을 실어 나르는 선주와 상인들은 계약에 기초하여 재판을 받습니다. 누구라도 이 같은 규정을 벗어나서 소(訴) 제기하는 경우, 2. 재판은 성립하지 않아요. 제노테미스를 고발하면서, 우리들 사이에 아무런 계약이나 동의 같은 것이 없다는 점을 그가 스스로 인정합니다. 다만, 그는 선주 헤게스트라토스에게 금전을 대부했는데, 후에 헤게스트라토스가 바다에서 실종됨에, 우리가 그 화물을 차지했다고 합니다. 이것이 혐의 사안입니다. 그 같은 발언에서 소가 성립될 수 없다는 사실을 여러분이 알 수 있으며, 그의 전체 음모와 그 비열함을 깨닫게 될 거예요. 3. 여러분에게 청컨대, 재판관 여러분, 여러분이 어떤 사건을 주의 깊게 검토해 본 적이 있다면, 여기서도 그런 주의를 기울여 주십시오. 그가 저지른 짓거리 전부를 제가 여러분에게 전할 수만 있다면, 또 그럴 수 있기를 저는 희망합니다만, 여러분은 도를 넘은 한 사람의 무모함, 악랄함에 대해 깨닫게 될 것입니다.

4. 여기 여러분 앞에 임석한 제노테미스는 선주 헤게스트라토스의 심복이었는데, 후자는, 제노테미스가 고소장에서 말하고 있듯이, 바다에서 실종되었다고 해요. 그런데 어떻게 실종되었는지는 적지 않았으므로, 제가 말씀드리겠습니다. 아무튼 제노테미스는 헤게스트

---

7   *paragegrammenos*. '*paragraphe*'는 위법한 법령에 대한 기소를 뜻한다.

라토스와 함께 작당해서 사기를 쳤어요. 이들이 시라쿠사이에서 돈을 빌린 겁니다. 제노테미스에게 대부하려는 사람이 물어오면, 헤게스트라토스가 배에 실려 있는 많은 곡식이 제노테미스 것이라고 말해 주고, 헤게스트라토스에게 대부하려는 사람에게는 제노테미스가 배의 화물이 헤게스트라토스의 것이라고 말해 주었던 것이에요. 그런데 한 사람은 선주, 다른 사람은 승객이므로, 이들이 서로에 대해 하는 말을 사람들은 당연히 믿었지요. 5. 그런데 돈을 손에 넣자마자, 이들은 화물을 고향 마살리아로 보내 버렸고,[8] 배에는 아무것도 없었어요. 보통, 계약에 따르면, 배가 목적지에 안전하게 들어오면 바로 빌린 돈을 갚아야 하는 것이므로, 이들은 채권자들을 따돌리기 위해 배를 침몰시키기로 작정했습니다. 배가 항구를 떠난 지 이삼일 지난 날 밤, 헤게산드로스가 선창으로 내려가서 구멍을 뚫기 시작했고, 제노테미스는 아무것도 모르는 척 시침 뚝 떼고 다른 승객들과 함께 갑판에 앉아 있었지요. 그런데 무슨 잡음이 들리는 바람에 배에 타고 있던 승객들이 선창에서 무슨 일이 난 줄로 알고 수습하려고 달려서 내려갔던 거예요. 6. 그래서 현장범으로 발각된 헤게스트라토스는 처벌받을까 봐 달아났는데, 사람들이 추격하자 바다로 뛰어들었어요. 주위가 캄캄했으므로 소정(小艇)에 바로 올라타지 못하여 급기야 익사해 버렸어요. 이렇게 이 비열한 이는 비참한 최후를 맞았습니다. 그가 다른 이들이 맞도록 모의했던 그런 최후를 스스로 맞았던 겁니다.

---

8   아테나이 상법은 아테나이인과 이방인 사이에 차별하지 않으며, 만인이 법 앞에서 평등한 대우를 받는다. 참조, Demosthenes, 35. 45.

7. 그런데 그 친구이며 공범인 이 사람(제노테미스)은 범죄가 발생한 당시 그 배 안에 있었는데, 아무것도 몰랐던 것처럼 소스라치게 놀라는 척했지요. 그러면서 배를 재빨리 버리고 거룻배로 탈출하는 것이 좋겠다고 항해사[9]와 선원들을 설득하려 했어요. 그대로 있다가는 안전을 도모할 수 없고 배가 곧 침몰하게 된다는 겁니다. 이렇게만 했으면 이들의 음모가 적중하여 배는 가라앉게 되고 그로써 계약은 파기되는 것이었어요. 8. 그런데 그의 뜻대로 되지 않았어요. 우리 화물을 보호하기 위해 승선했던 대리인이 그 제안에 반대하고는, 배를 구하면 선원들에게 크게 대가를 주겠다고 했고, 마침내 배는 케팔로니아로 들어오게 되었지요. 신들의 도움이 주효했고 거기다 선원들의 용기 덕분이었습니다. 그때 제노테미스는 헤게산드로스의 동향인인 마살리아인과 짜고서는, 배가 아테나이로 향하지 못하도록, 자신은 물론 돈, 선주, 채권자가 모두 마살리아 출신이라고 말했지요. 9. 그러나 이 꼼수도 안 통했어요. 케팔레니아의 장관[10]들이 배를 원래 출항지였던 아테나이로 돌려보내기로 결정했던 겁니다. 그러자, 이 사람(제노테미스)이, 그 같은 꼼수와 부당행위를 한 다음 이곳으로 올 만한 배짱을 가졌을 것이라고는 아무도 상상할 수도 없는 형편에서, 아테나이인 여러분, 너무나 뻔뻔하고 대담하게도, 이곳으로 왔을 뿐만 아니라 도리어 우리네 곡물을 자기 것이라고 하면서 저를 상대로 소송을 냈습니다.

---

9 *ploreus*. 뱃머리에서 바다를 감독하는 선원.
10 *archontes*.

16

10. 그래, 그 이유가 무엇이겠습니까? 무엇이 그로 하여금 이곳으로 오게 하여 송사를 시작하도록 했겠습니까? 제우스와 또 다른 신들의 이름으로, 부담스럽지만 부득이한 상황에서, 아테나이인 여러분, 제가 설명드리겠습니다. 페이라이에우스에는 깡패 소굴이 하나 있는데, 거기서 서로들 만나 작당하지요. 11. 이들이 누구인지 여러분도 보면 모르지 않을 겁니다. 제노테미스가 배를 아테나이로 돌아가지 못하도록 꼼수를 부릴 때, 우리가 논의 끝에 그들 가운데 한 사람을 대표로 삼아 파견하게 되었습니다. 그는 면식이 있긴 했으나, 실제로 어떤 자질의 사람인지를 우리는 몰랐습니다. 실로 이것이 우리에게는 큰 불행이었던 셈이고, 그 정도는 처음부터 우리가 파렴치한들과 수작을 하게 된 것과 같은 맥락에 있는 것이었어요. 우리 대리인은 아리스토폰[11]이라는 이름을 가졌고, 지금 막 우리가 듣게 된 것으로서, 미칼리온 사태에 연루된 사람이었어요. 이 사람이 제노테미스와 한패가 되어 그를 돕기로 작심하고는 모든 일을 기획했으며 제노테미스는 흔쾌히 여기에 동조했지요. 12. 이들은 배를 없애지도 못했고, 또 채권자(대부인)들에게 돌려줄 돈도 없었던 거예요. 어떻게 있을 수가 있나요? 애초에 선적이란 게 없었거든요. 그런데 이들은 우리 곡물을 자기네 거라고 우기면서, 그 곡물을 담보로 해서 헤게스트라토스가 대부를 받은 것이라고 주장한 겁니다. 그 곡물은 우리들 대리인이 사 놓았던 것인데도 말입니다. 처음부터 사기행각에 말린 그의 채권자들은

---

11 아리스토폰에 대해서는 알려진 바가 없고, 이 변론에서 언급된다. 이어서 나오는 미칼리온(Mikkalion)의 사태에 대해서도 알려진 바가 없다.

돈 대신 교활한 사람 하나밖에 얻은 게 없었던 거예요. 그럼에도, 그가 여러분을 속이게 되면, 채권자들은 우리 돈에서 자기네 돈을 돌려받을 수 있으므로, 그 같은 이익 때문에, 그가 우리를 상대로 거짓말하고 있음을 알면서도 어쩔 수 없이 그를 지지하는 것입니다.

13. 요점을 간추려 말씀드린다면, 여러분이 결정하게 될 사건의 전말은 이와 같습니다. 제 말을 확인할 증인들을 먼저 여러분께 소개하고, 그다음 나머지를 말씀드리겠습니다. 증언을 읽어 주십시오,

증언들

14. 결국 배가 이곳으로 돌아왔어요. 그(제노테미스)의 꼼수에도 불구하고 케팔로니아 장관들의 결정에 따라 출항한 곳으로 되돌아오게 된 것이죠. 그러자 한편으로 배를 보고 돈을 빌려준 이들이 당장에 배를 압류하고, 곡물을 주문한 사람은 배를 장악했어요. 후자는 우리 돈을 빌려 간 사람이었지요. 그즈음 우리 대표로 파견된 아리스토폰과 함께 그(제노테미스)가 나타났어요. 그러고는 곡물이 자기 것이라고 하면서, 자신이 곡물을 담보로 헤게스트라토스에게 돈을 대부했다는 겁니다. 그 말에 우리 돈을 빌려서 곡물을 수입하는 데 투자한 프로토스가 바로 되받았어요.

15. "이보게 친구, 당신이 헤게스트라토스에게 돈을 빌려주었다는 거요? 헤게스트라토스가 다른 이들을 속여서 돈을 빌리도록 도와주었고, 돈을 대부한 이들이 그것을 잃을 것이라고 헤게스트라토스가 여러 번 귀띔하는 말을 들었을 당신이, 당신 자신의 돈을 그에게 투자

했단 말이오?"

그러자 제노테미스가 뻔뻔하게 대답했지요. "그렇소."

그때 그 자리에 있던 다른 사람도 끼어들었어요, "당신 말은 진실이 아닌 것 같은 것이, 당신 친구이며 동향 시민인 헤게스트라토스가 당신을 끌어들인 것 같고, 그 때문에 그는 스스로에게 사형선고를 내리고 자살하게 되었으니까요."

16. 또 다른 이가 말하기를, "아니, 이 사람(제노테미스)도 시종 헤게스트라토스와 같이 작당한 것이었어요, 그 증거가 있어요. 배 밑에 구멍을 뚫기 직전에, 이 사람과 헤게스트라토스가 한 선박회사와 보험계약서를 작성했다는 겁니다. 당신(제노테미스)이 그를 믿고 돈을 건네주었다면, 왜 당신은 범죄행각이 발생하기 직전에 보험을 들어 놓은 거요? 그렇지 않고, 만일 당신이 그를 불신했다면, 왜 당신은, 다른 이들이 하는 것처럼, 배가 출항하기 전 육지에 있을 때, 그 같은 조치를 취해 놓지 않았던 거요?"

17. 이 같은 이야기는 더 할 필요 없이 이로써 충분할 것 같고, 아무튼 그는 곡물이 자기 것이라고 고집했어요. 그러자 프로토스가 그를 쫓아내려 하고, 프로토스의 친구인 페르타토스도 거들었어요. 그렇지만 그는 꼼짝도 하지 않고, 단도직입적으로 말하기를, 다른 사람이 아닌 바로 제가 쫓아내지 않으면, 그는 움직이지 않을 것이라고 하는 거예요. 18. 그래서 프로토스와 제가 시라쿠사이 관리 앞으로 가서 제안12을 하기로 했지요. 프로토스가 곡물을 구매한 것이 맞고, 세금도

---

12 *proukaleith.* 이 같은 법의 절차는 Demosthenes, 27(아포보스의 후견을 비난하

그의 이름으로 기록되고 또 그가 납부한 것으로 증명되면, 제노테미스를 사기꾼으로 벌하도록 요구하자는 것이고, 반대의 사실로 증명되면, 우리가 그동안의 경비를 지불할 뿐 아니라, 1탈란톤을 더하여 주고 곡물도 제노테미스가 가져가도록 하자는 것이었죠. 이 같은 제안과 여러 가지 설득에도 더 이상 일이 진척되지 않았어요. 결국, 제노테미스를 쫓아내든가, 아니면, 온전히 우리 눈앞에 와 있는 우리 자신의 화물을 잃든지 양단간에 하나를 택해야 했던 것이죠. 19. 그러자 프로토스가 다시 불평하면서, 제노테미스를 여기서 쫓아내자고 하고, 시켈리아로 (사실을 확인하기 위해) 돌아가자고 했어요. 자신의 말을 듣지 않고, 우리가 곡물을 포기하고 제노테미스 손에 그대로 두려 한다면, 자신은 더 이상 이 일에 연연하지 않겠다고 했어요. 제가 사실대로 말하는지를 보여 주는 증언을 읽어 주십시오. 제노테미스가 저 자신 이외에 다른 사람이 곡물을 배 밖으로 끌어내는 것을 좌시하지 않을 것이라고 한 사실, 우리가 같이 시켈리아로 돌아가자는 제안도 그가 거절했고, 마침내 항해 중에 보험계약서를 작성한 사실 등과 관련한 것입니다.

여 1), 27. 50. (*proukaleito*). 이 법적 절차(*prokalesis*)는 소송당사자 한쪽이 전제 소송 사안 가운데 한정된 구체적인 대안 등을 제안하는 것이다. 예를 들면, 증거를 얻기 위해 소송상대편의 예속머슴을 고문에 부치자든가, (저주의) 맹세를 하게 하자든가 하는 것 등이다. 이 제안을 거절하면, 스스로의 진실성을 의심받게 될 위험이 있다.

증언들

20. 제노테미스는 프로토스가 화물을 들어내는 것도, 공정한 해결을 위해 시켈리아로 돌아가서 사실을 따지자고 하는 것도 다 거절했고, 또 그가 헤게스트라토스의 범죄를 미리 다 알고 있었던 것으로 밝혀졌을 때, 계약을 맺고 시켈리아에서 정당하게 곡식을 구매한 사람으로부터 그것을 넘겨받은 우리에게는 배에서 곡물을 꺼내는 수밖에는 없었습니다. 달리 어떤 방법이 있었겠어요? 21. 곡물 관할권이 그에게 귀속되는 것으로 여러분이 판정[13]하리라는 생각을 우리 동료들 중 한 사람도 한 적이 없어요. 배가 가라앉으려 할 때 화물이 사라지도록 배를 침몰시켜 버리라고 선원들에게 종용했던 그 사람에게 말이죠. 이런 사실은 그것이 제노테미스의 것이 아니라는 가장 분명한 증거입니다. 자신의 곡식을 구하려고 애를 쓰는 사람들에게 도리어 바다에 던져 버리라고 종용하는 사람이 누가 있겠습니까? 명백한 증거가 갖추어져 있을 시켈리아로 돌아가자고 하는 제안도 거절하고 가지 않으려 하는 사람이 어디 있겠습니까?

22. 그럼에도, 그(제노테미스)가 선적화물을 대상으로 낸 소송에서 여러분이 그의 소송 제기를 인용할 만큼 여러분의 생각이 모자란다고 저는 생각하지 않습니다. 그는 갖은 방법으로 아테나이로 오지 않으려고 했어요. 처음에는 선원들에게 화물을 바다에 버리도록 촉구했

---

13 제노테미스가 프로토스를 상대로 제기한 소송에서 승소하여, 곡물에 대한 관할권을 법적으로 인정받았는데, 화자는 이런 사실에 대해 언급하고 있다.

고, 그다음에는 케팔로니아에서 출항했던 곳으로 배가 돌아가지 못하도록 꼼수를 쓰려고 했어요. 23. 케팔레니아인이 아테나이인의 재물을 보호하기 위해 배려하여 배를 돌려보낸 마당에, 아테나이인인 여러분이 여러분 동향 시민의 재물을 바다에 던져 없애 버리려 한 이들에게 넘겨주라고 하고, 또 그 수입 곡물을 온갖 꼼수로 이곳으로 오지 않으려고 한 사람의 것이라고 판결한다면, 부끄럽고 황당한 일 아닙니까? 제우스와 다른 신들의 이름으로, 그런 결정은 하지 마십시오. 이제 제가 제출한 항변서를 읽어 주십시오,

항변서

저를 위해 법률을 읽어 주십시오.

법률

24. 이 소송은 법에 따라 성립될 수 없다는 저의 항변이 충분히 증명되었다고 저는 봅니다. 그러나 여러분은 이 모든 수작을 기획한 영악한 친구 아리스토폰의 궤변의 속임수에 대해 들으셔야 하겠습니다. 사실에 비추어 보아 아무런 권리를 인정받을 수 없다는 사실을 알았을 때, 그들은 프로토스에게 접근하여 일을 자신들에게 맡겨 주도록 꾀었습니다. 지금에 와서 드러난 바로는, 이 같은 시도가 처음부터 이루어졌으나, 프로토스를 끌어들이지 못했던 것이죠. 25. 프로토스로서는, 만일 곡물이 들어와서 자신에게 이득이 생길 것이라 생각

했다면, 자기 것이라고 요구했을 뻔도 했어요. 저편(제노테미스 측) 사람들과 작당하여 자신의 이익을 그들과 나누고, 또 우리들에게 부당행위를 하려 했다기보다는, 자신도 이익을 얻고 또 우리들에게도 마땅한 몫을 돌리려고 했던 것이죠. 그런데 제노테미스가 돌아와서 모종의 뒷거래가 진행될 무렵에, 곡물가격이 떨어지자, 프로토스가 바로 마음을 바꾸어 버렸던 거예요. 26. 동시에, 아테나이인 여러분, 솔직하게 모든 사실을 털어놓자면, 돈을 빌려준 우리들로서는 그와 다투었고 분노했지요. 곡물로 인한 손해가 우리 몫으로 돌아왔거든요. 그래서 우리는 돈 대신 협잡의 불한당만 데려다 놓은 것이라고 그를 비난했어요. 그런 다음, 프로토스는 원래 덕성 있는 사람이 아니었던 것이 확실한 것이, 저쪽 편(제노테미스 편)으로 가서 붙어서는, 그들끼리 협상하기도 전에 이미, 제노테미스가 그를 상대로 냈던 소송에서 재판에 궐석하는 데 동의했으니까요.

27. 만일 그(제노테미스)가 프로토스에 대한 소송을 취하했더라면, 우리에 대한 그의 소송이 악의적이라는 사실이 대번에 밝혀졌겠지요. 다른 한편, 프로토스는, 자신에 대한 재판에 참석하지 않으려 했거든요. 이렇게 해서 그들이 동의한 대로 진행된다면 좋은 것이고, 그렇지 않은 경우에는 궐석으로 재판이 중지되는 것이었어요. 이런 내막이 어떤 의미를 갖는 것이겠습니까? 제노테미스가 고소장에 써놓은 온갖 행위를 프로토스가 한 것이 사실이라면, 그냥 마땅히 재판 받는 것이 아니라 사형에 처해져야 하기 때문입니다. 위험에 직면하고 폭풍을 만난 가운데 술을 그렇게 많이 마셔서 실성한 사람같이 보였다고 하니, 그런 벌을 받아야 하지 않겠습니까? 28. 혹여 그가 계약

서를 훔치고, 봉인을 뜯어서 열어 보았나요? 그러나 이 같은 행위들은 당신네들 문제로 해결해야 하는 것일 뿐, 제노테미스 씨, 나하고 연관시키지 마시오, 프로토스가 말과 행동으로 당신에게 피해를 끼쳤다면, 당신이 알아서 보상을 받도록 하시오. 우리 중 아무도 당신을 방해하지 않았고, 지금도 관여하지 않을 것이오. 당신이 근거 없이 그를 중상(中傷)한다 해도, 우리가 알 바 아니오.

29. 그러나, 제우스의 이름으로, 그(프로토스)가 사라져 버렸어요. 우리에게서 증인을 없애려는 당신들 때문에 말이오. 그래서 이제 무엇이든 당신이 원하는 대로 그(프로토스)를 욕할 수도 있도록 말이오. (프로토스에 대해) 궐석재판 하게 된 것이 당신의 계략이 아니라면, 당신은 그를 국방장관[14] 앞으로 소환하여 보증인을 세우게 했을 거요. 만일 그가 보증을 세웠다면, 부득이 이곳에 머물러야 했을 것이고, 당신은 손해를 보상받을 수 있는 사람들을 확보할 수 있었을 것이오. 만일 프로토스가 보증인을 세우지 않으면, 감옥으로 갔을 거요. 30. 그러나 지금 당신네는 서로 공모하고, 당신의 고소로 인해 프로토스는 (곡물가격 하락으로 인해) 발생하게 될 손실에 대해 우리에게 갚아야 채무로부터 벗어날 수 있다고 믿으며, 또 당신은 그를 고소함으로써 우리 재산을 차지할 수 있다고 믿고 있소. 그 증거가 있어요. 나는 그를 증인으로 소환할 것이요. 그러나, 제노테미스 씨, 당신은 그

---

14 *polemarchos*. 10명 아르콘(9명 아르콘과 1명의 서기) 중 1명으로 국방을 맡는 아르콘이다. 국방장관은 원래 군사적 문제나 그와 관련된 사건을 재판소로 넘기는 역할을 했으나, 페르시아 전쟁 이후 권한이 줄어들어, 이방인 관련 사건을 재판소로 넘기고, 전사자들의 무덤 관리 등을 맡는다.

에게 보증인을 요구하지 않았고, 지금도 그를 소환하지 않고 있잖소.

31. 그들이 여러분을 현혹하고 기만할 수 있다고 보는 또 다른 틈새가 있습니다. 그들이 데모스테네스를 비난하고, 제가 그의 능력을 믿고서 곡물을 차지할 것이라고 하는 겁니다. 데모스테네스가 연사인데다 유명인사이므로 소송에서 유리하다고 보는 것이죠. 아테나이인 여러분, 사실 데모스테네스는 저의 집안사람입니다만, 모든 신의 이름으로 제가 진실을 말하기로 맹세하건대, 제가 그에게 가서는 제게 와서 좀 도와달라고 부탁했습니다. 어떤 식으로든 힘닿는 대로 말이죠. 그랬더니 그이가 제게 이렇게 말했어요. "데몬 씨, 당신이 부탁한 대로 내가 하겠소. 그 부탁을 거절하는 것은 비정한 짓이오. 그러나 당신은 당신 처지와 내 처지를 같이 생각해야 하오. 내 입장으로 말하자면, 처음 공무와 관련하여 발언하기 시작한 이래, 단 한 번도 민사 소송에서 변론한 적이 없어요. 그러나 … 15

---

15 여기서부터 글씨가 소실되었다.

33

아파투리오스의 '위법의 소(訴)'에 대한 항변

해제

아파투리오스는 비잔티온의 상인으로, 자신의 배를 담보로 돈을 대부받았으나, 변제하지 못하자 채무불이행자가 되어 담보물을 몰수당할 위기에 처했다. 그 래서 동향인으로 추방되었던 파르메논에게 부탁하여, 10므나를 빌려 받기로 약속받고, 그중 3므나를 먼저 받았다. 이어서 이름이 밝혀지지 않은 한 아테나 이인에게 가서 도움을 청했는데, 그가 이 사건에 연루되어 고소당하여 피고가 되었고 항변에 나섰다. 이 아테나이인은 아파투리오스를 돕기로 했으나, 바로 가진 돈이 없어, 스스로 보증을 서고, 은행업자 헤라클레이데스에게서 30므나 를 대부받아 아파투리오스에게 주었다.

그런데 아파투리오스와 파르메논 사이에 불화가 생기자, 파르메논은 약속은 해 놓고 아직 건네지 않았던 나머지 7므나를 이 무명의 아테나이인에게 주고 는, 자신을 대리하도록 했고, 이 아테나이인이 아파투리오스에게 7므나를 건네 주었다. 총 40므나의 대부는 아파투리오스의 배와 선원으로 있던 하인들을 담 보한 것이었다.

한편, 은행업자 헤라클레이데스는 자신이 파산하자 아파투리오스에게 대부받은 돈을 상환하지 말라고 사주했다. 이에 아파투리오스는 배에 있던 하인들을 빼내고 배도 페이라이에우스에서 빼돌려 다른 곳에 정박시키려 시도했다. 파르메논이 이런 사실을 눈치채고 그것을 막으려 하다가 구타당했으나, 급기야 이 사실을 무명의 아테나이인에게 통보하기에 이르렀다. 아테나이인은 담보로 잡힌 배를 은행의 보증인들에게 넘기고 채무에서 벗어났으며, 파르메논이 대부한 10므나에 대한 조치도 마련했다. 배는 40므나에 팔렸고, 양측은 대부-채무 관계에서 벗어났다.

파르메논과 아파투리오스 간 문제는 중재에 맡기기로 했다. 그런데 그 중재 동의서가 사라지고, 중재를 1명 혹은 3명에게 맡기기로 한 것인지가 문제가 되었다. 그런 와중에 파르메논이 아테나이를 떠나 자기 집이 있는 케르소네소스로 가게 되었고, 거기서 지진이 나는 바람에 자신과 처자식이 모두 죽었다. 그가 부재한 가운데 아테나이에서는 궐석으로 중재인에 의해 20므나의 벌금이 내려졌다.

아파투리오스는 이 결정을 합법적이라 규정하고, 무명의 아테나이인 피고와 항변인을 파르메논의 보증인 자격으로 고소했고, 이에 대해 후자는 '위법의 소에 대한 항변'으로 맞섰다. 이 변론은 이 항변에 대한 심리에서 발표된 것이다.

이 '위법의 소에 대한 항변'은 기원전 341년에 발표된 것으로 간주되며, 그 위작 여부 관련해서는 이견이 있다. 그러나 당시 아테나이 재판의 실상을 전해 주는 원천으로서 이 변론의 가치가 훼손되는 것은 아니다.

1. 법조문에 따르면, 아테나이인 여러분, 상인과 선주 관련 소송은, 시장에서 혹은 이곳 항구1에서 다른 곳으로, 혹은 다른 곳에서 이곳으로 오는 항해와 관련하여 어떤 식으로든 피해를 입은 경우, 법무장관2 앞으로 제기됩니다. 부당행위자의 처벌로 선고된 액수의 벌금을 납부할 때까지 투옥하므로, 아무도 가볍게 상인을 해치지 못하죠. 2. 그런데 협약서 없는 상황에서 법정으로 소환된 이들에 대해서는, 법에 따라, 위법의 소(訴)에 대한 항변 절차에 호소할 수 있는 권리가 주어집니다. 이 법은 어떤 이도 근거 없이 악의적으로 제소하지 못하도록 하며, 그 제소는 실제로 피해당한 상인과 선주로 한정됩니다. 지금까지 상거래 소송에서 많은 피고가 '위법의 소(訴)'에 대한 항변3을 제기함에 따라, 여러분 앞으로 와서 재판받았으며, 원고가 부당하게 혐의를 뒤집어씌우며, 상거래에 종사한다는 사실을 구실로 삼아 음해한 사실이 드러났어요. 3. 그와 같이 여기 있는 이 사람과 함께 저를 음해하고 이 소송을 준비한 것이 누구인지는 제가 말씀드리는 가운데 여러분에게 밝혀질 것입니다. 아파투리오스가 저에게 거짓 혐의를 씌우고 위법하게 제소하며, 저와 그 사람 사이에 이루어진 협약은 모조리 해약, 파기되고, 해상이나 육지를 막론하고, 그와의 협약이 제게 더는 존재하지 않으므로, 일반의 소(訴)4 제기가 불가능한 상태에서, 제가 다음의 법들에 의거하여 위법 소송을 제기하게 된 것입니다.

---

1   *emporion.* 아테나이 외항 페이라이에우스.
2   *thesmothetai.*
3   *paragraphe.* 참조, Demosthenes, 32, 해제.
4   *dike.*

법들

4. 아파투리오스가 불법으로 저를 고소하고, 또 거짓 혐의를 제게 씌운 사실을 많은 근거를 통해 여러분에게 증명하겠습니다. 저로서는, 재판관 여러분, 이미 오랜 세월 해상 관련 일에 종사해왔고 제가 직접 바다에 나서서 위험을 감수했으나, 지금 바닷길에 나서지 않은 지가 7년이 되었고, 적은 자본으로 해상무역 관련 사업을 추진하려 하고 있어요. 5. 저는 여러 곳을 두루 다니며 무역에 종사하면서, 바다를 항해하는 대부분 선원을 알고 있고,[5] 특히 비잔티온에서 온 이들과 아주 가깝게 지냈지요. 제가 그곳에 한동안 머물렀거든요. 말씀드린 바와 같이 제 근황은 이러합니다.

그런데 한 3년 전 이 사람(아파투리오스)이 파르메논이라는 자기 동향인과 우리 항구로 들어왔어요. 파르메논은 비잔티온 태생이지만, 그곳에서 망명해온 사람이었어요. 6. 이 사람과 파르메논이 항구에 있는 저를 찾아와서 돈 이야기를 했습니다. 아파투리오스가 40므나에 배를 잡혔는데, 대부인들이 돈을 상환하라고 하고, 채무 변제 기한이 지났으므로 배를 억류하려 한다는 거예요. 다른 방법이 없어, 파르메논이 10므나를 내놓기로 약속하고, 저더러 30므나를 그에게 좀 내주라고 부탁했어요. 그런 가운데 대부인들을 비난하면서, 그들이 배를

---

5   참조, Demosthenes, 32. 5. 더구나 아테나이 상거래법은 아테나이인과 이방인을 구분하지 않는다. 상거래 소송법 관련 언급은 참고, Demostenes, 35〔라크리토스의 '위법의 소(訴)'에 대한 항변〕. 상거래에서는 차별 없이 전 헬라스가 하나의 공동체를 이루고 있었다.

탐하여 자기 사업을 방해하고, 돈을 상환하지 못하도록 해서 배를 빼앗으려 한다는 것이었죠. 7. 마침 제게 돈이 없어, 은행업자 헤라클레이데스를 찾아가, 저를 보증인으로 하여 돈을 대부해 주도록 제가 사정했습니다. 그런데 아파투리오스가 30므나를 가져간 다음, 파르메논이 그와 모종의 일로 불화하게 되었어요. 파르메논이 이 사람(아파투리오스)에게 10므나를 빌려주기로 약속했고, 이미 3므나를 건네준 상태에서 나머지를 더 주어야 할 상황에 처한 거예요. 8. 이런 상황에서 이 사람은 자신의 이름으로 협약을 맺을 마음이 없었고, 저보고 대신 나서도록 부탁했어요. 이런 방법으로 그는 자신의 이익을 가장 안전하게 도모하려 했던 거예요. 그래서 저는 파르메논에게서 7므나를 받고, 아파투리오스가 이미 그(파르메논)에게서 가져간 3므나까지 합하여, 이 사람(아파투리오스)과 상호협약을 맺고, 이 사람이 가져간 10므나와 함께, 제가 보증인이 되어 은행업자에게 빌린 30므나를 상환할 때까지, 제가 배와 그에 부속된 인력[6]을 구매한 것으로 하여 관할하게 되었습니다. 제 진술이 사실임을 증명하는 증언들을 들어 주십시오.

증언들

9. 이렇게 해서 아파투리오스는 대부업자들의 손에서 벗어났습니다. 그 후 얼마 되지 않아 은행이 파산하게 되어, 헤라클레이데스가 한동안 숨어 지냈습니다. 그러자 아파투리오스가 잔머리를 굴려서,

---

6 배에서 일하는 예속선원 인력을 말한다.

예속선원7을 아테나이에서 빼돌리고, 배를 항구8에서 빼내려 했어요. 이 일로 제가 이 사람과 처음 다투게 되었어요. 파르메논이 이 사실을 알고는, 빼돌리려는 예속선원들을 확보하고 배를 항구에서 빼내지 못하도록 막고, 전갈을 보내 제게 상황을 알려왔어요. 10. 소식을 들은 저는 이 사람이 그 같은 일을 하는 것을 보아 최악의 망나니라고 판단하고, 어떻게 하면 은행에 보증인이 된 것을 그만둘 수 있을까, 또 어떻게 이방인(파르메논)이 저를 통해 이 사람(아파투리오스)에게 빌려준 돈을 떼이지 않게 할 수 있을까 궁리하기 시작했지요. 배를 지키도록 사람들을 풀어놓고, 은행의 보증인들에게 사실을 알리고 담보를 그들에게 넘기면서, 이방인(파르메논)이 이 배에 10므나의 유치권을 가지고 있다는 사실을 고지했습니다. 이렇게 조치한 다음, 저는 예속선원들을 담보로 잡았어요. 여차하면 이들을 처분하여 부족분을 채우려고 말이죠.

11. 저는 이 사람의 불법행위를 보고, 저와 이방인을 위해 구제받을 길을 찾았던 겁니다. 그런데, 제가 피해를 본 것인데도, 이 사람은 자기는 잘못이 없는 것처럼 저를 비난하면서, 은행 보증인에서 벗어난 것만으로 부족하여, 파르메논의 돈에 대한 담보로 배와 예속선원들을 잡아서, 망명한 사람(파르메논) 때문에 자기와 다투어야 하겠냐고 제게 물었습니다. 12. 그래서 제가, 파르메논은 저를 믿고 있고, 그가

---

7   *pais*(복수형, *paides*).

8   *lmen*. 지리적 의미에서의 항구이며, 무역시장 기능을 내포한 항구인 *emporion*과 차이가 있다.

망명해 왔고 불행하게 이 사람에 의해 피해를 보고 있는 한, 저로서는 그를 홀대해서는 안 된다고 대답했습니다. 이렇듯 만반의 조치를 강구하면서 이 사람과 철천지원수가 되었고, 배가 40므나에 팔리면서 제가 겨우 돈을 손에 넣게 되었습니다. 40므나는 담보 잡힌 금액과 동일한 액수였어요. 30므나는 은행으로 상환하고, 10므나는 파르메논에게로 갔죠. 많은 증인들 앞에서 대부할 때 작성한 협약서가 파기되고, 쌍방이 협약으로부터 해방9되고 변제 완료10되었습니다. 그래서 이 사람은 제게, 또 저는 이 사람에게 아무런 볼일이 없어요. 제 진술이 사실이라는 점과 관련한 증언들을 들어 주십시오.

증언들

13. 그 후 저는 이 사람과는 더도 덜도 그 어떤 협약도 맺은 것이 없어요. 다만, 파르메논이 그를 법정으로 소환했어요. 예속선원들을 빼돌리려 할 때 막아서다가, 또 이 사람이 시켈리아로 도망치려 할 때 저지하다가 입은 부상 때문이었죠. 재판 도중에 파르메논이 어떤 혐의 사실에 대해 맹세하라고 했고, 이 사람이 부득이 수락했어요. 맹세하지 않으면 돈을 몰수당할 위험이 있는 공탁금을 걸어야 했거든요.

제 진술이 진실임을 입증하는 증언을 저를 위해 들고 읽어 주십시오.

---

9 *apheimen*.
10 *apellaxamen*,

증언

14. 맹세하기로 수락했으나, 이 사람은 자신이 위증한 사실을 많은 사람이 알고 있을 것이라 생각하고는, 정작 맹세하는 자리에 나타나지 않았어요. 반면, 제소함으로써 맹세의 부담을 불식하려는 듯, 파르메논을 법정으로 소환했습니다. 이렇게 맞고소가 진행되자, 주변 사람들의 권유로 서로 중재[11]에 부치게 되었어요. 협의 끝에 이들의 동향인 포크리토스를 공동 중재인으로 삼아 사건을 위임했습니다. 거기에 각기 따로 한 사람씩 중재인을 선택하여 옆에 붙이게 되었는데, 아파투리오스는 오이아[12] 출신 아리스토클레스, 파르메논은 저를 선택했어요. 15. 그리고 규칙을 정했는데, 3명 중재인이 동의하면, 그 결정은 구속력을 가지는 것으로 하고, 그렇지 않으면 2명 중재인이 결정하는 것에 이들이 승복해야 한다는 것이었지요. 이렇게 협약이 성립되고, 그 실천을 보증하는 보증인을 서로 지명했는데, 아파투리오스는 아리스토클레스를, 파르메논은 미리누스[13] 출신 아르키포스를 지명했습니다. 협약서는 처음에 포크리토스에게 맡겼으나, 나중에 포크리토스가 이들을 불러서 다른 사람에게 주라고 지시해서, 아리스토클레스에게 넘겨져 보관되었어요.

제 진술이 사실임을 입증하는 증언들을 들어 주십시오.

---

11 *diaitesia*. 참조, Demosthenes, 27. 46.
12 Oia. Oineis 부족에 속하는 구(區·*demos*).
13 Myrrhinous. Pandionis 부족에 속하는 구(區·*demos*).

증언들

16. 협약서

사실을 알고 있는 이들이 협약서가 아리스토클레스에게 맡겨졌고, 중재인단이 포크리토스, 아리스토클레스, 그리고 저로 구성되었다는 점을 여러분에게 증언했습니다. 청컨대, 재판관 여러분, 그다음 무슨 일이 있었는지 제 말을 들어 보십시오. 그래야 제가 아파투리오스에 의해 모함받고 있다는 사실이 밝혀질 것이니까요, 포크리토스와 제가 같은 의견을 가지고 이 사람을 패소 판정하려 한다는 사실을 이 사람이 눈치챘을 때, 그 협약서를 보관하고 있는 사람(아리스토클레스)과 함께 작당하여, 중재인단을 해체하고 협약서를 폐기하려고 마음먹은 것입니다. 17. 그래서 중재인단 구성에 대해 이의를 제기하면서, 중재인은 아리스토클레스뿐이고, 포크리토스와 제가 가진 권한은 화해를 도출하는 것밖에 없다고 주장한 것이에요. 이 말에 파르메논이 화를 내면서, 아리스토클레스에게 협약서를 내놓으라고 요구했어요. 만일 문서가 변조되어 있다면, 진실을 밝히는 것은 그다지 어렵지 않다는 말도 덧붙였지요. 그 하인이 그런 짓거리를 했을 것이니까요.

18. 아리스토클레스는 이에 동의하고 협약서를 내놓겠다고 해 놓고는, 지금 이날까지 내놓지 않고 있어요. 약속한 날 헤파이스테이온[14]

---

14 Hephaisteion. 헤파이스테이온은 헤파이스토스를 위한 신전으로, 아테나에서는 아테나 여신과 연관되어 있다. 사소(私訴) 관련 사건은 흔히 신전에서 법정이 열리는데, 이에 관련해서는 참고, Demosthenes, 36. 15.

에서 우리를 만났을 때, 그는 자신의 하인이 그를 기다리다가 잠이 드는 바람에 서류를 분실했다고 둘러댔어요. 이런 각본을 짠 것은 페이라이에우스 출신 의사 에릭시아스인데, 그는 아리스토클레스와 가까운 사이로, 그도 또한 저에 대한 적의를 품고 이 소송과 관련된 혐의에 연루되어 있습니다. 아리스토클레스가 서류를 분실했다고 주장한 사실에 대한 증언들을 들어 주십시오.

증언들

19. 이렇게 협약서는 사라졌고, 중재인 권한 관련하여 이견이 생겼으므로, 중재인단은 해체되기에 이르렀습니다. 이들이 새로운 협약서를 작성하려 했으나, 동의를 도출하지 못했어요. 이 사람(아파투리오스)은 아리스토클레스, 반면 파르메논은 처음 중재가 위임된 3명이 중재인이라고 주장했으니까요. 새로운 협약서가 만들어지지 않았고 또 원래 협약서는 사라진 상황에서도, 서류를 없애 버린 사람이 무모하게 자기 한 사람만이 중재 판정권을 가지고 있다고 한 겁니다. 그래서 파르메논이 증인들을 불러들이고, 아리스토클레스로 하여금, 협약에 위반하여 동료 중재인들의 동의가 없는 상황에서, 자신에 불리한 판정을 하지 못하도록 했어요. 이렇게 금지 조치를 한 사실과 관련한 증언들을 들어 주십시오.

증언들

20. 그 후 파르메논에게 끔찍한 불행이 닥치게 되었습니다. 재판관 여러분, 그는 고향(비잔티온)을 떠나 망명하여 오프리네이온[15]에 살고 있었는데, 케르소네소스에 지진이 나서 집이 무너져 처자식이 죽자 이 불행한 소식을 전해들은 파르메논은 배를 타고 아테나이를 떠났어요. 그런데 그(파르메논)가 증인들을 소환하여 항의하고 자신에 대한 패소 판정을 내지 못하도록 요구했는데도, 아리스토클레스는 궐석 패소 판정을 내렸습니다. 다른 중재인이 동참하지도 않았고, 또 그가 당면한 불행 때문에 떠나 버리고 없는데도 말이에요. 21. 한편, 저와 포크리토스는, 중재인 구성과 관련하여 서류에 이름이 올라 있는데도, 판정에 참가하기를 거부했습니다. 우리가 중재인이라는 사실을 이 사람이 자의적으로 부정했기 때문이었지요. 그러나 아리스토클레스는, 자신의 권한 여부가 불확실할 뿐 아니라 명백하게 판정 내리지 못하도록 금지받은 상황에서도 아랑곳하지 않고 판정을 내린 거예요. 이런 일은 여러분은 물론 모든 다른 아테나이인들 가운데서 누구도 감히 하려고 나서지 못하는 것이죠.

22. 협약서가 사라진 것, 중재인 판정을 내린 사실 등과 관련하여 아파투리오스와 이 중재인이 자행한 행위에 대해, 피해를 본 사람(파

---

15 Ophryneion. 오프리네이온은 트로이아의 도시로서, 다르다노스와 로이테이온 사이에 있다. 참조 Herodotos, 7. 42~43; Xenophon, *Hyrou Anabasis*, 7. 8. 5; Strabon, 13. 595.

르메논) 이 언젠가 돌아온다면, 이들에 대해 제소할 것입니다. 그런데 아파투리오스의 뻔뻔함이 대단하여, 저를 법정에 소환하기에 이르렀습니다. 파르메논이 패소 판정을 받아 물게 된 벌금을 제가 물지 않는 죄를 묻는다는 거예요. 그리고 협약서에 제가 보증인으로 기재되어 있다고 그가 주장하는 데 대해, 이 같은 혐의에서 벗어나기 위해, 당연한 수순으로, 먼저 여러분에게 증인들을 소개하겠습니다. 이들은 파르메논을 위해 보증 선 사람은 제가 아니라 미리노스 출신 아르키포스라는 사실을 증언할 것입니다. 그다음, 재판관 여러분, 증거를 기초로 제가 해명하려는 것은 다음과 같습니다.

23. 첫째, 제게 주어진 혐의가 사실이 아니라는 것을 입증하는 증인은 시간이라고 봅니다. 이 사람(아파투리오스)과 파르메논 사이의 중재와 아리스토클레스의 판정은 2년 전[16]에 있었습니다. 그런데 상거래 관련 소송은 보에드로미온달[17]에서 무니키온달[18]까지 사이에 매달[19] 접수됩니다. 그래서 관련자들이 속히 판결받고 떠날 수가 있어요. 만일 제가 실제로 파르메논의 보증인이었다면, 아파투리오스는 왜 판정 이후 바로 보증금을 수납해 가지 않은 건가요? 24. 우리가 친구이므로 적의를 유발하지 않으려고 그랬다는 변명은 물론 할 수가 없겠지요. 저 때문에 싫은 것을 억지로 파르메논에게 1천 드라크메를 지불해야 했으니까요. 저로서도, 그가 은행에서 대부받은 돈을 떼먹

---

16 *triton etos* (3년째).
17 9월 중순~10월 중순.
18 4월 중순~10월 중순.
19 *emmenoi*. 한 달 안에 처리해야 하는 사건.

으려고 항구에서 배를 빼서 달아나려고 할 때 그를 방해했으니까요. 그러니, 제가 만일 파르메논의 보증인이었다면, 당시 바로 보증금을 수납했을 것이고 2년이나 기다리지 않았을 것이란 말이죠.

25. 제우스의 이름으로, 당시 이 사람에게 돈이 있었고, 저에게서는 나중에 돈을 받아 갈 수 있는 일이고, 또 막 바다로 나가려던 참이라 시간적 여유가 없었다고 볼 수도 있겠습니다만, 실은 그렇지 않았습니다. 그는 너무 궁핍하여 배를 포함하여 재물을 팔았거든요. 만일 당시 무언가가 그를 방해하여 저를 법정으로 소환하지 못했던 것이라면, 이 사람이 작년에 이곳에 있었는데도, 왜 제게 제소[20]하지 않은 것은 고사하고, 청구[21]조차 하지 않았던 건가요? 이 사람이 당연히 밟아야 하는 절차는, 파르메논에게 불리하고 자신에게 유리한 판정이 났고, 또 제가 그 보증인이라면, 증인을 대동하고 직접 저에게 와서 보증금을 요구해야 하는 것이에요. 재작년이 아니라면, 작년에는 무조건 그래야 했던 거예요. 그래서 제가 지불하면 그가 돈을 챙겨가고, 그렇지 않으면, 제소해야 했던 겁니다. 26. 이 같은 종류의 고소사건에서는, 세상 사람이 모두 제소하기 전에 청구부터 합니다. 그런데 작년 혹은 재작년에 제가 아파투리오스를 만났을 때 지금 저를 법정에 세운 그 같은 현안에 대해 눈곱만큼의 언질이라도 했다는 사실을 증언할 수 있는 사람은 아무도 없어요. 이 사람이 작년, 상거래 소송이 접수되는 기간에 여기 있었던 사실을 증명하는 증언을 들고 읽어 주십시오.

---

20 *dikasasthai.*

21 *enkalesai.*

27. 보증은 1년 기간[22] 동안 유효하다는 법 규정도 들고 읽어 주십시오. 제가 이 법조문을 거론하는 것은 제가 보증인으로 있었는데 처벌을 면하려는 것이 아닙니다. 오히려 법조문까지도 제가 보증인이 아니었던 사실을 증명한다는 것이고, 또 아파투리오스 자신도 그런 사실을 증명하고 있다는 점을 말하려는 거예요. 그렇지 않다면, 보증금 청구 재판은 정해진 기간 안에 진행되어야만 했을 것이니까요.

법

28. 그러니, 이것도 아파투리오스가 거짓말하고 있다는 또 하나의 증거가 됩니다. 만일 제가 이 사람에 대해 파르메논의 보증인으로 나섰다면, 두 가지 사실이 동시에 성립할 수 없어요. 한편으로, 파르메논의 이익을 보호하고 또 저의 소개로 이 사람(아파투리오스)에게 빌려준 돈을 떼이지 않으려고 이 사람을 적으로 하여 싸우면서, 다른 한편으로는, 이 사람에 대한 파르메논의 보증인으로서 파르메논 대신 부담을 져야 하는 상황으로 저 자신을 몰아넣는 모순된 상황 말이죠. 제가 파르메논을 위해 이 사람에게 마땅한 의무[23]를 다하라고 요구해야 하는 마당에, 도대체 무슨 이유로 오히려 이 사람이 제게 선처해

---

22 보증은 1년마다 갱신한다.
23 *dikaia.* '마땅한 의무'란 채무를 갚는 것이다.

주기를 바라고 있겠습니까? 더구나 은행에 담보로 잡힌 것을 이 사람으로부터 받아 내려고 조치함으로써 이 사람과 적이 된 마당에, 어떤 선처를 얻어낼 것이라 제가 기대할 수 있었겠습니까?

29. 그러니 여러분이 유념하셔야 할 것은, 재판관 여러분, 제가 보증인이었다면, 그런 사실을 제가 절대로 부정하지 않았을 것이라는 점입니다. 그런 사실을 인정하고, 중재단 구성의 근거가 되는 협약서에 편승했더라면, 제 주장이 더 힘을 얻었을 테니까요. 제시된 증언들로부터, 중재인 3명에게 사건이 위임된 것을 여러분은 알고 있어요. 그런데 애초에 3명의 결정이 없었다고 한다면, 무엇 때문에 제가 보증인이라는 사실을 부인하고 있겠습니까? 판정이 협약서의 규정을 좇아 도출되지 않았다면, 저도 보증 때문에 재판에 회부되는 일은 없을 테니까요. 이렇듯, 재판관 여러분, 제가 실제로 보증인이 되었다고 한다면, 제가 이용할 수 있는 변명의 근거를 생략하면서까지, 그런 사실을 부정하는 일은 절대로 없었을 겁니다.

30. 그런데, 여러분에게 제시된 증언에 따르면, 협약서가 이들[24]에 의해 없어졌어요. 그래서 이 사람(아파투리오스)과 파르메논은 그전에 맺은 협약이 무효가 되었으니, 새 협약서를 만들자고 했습니다. 그전 협약서가 사라지고, 앞으로의 중재를 위해 새것을 만들자는 마당에, 새 협약서도 없이, 어떻게 중재나 보증이 개재할 수 있습니까? 이 문제에 이견이 있어 새 협약서는 만들지 못했습니다. 한쪽에서는 중재인을 1명, 다른 쪽에서는 3명으로 하자고 했으니까요. 그러니,

---

24 아파투리오스와 아리스토클레스.

그전 협약서에 기초하여 제가 보증인이었다고 주장할 수는 있겠으나, 그게 사라져 버렸고 새것은 만들어지지도 않아서, 계약서도 제시할 수 없는 마당에, 도대체 무슨 근거로 저를 제소한단 말입니까?

31. 더구나, 증언에 따르면, 파르메논은 아리스토클레스로 하여금, 다른 두 명의 중재인이 함께하지 않는 가운데 자신에 대한 패소 판정을 내리지 못하도록 금지했습니다. 중재의 기초가 되어야 하는 협약서를 십중팔구 없애 버린 것이 분명한 장본인이, 그렇게 해서는 안 된다는 지시를 받았음에도 불구하고 동료 중재인 배석도 없이, 판정을 내렸다고 주장하는 판에, 어떻게 여러분이 이 사람이 공정하다고 믿고 저를 파멸시키려 하십니까? 32. 생각해 보십시오, 재판관 여러분, 이 아파투리오스가 제소한 대상이 제가 아니라 파르메논이라고 하고, 아우토클레스의 판정에 근거하여 20므나를 청구한다고 가정해 봅시다. 또 파르메논이 이 자리에 있어 여러분 앞에서 변론한다고 치면, 증인을 불러서 이렇게 진술했을 겁니다. 자신이 사건을 위임한 아우토클레스는 단독 중재인이 아니라 중재인 3명 가운데 한 사람이었으며, 33. 동료 중재인 없이 혼자서 판정을 내리지 않도록 자신이 금지한 사실이 있으며, 지진으로 자신의 처자식이 죽고, 끔찍한 재앙을 맞아 집으로 돌아간 사실, 그때 아리스토클레스가 협약서를 없애 버리고, 자신이 없는 사이에, 궐석으로 패소 판정을 내린 사실 등입니다. 파르메논의 이 같은 변론을 듣고 난 다음이라면, 여러분 가운데 누구라도 이 불법의 중재 판정을 유효한 것으로 인정할 사람이 있습니까? 34. 그에 더하여, 모든 사안에 이견이 없고, 협약서가 사라지지 않았고, 아리스토클레스가 단독 중재인이라는 사실이 인정

되며, 파르메논이 아우토클레스에게 혼자서 판정내리지 않도록 금한 적도 없는 상황에서, 판정이 내리기 전에 그(파르메논)에게 재앙이 닥친 경우를 가정해 봅시다. 어떤 상대소송인 혹은 중재인이 그렇게 잔인해서, 그이가 돌아올 때까지 판정을 연기하지 않을 사람이 누가 있겠습니까? 그래서 파르메논이 변론을 통해 모든 쟁점에서 아파투리오스보다 더 공정하게 진술하는 것이 드러난다면, 이 사람(아파투리오스)과 아무런 계약을 전혀 맺은 것이 없는 저에 대해서, 어떻게 여러분이 당당하게 유죄 판결을 내릴 수 있습니까?

35. 그래서 저로서는 정당하게 위법의 소(訴)에 대한 항변을 제기한 것이고, 아파투리오스가 저에게 씌우는 혐의는 거짓이며 불법이라는 사실을 여러 방법으로 여러분에게 증명했다고 생각합니다, 재판관 여러분. 그리고 가장 중요한 것은, 아파투리오스가 우리 사이에 협약서가 존재한다는 말은 감히 하려 하지 않는다는 사실입니다. 그러니, 이 사람이 파르메논과 맺은 협약서에 제가 보증인으로 되어 있다고 여러분에게 거짓말을 하면, 협약서 원본을 내놓으라고 하십시오. 36. 차제에 여러분이 이 사람에게 대답하십시오. 사람이 서로 계약을 맺을 때는 서면으로 작성하여 믿을 수 있는 이에게 맡기는 것이고, 분쟁이 일면 계약서로 돌아가고 그에 기초하여 분쟁 사안을 검증하는 것이라고 말이죠. 그러나 누가 계약서를 없애 버리고 말로 여러분을 속이려 할 때, 여러분이 어떻게 제정신으로 그런 이를 믿을 수가 있습니까? 37. 그렇지만, 제우스의 이름으로, 누군가가 이 사람에게 편승하여 저에게 불리한 증인으로 나타날 수 있어요, 불법과 음해를 일삼는 이들에게는 그런 것쯤은 식은 죽 먹기니까요. 그러나 제가 그

를 제소한다면, 어떻게 그런 사람이 진실을 말한다는 것을 증명할 수 있겠습니까? 혹 협약서에 기초해서요? 그렇다면 지체 없이 협약서를 가진 이에게 그것을 가져오라고 하십시오. 그러나 만일 그이가 협약서를 잃어버렸다고 한다면, 어떻게 제가 저에게 주어지는 위증을 반박할 수 있겠습니까? 만일 그 문서가 제게 맡겨져 있었던 것이라면, 제가 보증인으로 올라 있으므로 협약서를 없애 버린 것이라고 아파투리오스가 저를 비난했겠지요. 38. 그러나 그것이 아리스토클레스에게 보관되어 있었는데, 이 사람(아파투리오스) 자신도 모르는 사이에 사라진 것이라면, 왜 이 사람이 계약서를 보관하고 있었는데 내놓지 않는 사람은 가만 놔두고, 오히려 저를 고소한 걸까요? 또 저를 비난하면서 계약서를 없애 버린 사람, 그에 대해 이 사람(아파투리오스)이 분노해야 할 그런 사람을 증인으로 내세우는 걸까요? 이들이 못된 짓거리에 함께 공모한 것이 아니라면 말이죠.

저로서는 제힘이 닿는 데까지 사실을 말씀드렸습니다. 그러니, 여러분은 법에 따라 공정하게 판결해 주십시오.

34

대부 관련하여 포르미온에 반대하여

해제

이 변론은 상거래 관련 소(訴)에서 '위법의 소(訴)'에 대한 항변[1]으로 발표된 것이다. 크리시포스가 포르미온에게 돈을 대부했다. 둘 다 아테나이에서 이방인이었으나, 상거래 관련한 사안에서 아테나이인과 비(非)아테나이인 간에 차별이 없었다. 대부계약 조건에 따라, 채무자는 화물을 싣고 보스포로스로 항해해 갔다가 돌아와야 했다. 대부는 선적 화물을 담보로 이루어졌는데, 보스포로스로 가서 판매될 화물이 아니라 그곳에서 구매하여 아테나이로 오는 화물을 대상으로 한 것이었다. 계약은 서면으로 작성되었고, 혹여 계약을 위반할 경우에 대부액의 2배를 지불하기로 하고, 또 변제 방법과 관련한 규정도 포함했다.

채무자인 포르미온이 아테나이로 돌아와서는 돈을 다른 사람에게 주었다고 하면서, 대부받은 돈을 변제했다고 주장했다. 그러나 크리시포스는 변제받은 사실을 부인하고 소송을 제기했다. 이에 대해 포르미온이 '위법의 소(訴)'에 대

---

1   Demosthenes, XXII, 해제 참조.

한 항변'2으로 맞고소했고, 이 변론은 여기서 발표된 것이다. 데모스테네스가 작성한 것으로 알려져 있으나, 위작이라는 견해도 없는 것은 아니다. 이 변론은 혼자가 아니라 2인이 같이 발표한 것인데, 어디서 발화자(發話者)가 교체되었는지는 명확하지 않다.

---

2   *paragraphe.*

1. 정당한 청을 여러분에게 드리건대, 재판관 여러분, 선의를 가지시고 저희 말을 하나하나 경청해 주십시오. 저희는 전적으로 사인(私人)에 불과하며, 오랜 세월 여러분의 상가에 들락거리면서 많은 이들과 계약을 맺곤 했지만, 한 번도, 고소인으로서나 혹은 다른 이들에 의해 고소당하거나 하여, 송사로 여러분 법정으로 온 적이 없다는 점을 유념해 주십시오. 2. 여러분이 정확하게 주지하듯이, 아테나이인 여러분, 저희가 포르미온에게 빌려준 돈이 파선된 배 위에서 유실된 것이라 믿는다면, 지금도 우리는 포르미온을 상대로 소를 제기하지 않았을 것입니다. 손해에 대해서 저희가 그렇게 염치없는 것도, 그렇게 세정(細情)이 없는 것도 아닙니다. 많은 이들, 특히 보스포로스에서 포르미온과 같이 있었고, 그(포르미온)가 배와 함께 돈을 상실하지 않았다는 사실을 알고 있는 이들이 저희를 비웃으므로, 저희는 이 때문에 저희가 본 피해의 구제 방법을 찾지 않는 것이 비정상이라 여기는 겁니다.

3. '위법의 소(訴)에 대한 항변'과 관련한 내용은 간단합니다. 보시듯이, 계약이 여러분의 항구3에서 이루어진 사실을 부인하지 않기 때문입니다. 다만, 이들은 계약 조건을 위반한 것이 없으므로 아무런 책임질 것이 없다고 하는 것이에요. 4. 그러나, 여러분도 판결하기 위해 이 자리에 있도록 한 법 규정은 그렇지 않습니다. 법에 따르면, 아테나이에서 혹은 아테나이인들의 항구에서 이루어지지 않은 계약에 대해 위법의 소(訴)에 대한 항변4을 제기할 수 있으니까요. 다만 누가

---

3   *emporion.* 상거래가 이루어지는 장소로서의 항구를 뜻한다.

계약이 성립되었음을 인정하지만, 그 계약 조건을 성실하게 이행했다고 주장하는 경우, 바로 재판에 회부하여 스스로를 변호할 수 있도록 할 뿐, 고소인을 도로 고소하도록 하지는 않습니다. 저로서는 적어도 이 사안이 제소 가능한 것이라는 점을 증명하려 합니다. 5. 생각해 보십시오, 아테나이인 여러분, 이들이 사안들 가운데 인정한 것은 무엇이고, 다투는 것이 무엇인지를 말이죠. 그러면 시비를 가장 잘 가려낼 수 있을 거예요. 이들은 차금(借金)한 사실, 그리고 대부에 따른 담보 설정 계약을 한 사실을 인정합니다. 그러나 보스포로스에서 디온의 하인5인 람피스에게 돈을 상환했다고 하는 거예요. 저희로서는, 포르미온이 상환한 사실이 없을 뿐만 아니라, 상환 자체가 불가능하다는 사실을 밝히려는 겁니다. 그러자면 처음부터 일어난 일들에 관해 여러분에게 몇 가지 말씀드려야 할 것이 있어요.

6. 저로서는, 아테나이인 여러분, 폰토스로 왕복하는 비용으로 이 포르미온에게 20므나를 빌려주었어요. 차금액의 2배6에 해당하는 담보를 잡았고, 은행업자인 키토스에게 계약서를 맡겼습니다. 계약에 따르면 4천 드라크메에 해당하는 화물을 선적해야 하는데, 이 사람이 완전히 사기를 쳤어요. 저희 몰래 페이라이에우스에서 다시 포이닉스인 테오도로스에게서 4,500드라크메를 빌리고, 또 선주 람피스에

---

4 *paragraphesthai.*

5 *oiketes.*

6 *epi hetera hypotheke.* ʼ*hetera*ʼ는 '둘 중 다른 것'이라는 뜻이다. Loeb 판본(영어), Kaktos 판본(그리스어) 등 현대어 번역에서는 원금의 '두 배'를 담보로 잡은 것으로 옮긴다.

게서 1천 드라크메를 빌린 겁니다. 7. 그리고 계약서에 있는 채권자들을 다 만족시키려면, 아테나이에서 150므나의 화물을 구매해야 하는데도, 식량을 포함하여 1,500드라크메 화물만 구매한 거예요. 이 사람의 채무는 75므나에 달했는데 말이죠. 이것이 그 사기행각의 시작이었어요. 아테나이인 여러분, 이 사람은 각각의 대부에 상응하는 담보를 제공하지도 않았고, 선적도 없었어요. 계약에 따르면 그렇게 하는 것이 의무적 강제 사항이었거든요.

(서기에게) 저를 위해 계약서를 들고 읽어 주십시오.

계약서

세관 관리7가 작성한 목록과 증언도 들고 읽어 주십시오.

목록, 증언

8. 그런 다음 보스포로스로 와서는, 그곳에서 겨울을 보내는 제 하인, 그리고 제 동료에게 전해 달라고 제가 그에게 맡긴 서신을 이 사람(포르미온)이 전해 주지 않았어요. 그 서신에는 제가 대부해 준 금액과 담보를 적고, 또 배에서 하역하는 대로 선적을 확인하고 주시하도록 부탁했거든요. 포르미온이 서신을 안 전해 준 것은 자신이 무엇을 하는지

7　*pentekostologoi.* '50분의 1 세 관리'란 뜻으로, 세관에서 50분의 1(2%)의 세금을 거둔 데서 유래한다.

이들이 알지 못하도록 하려는 것이었어요. 그런데 파이리사데스[8]와 스키테스 사이에 발생한 전쟁 때문에 보스포로스에서 사업이 여의치 않고, 또 자신이 실어온 물건을 팔 시장이 마땅치 않은 것을 알고는 그가 크게 곤혹스러운 지경에 처했던 것이에요. 그의 선적수송에 돈을 대여한 채권자들이 상환을 요구하고 있었으니까요. 9. 그래서 계약한 대로 제 돈으로 산 물건을 선적하도록 선주가 이 사람에게 요구하자, 지금에 와서 채무를 다 갚았다고 주장하는 이 사람이, 당시 그렇게 할 수 없다고 대답했답니다. 선적한 물건이 팔리지 않을 것이기 때문이라고요. 그러고는 선주에게 출항하도록 사주하고, 자신은 물건을 처리한 다음 다른 배로 오겠다고 했다나요. 저를 위해 이 증언을 읽어 주십시오.

증언

10. 그래서, 아테나이인 여러분, 이 사람이 보스포로스에 남고, 람피스가 (다른 물건을 선적하여) 귀국하러 출항했는데, 항구에서 멀지 않는 곳에서 파선했습니다. 소문에, 이미 선적을 과부하한 상태에서, 갑판에다 1천 개 가죽을 더 실었답니다. 그래서 배가 부서지게 되었던 것이죠. 람피스는 디온의 다른 하인[9]들과 함께 나룻배를 타고 목숨을 건졌습니다. 그러나 다른 피해를 막론하고, 자유인만 30명 이상이 익

---

8   파이리사데스는 레오콘의 아들로 기원전 4세기 키메리오스 보스포로스(현재 크림 반도)의 왕이었고, 스키타이 종족에게 적대적이었다. 키메리오스 보스포로스는 아테나이의 주요한 식량 보급처였다.

9   *paida.*

사했어요. 파선 소식이 전해지자마자, 보스포로스에서는 깊은 슬픔
이 깔렸고, 모든 사람이 배에 승선하지 않았고 화물도 싣지 않았던 포
르미온은 운이 좋았던 것이라 여겼습니다. 이 이야기는 다른 사람들은
물론 본인 스스로도 하고 다녔던 것이에요. 자, 저를 위해 이 증언들
을 읽어 주십시오.

증언들

11. 이 사람(포르미온)이 람피스에게 돈(금)[10]을 건넸다고 하는데,
여러분 돈(금)이라는 데 유념해 주십시오. 람피스가 파선한 다음 신
속하게 아테나이로 돌아왔을 때, 제가 가서 그를 만나서, 어떻게 되
었냐고 물었어요. 그랬더니 포르미온이 계약에 부합하는 화물을 선
적하지 않았다고 하고, 그 자신은 보스포로스에서 포르미온으로부터
돈을 받은 적이 없다고 대답했습니다. 자, 거기에 임석했던 이들의
증언을 저를 위해 읽어 주십시오.

증언

12. 이렇게 해서, 아테나이인 여러분, 포르미온이 다른 배를 타고
살아서 돌아왔을 때, 제가 그를 만나서 돈을 상환해 달라고 했어요.
처음에는 이 사람이, 아테나이인 여러분, 지금과 같은 말은 전혀 하

---

10 *chrysion*. 말 그대로 하면 '금'과 관련이 된다.

지 않았고, 언제든지 돈을 갚겠다고 말했습니다. 그런데 나중에 이 사람이 지금 자기편을 들어 변호하는 이들과 작당한 다음, 사람이 달라져서 더는 같은 사람이 아니었어요. 13. 이 사람이 나를 속이려 하는 것을 알고, 저는 람피스에게 가서, 포르미온이 의무를 다하지 않고 빌린 돈을 상환하려 하지 않는다고 말하고, 이 사람을 소환[11]하려고 하는데, 어디에 있는지 아느냐고 물었지요. 그랬더니 그이(람피스)가 저더러 따라오라고 했고, 저희는 향수 가게에 있는 그를 만났어요. 거기서 제가 참관인을 대동하고 그에게 소환장을 전달했지요.

14. 람피스는, 아테나이인 여러분, 소환받아 옆에 임석했으나, 이 사람(포르미온)에게서 돈을 받았다는 말을 전혀 하지 않았어요. 당연지사로, "크리시포스 자네 미쳤군, 왜 그를 소환하나? 그가 내게 돈을 상환했다네"라고 말해야 했을 텐데, 그러지 않았던 거예요. 게다가, 람피스만 아무 말 안 한 것이 아니라, 포르미온 자신도 입 다물고 가만히 있었던 거예요. 지금에 와서 자신이 돈을 상환했다고 주장하는 람피스가 그때 옆에 있었는데도 말이죠. 15. 그렇다면, 아테나이인 여러분, 이 사람이 그때, "이보게, 왜 나를 소환하는 거요? 나는 여기 있는 이 친구에게 돈을 상환했소"라고 말해야 했던 거잖아요. 동시에 이 사람은 람피스를 증인으로 소환해야 하는 겁니다. 그러나 당시 이 사람이나 저 사람이나 이 같은 상황에서 아무 말도 안 했어요. 제 진술이 사실임을 증명하는 참관인의 증언을 들고 저를 위해 읽어 주십시오.

---

11 *proskalesaimen (proklesis)*. 고소하다, 재판에 회부하다 등의 의미를 갖는다.

증언

16. 작년에 제가 이이를 상대로 낸 고소장12도 저를 위해 들고 읽어 주십시오. 당시 포르미온이 람피스에게 돈을 상환했다고 주장한 적이 없다는 또 하나의 중요한 증거이기 때문입니다.

고소장

이 소를 제기했을 때, 아테나이인 여러분, 저의 고소 내용은, 이 사람(포르미온)이 화물을 선적했다거나, 또는 그(람피스) 자신이 돈을 받았다는 사실을 부인하는 람피스의 보고밖에 다른 어떤 근거가 아니었어요. 람피스가 돈을 받았다는 사실을 인정했다면, 그로 인해 저의 주장은 거짓이 될 판인데, 제가 이 같은 고소장을 작성할 정도로 그렇게 몰상식하거나 아주 정신 나간 사람이라고는 여러분이 여기지 말아 주십시오.

17. 더구나, 아테나이인 여러분, 다른 사실도 있습니다. 바로 이들이 작년에 위법의 소(訴)에 대한 항변을 제기했는데, 거기서 람피스에게 돈을 상환했다는 주장을 감히 하지 못했다는 겁니다.

자, 이 위법의 소(訴)에 대한 항변의 소장을 들고 저를 위해 읽어 주십시오.

---

12 *enklema. enkalo, katangello, menyo* 등의 의미와 연관되며, 고소(*prokelsis*) 하는 이가 작성하는 고소장을 뜻한다. 고소인, 피고소인, 혐의, 증인(*mleteres, kletores*), 접수 담당관 등을 적는다.

위법의 소(訴)에 대한 항변

들으셨지요? 아테나이인 여러분, 소장 어디에도 포르미온이 람피스에게 돈을 지불했다는 진술이 없어요. 그렇지만 저로서는, 조금 전에 여러분이 들으셨듯이, 이 사람이 화물을 선적하지 않았고, 또 돈을 상환하지도 않았다는 사실을 명백하게 진술한 바 있습니다. 그러니, 이들 스스로 제시한 바, 이렇게도 중요한 증거를 여러분이 가지고 있는 판에, 다른 어떤 증거를 여러분이 찾을 필요가 있습니까?

18. 소와 관련하여 법정이 열릴 즈음에, 현안을 누군가 중재인13에게 위임하자고 저희에게 청했어요. 그래서 동의하에 동일세 납부자14 테오도토스에게 사건을 위임했습니다. 그 후 람피스는 중재인 앞에서는 원하는 대로 아무거나 증언해도 안전하다고 생각하고, 제 돈을 포르미온과 나누어 갖고는, 그전에 했던 말과 반대로 증언하게 되었어요. 19. 여러분 (재판관) 면전에서 빤히 쳐다보며 위증하는 것은 중재인 앞에서 하는 것과는 같지 않거든요. 여러분 앞에서 위증했다가는 여러분의 분노를 사게 되고 또 처벌을 받을 수도 있으나, 중재인

---

13 *diaitetes.*

14 *isoteles*(*ehddlft*, 납부자), *isoteleia*(동일세 납부). 동일세 납부자란 도시에 특별하게 기여한 거류외인에게 주는 특권으로, 시민과 동일한 조건의 공적 부담금(세금)을 내거나, 거류외인세(*metoikion*)를 면제받는 것이다. 보통 거류외인의 경우, 남성은 12드라크메, 여성은 6드라크메를 납부하며, 납부하지 않는 경우 몰수할 재산이 없으면 예속인으로 팔려 갈 수 있다. 변론인 리시아스와 그 부친 케팔로스도 동일세 납부자였다.

앞에서는 마음대로, 몰염치하게, 위험부담 없이 증언할 수가 있는 것이니까요. 저는 람피스의 뻔뻔함에, 아테나이인 여러분, 분통이 터져 화를 내며, 20. 여러분 앞에 제시한 것과 같은 증언을 중재인 앞으로 제시했어요. 애초에, 그(람피스)가 돈을 상환받은 적이 없고 또 포르미온이 화물을 선적하지 않았다고 말하던 당시, 저와 함께 그에게로 갔던 이들의 증언 말이죠. 이렇듯 위증한 사람, 고약한 사람으로 분명하게 증명된 람피스는 여기 있는 제 동료에게 그같이 진술한 사실을 인정하나, 정신없이 그 같은 말을 한 것이라고 했어요. 이 증언을 저를 위해 읽어 주십시오.

증언

21. 그런데[15] 테오도토스가, 아테나이인 여러분, 여러 번 저희 진술을 청취한 다음, 람피스가 위증하는 것이라 판정하고, 소를 기각하지 않고 재판소로 넘겼습니다. 저희가 나중에 안 사실인데, 그는 포르미온의 친구로 이 사람에게 불리한 판정을 내리고 싶어 하지 않았지만, 그렇다고 해서 또 맹세를 어기기는 싫어서 소를 기각하지 않았다고 합니다.

22. 이런 사실들로부터, 여러분이 유념하실 것은, 재판관 여러분,

---

15 고대의 해재(解題)에 따르면, 여기서부터 공동 화자(話者) 중 두 번째 화자가 첫 번째 화자의 발언을 잇는다. 그러나 발언자가 교체되는 곳이 정확히 구분되어 드러나는 것은 아니다.

그가 어디서 돈이 나올 데가 있어 (람피스를 통해 돈을 주어) 갚으려 했 겠습니까? 여기서 출항할 때 화물을 선적하지 않았고, 화물에 대한 담보도 세울 능력이 안 되었어요. 게다가 제게서 빌린 돈을 담보로 하 여 또 빌렸어요. 보스포로스에서는 화물을 팔 수도 없었고, 또 편도 항해에 부쳐 대부해 준 이들에 대한 채무도 겨우 갚을 정도로 어려운 상황이었으니까요.

23. 여기 있는 제 동료16는 이 사람(포르미온)에게 왕복 여정에 2천 드라크메를 빌려주었는데, 아테나이에 돌아오면 2,600드라크메를 돌 려받는다는 조건이었어요. 그런데 포르미온은 보스포로스에서 120키 지코스 스타테르17를 람피스에게 주어 갚았다고 하는데, 여기에 여러 분이 주목하십시오. 이 돈은 부동산을 담보로 하여 이자를 주고 빌린 것이었어요. 이런 경우 이자는 원금의 6분의 1¹⁸인데, 키지코스 스타 테르는 28아티카 드라크메에 상응한다고 합니다. 24. 여러분이 인지 하셔야 하는 것은 그가 갚았다는 금액이 얼마나 엄청나냐는 것입니 다. 120스타테르는 3,360드라크메에 상당하고, 부동산에 붙는 이자 는 33므나 60드라크메(3,360드라크메)에 16, 3분의 2%¹⁹ 이자로,

---

16 'houtos(여기 있는 제 동료)'라는 호칭을 통해, 공동 화자 중 다른 이가 이미 발언 을 이어받은 사실을 추정 가능하게 한다.

17 키지코스는 프로폰티스(현재 마르마라해) 남쪽 해안의 도시이다. 키지코스 스타 테르는 금(4분의 3)과 은(4분의 1)을 합금한 호박으로 주조한 화폐이다. 이 화폐 는 금화 스타테르보다 거의 2배가 무겁고 20드라크메에 해당하며, 본문에 따르 면, 28아티카 드라크메의 가치를 가졌다고 한다.

18 $16\ 2/3\% = 1/6$.

19 6분의 1.

560드라크메에 불과한데, 전체 금액이 그렇게 많은 겁니다. 25. 그러니, 재판관 여러분, 사람이, 아니면 앞으로 태어날 사람 중에 누구라도, 2,600드라크메 대신 30므나 360드라크메(3,360드라크메) 20를 지불하려는 사람이 있습니까? 거기다가 대부에 따른 560드라크메를 더해서 말이죠. 모두 3,920드라크메인 금액 중에서 포르미온이 람피스에게 갚았다고 하는 건가요? 그가 왕복에 붙여 대부된 것인 줄 알면서, 아테나이에서 돈을 상환하면 되는 것을, 보스포로스에서, 그것도 13므나(1,300드라크메)나 더 많은 돈을 갚았단 말인가요?

26. 편도 항해로 돈을 대부한 채권자들이 당신과 함께 항해하면서 돈을 갚으라고 계속 압박하는 상황에서, 당신은 그들에게 원금도 마지못해 상환한 판에, 옆에도 없는 이 사람(람피스)에게 원리금을 다 돌려주었을 뿐만 아니라, 꼭 그래야만 하는 부득이한 상황이 아니었음에도, 계약에 의해 발생하는 벌금[21]까지 물었다는 것이오? 27. 계약에 따라 당신을 보스포로스에서 체포할 수 있는 권리를 가진 이들은 두려워하지 않으면서, 아테나이에서 출항할 때 계약에 따라 선적해야 할 화물을 싣지 않음으로써 애초에 당신이 부당하게 대우한 사람(람피스)을 위해 배려한 것이라고 주장하는 거요? 계약이 성립된 항구로 돌아온 지금 당신은 당신에게 대부해 준 사람의 돈을 서슴없이 떼먹으려고 하고 있잖소. 그런데 당신이 처벌당할 일도 없을 것 같은 보스포로스

---

20 1므나가 100드라크메이므로, 30므나 360드라크메는 총 3,360드라크메이다.
21 *epitimia*(벌금, 단수형 *epitimion*). 계약 조건을 지키지 않았을 때 벌금을 물게 된다. 참고로, 이 변론 아래 §33에는 2천 드라크메 대부에 5천 드라크메의 벌금이 따른다.

에서 필요 이상의 돈을 갚았다고 하는 것이오? 28. 왕복 항해에 돈을 대부받은 다른 모든 채무자들이, 항구에서 출항할 즈음에, 많은 이들을 불러 세우고, 대부인이 이미[22] 적재된 화물에 대한 위험부담을 진다는 사실에 대해 증인이 되도록 합니다. 그런데 당신은 딱 한 사람, 그것도 당신과 사기에 공모한 이를 증인으로 세우고 있어요. 보스포로스에 있는 내 하인이나 내 동업자를 증인으로 세우지 않았고, 또 우리가 당신에게 전해 달라고 부탁했고 또 당신이 하는 일을 잘 살펴보라고 지시한 내용을 적은 서신도 그들에게 전해 주지 않았던 거요.

29. 게다가, 재판관 여러분, 전해 달라고 부탁받은 서신도 제대로 공정하게 전달하지 않은 사람이 어떤 수작인들 마다하는 것이 있겠습니까? 이 사람이 한 짓거리를 보면, 그 사기행각이 여러분에게 명백하게 보이지 않나요? 더구나, 천지신명[23]의 이름으로, 빌린 돈보다 더 많은 금액을 상환한 사람이, 그런 사실을 세상 사람들이 알도록 항구에서 공포해야 하고, 누구보다 먼저 대부인의 하인과 그 동료에게 알리는 것이 당연지사인 것이죠. 30. 여러분 모두가 주지하시듯이, 대부받을 때는, 소수 증인들이 임석합니다. 그러나 차금을 상환할 때는, 계약을 성실하게 준수했다는 사실을 드러내기 위해서, 다수 증인들이 임석하지요. 그런데 당신은, 편도에만 돈을 쓴 상태인데도, 왕복 항해에 붙여 대부받은 돈의 원리금을 다하고 또 거기에 13므나를 더하여

---

22 *ede.* '이미'라는 부사는 화물이 선적되는 순간부터 대부인이 위험부담을 진다는 사실을 밝히고 있다.

23 땅과 신들.

상환하면서, 많은 증인을 내세워야 하는 것 아닌가요? 당신이 그런 식으로 돈을 상환한 것이라면, 어떤 무역상도 당신보다 더 진기하게 보이는 이는 없을 거요. 31. 그러나, 당신은 이 같은 일에 다수 증인을 모으는 대신, 불법을 행하듯 모두에게서 감추려했던 거요. 정말로 당신이 내게 돈을 상환했다면, 증인이 필요하지 않았을 거요. 계약을 해소하고 채무로부터 벗어났을 테니까요. 그러나 지금 당신은 내게 돈을 상환한 것이 아니라, 내게 전해 주라고 하면서 다른 사람에게 돈을 맡겼다고 하는 거예요. 그 위탁을 아테나이가 아니라 보스포로스에서 했다는 것인데, 당신의 계약은 아테나이에서 나와 한 것이잖소. 돈을 유한한 생명을 가지고 저 넓은 바다를 건너와야 하는 사람에게 맡겼다는데, 증인이 아무도 없단 말인가요. 예속인도 없고 자유인도 없어요. 32. 이 사람의 주장에 따르면, 계약서에 제가 선주에게 돈을 상환하도록 되어 있다고 합니다. 그러나 계약 관련하여 그들은 당신에 대해 사본을 2부 만들었어요.[24] 당신을 불신하고 있는 것처럼 말이오. 그런데 당신은 혼자서 돈을 선주에게 상환했다고 주장하고 있소. 그에 대해 당신이 진 채무를 기록한 계약서가 아테나이에 있다는 사실을 알면서 말이오.[25]

33. 또 이 사람(포르미온)[26]은 배가 안전하게 항구로 들어오면 돈을 상환하도록 계약서에 적혀 있다고 합니다. 그런데 그것은 당신이 당

---

24 이 문장의 뜻은 그다지 분명하지 않다. 크리시포스와 그 동료 외에 다른 이의 돈도 포르미온에게 대부한 돈에 포함되어 있는 것으로 볼 수 있겠다.

25 크리시포스를 뜻한다.

26 여기서 화자(話者)가 바뀌어, 첫 번째 화자가 다시 발언을 이어받는다.

연히 화물을 선적하는 경우에 그런 것이고, 그렇지 않으면 5천 드라크메를 내놓아야 하는 겁니다. 당신은 이런 계약 조건을 백안시하고, 화물을 선적하지 않음으로써 처음부터 계약 조건을 어겨 놓고는, 계약서의 조항 하나를 가지고 이의를 제기하고 있는 것이에요. 그것도 당신 자신이 어겨서 무효로 만들어 놓고는 말이오. 당신은 보스포로스에서 화물을 선적하지 않았고 선주에게 돈을 지불했다고 하면서, 왜 여전히 배를 거론하는 거요? 화물을 싣지 않았으니, 당신이 질 위험부담이 전혀 없는데도 말이오. 34. 처음에, 재판관 여러분, 그는 배에 화물을 실은 것 같은 행색을 하면서, 그 같은 변명을 둘러댔어요. 그런데 이 같은 거짓말이 여러 측면에서 발각될 처지에 몰리게 되었지요. 보스포로스 세관이 기록한 화물 목록, 혹은 당시 출항한 상인들이 증언 등을 통해서 말이에요. 그래서 완전히 방향을 틀어서, 람피스를 끌어들여, 35. 그에게 돈을 주었다고 주장한 겁니다. 이런 주장의 근거로서 그는 계약이 그렇게 되어 있다고 하면서, 이들이 자기네끼리만 서로 짜고서 하는 모의를 저희가 쉽게 밝혀내지 못할 것이라 생각한 것이죠. 람피스도 포르미온에게 매수되기 전에 자신이 말한 모든 것은 정신없이 한 짓이라 해 놓고서는, 제 돈을 (포르미온과) 나누어 가지자, 곧 제정신이 돌아와 모든 사실을 완벽하게 기억해 내게 되었다고 둘러대는 거예요.

36. 만일, 재판관 여러분, 람피스가 하찮게 여기는 사람이 저 혼자뿐이었다면, 조금도 놀랄 일이 아니었을 거예요. 그러나 지금 그는 여러분 모두에 대해서 이 사람(포르미온)보다 훨씬 더 무례하게 행동하고 있어요. 보스포로스에서 파이리사데스가 명령을 발하여, 아테나

이인의 시장을 위해 아테나이로 곡물을 수송하려는 이는 누구나 면세를 받도록 했을 때, 당시 보스포로스에 있던 람피스는 (아테나이) 도시명의로 곡물수송 허가를 면세로 얻어냈습니다. 그래서 대형 선박에 곡물을 싣고 아칸토스27로 실어와서 그곳에서 처분한 거예요. 이 사람(포르미온)과 한패가 되어 저희 돈을 나누어 가진 그이(람피스)가 말이죠. 37. 그는, 재판관 여러분, 아테나이의 거류외인으로서 처자식을 여기에 두고 있고, 또 누구라도 아테나이에 거주하는 사람이 아테나이인 시장이 아닌 다른 곳으로 곡물을 수송하면 극도의 처벌을 받도록 법28이 규정하는데도, 이런 짓거리를 한 겁니다. 그것도 위기를 맞아, 여러분 중 도시에 거주하는 이들이 곡물을 오데이온29에서 분배받고, 페이라이에우스에 거주하는 사람은 부두에서 1오볼로스30 빵을, 그리고 대(大) 스토아31에서는 12분의 132 메딤노스33의 밀가루를 받으려고 서로를 밟으며 다투는 시기에 말이죠.

제 진술이 사실임을 증명하는 증언과 관련 법을 들고 저를 위해 읽어 주십시오.

---

27 칼키디케 지역의 한 도시.
28 참조, Demosthenes, 35. 50; Lykourgos, 1. 50.
29 참조, Aristophanes, *Vespai*, 1109. 페리클레스에 의해 대극장 옆에 세워진 오데이온은 가끔 재판정으로 이용되었다. 또 Pollydeukes, 8. 33에 의하면, 이곳에서 곡물 관련 재판이 열렸다고 한다. 참조, Demosthenes, 59. 52.
30 1드라크메는 6오볼로스.
31 *makra stoa*. '긴 스토아'란 뜻으로 '곡물창고 스토아'로도 불렸다.
32 *hemiekton*. 6분의 1의 반. 즉, 12분의 1.
33 1메딤노스는 곡물을 재는 단위로 약 50리터(약 12갤런) 정도의 부피다.

증언, 법

38. 그러니 포르미온은 이 사람을 공모자 겸 증인으로 이용하면서, 저희 재물을 빼앗아 갈 수 있다고 보는 거예요. 그러나 저희는 언제나 여러분을 위해 곡물을 공급해 왔고, 도시에 닥친 세 번의 위기에서 여러분이 누가 민중을 위해 열성적인지를 검토할 때, 저희는 모든 의무를 다 완수했습니다. 알렉산드로스가 테바이로 들어왔을 때, 저희는 1탈란톤을 기부했어요. 39. 처음으로 곡물가격이 올라 16드라크메에 달했을 때, 저희는 1만 메딤노스가 넘는 곡물을 실어와 배분했습니다. 그것도 통상적 가격이 아니라 1메딤노스에 5드라크메로 말이죠. 이 사실은 여러분 가운데서 폼페이온[34]에서 곡물을 분배해 본 사람은 다 아는 사실이에요. 작년에도 민중을 위해 곡식을 구입하려 할 때 저와 제 형제가 1탈란톤을 기부했습니다. 자, 이런 사실에 대한 증언들을 저를 위해 읽어 주십시오.

증언들

40. 실로, 이런 사실들로부터 어떤 결론을 얻을 수 있다면, 우리가 자진하여 그만한 돈을 기부한 것은 여러분으로부터 칭찬을 받고, 그런 다음에 포르미온을 무고한 죄로 우리가 기여를 통해 얻었던 명예

---

34 *pompeion.* 폼페이온은 디필론에 붙어 있는 방으로, 여기서 판아테나이온 제전의 행진에 쓰이는 도구나 장비가 보관되었다.

를 시궁창으로 처넣으려는 것이 아닙니다. 그러니, 여러분이 우리를 도와주시는 것이 마땅합니다. 재판관 여러분, 제가 여러분에게 밝혔듯이, 이 사람(포르미온)은 처음부터 다 아테나이에서 융통하여 받은 대부금액에 상응하는 화물을 선적하지 않았고, 보스포로스에서 상품을 팔아서 챙긴 수익으로는 편도에 부쳐 돈을 대부한 이들에 대한 채무도 갚기 어려웠어요. 41. 게다가 이 사람이 그렇게 형편이 좋은 것이 아니었고, 2,600드라크메 대신 39므나를 갚을 만큼 바보도 아니거든요. 이 모든 것을 차치하고라도, 이 사람의 말에 따르면, 자신이 람피스에게 돈을 상환할 때, 제 하인도 제 동업자도 증인으로 소환하지 않았어요. 이들이 그곳 보스포로스에 있었는데 말이에요. 또 람피스 자신이, 이 사람의 사주에 의해 변심하기 전에는, 돈을 받은 것이 없다고 증언한 것으로 드러납니다.

42. 더구나, 만일 포르미온이 조목조목 자신의 주장을 증명하려한다면, 달리 (저보다) 더 나은 항변을 구사할 수 있을지 저로서는 알지 못하겠습니다. 이 사건 소(訴) 제기가 가능한지와 관련하여, 법조문 자체가 제 상대소송인의 취지를 무색하게 합니다. 상거래 소송은 아테나이에서, 그리고 아테나이인의 항구에서 체결된 계약과 관련한 것으로 규정하는데, 이것은 아테나이에서뿐 아니라, 아테나이로 돌아오는 항해에도 적용되기 때문입니다. 저를 위해 법조문을 들고 읽어 주십시오.

43. 상대소송인 스스로도 저와 포르미온 사이에 계약이 아테나이에서 성립되었다는 사실을 부정하지 않습니다. 다만, 이 사건이 소 제기가 가능한 것이 아니라고 위법의 소(訴)에 대한 항변을 제기한 거예요. 그러면, 계약이 성립된 곳, 여러분이 있는 이곳이 아니라면, 어느 재판소로 우리가 가야 합니까? 만일 아테나이로 돌아오는 항해와 관련하여 제가 피해를 본 것이라면, 포르미온을 여러분의 재판에 회부할 수 있는 겁니다. 그런데, 이런 사안에서, 계약이 아테나이 항구에서 있었던 것이므로, 제가 이들을 상대로 여러분 앞으로 소를 제기할 수 없다고 하는 것은 말이 안 되는 것이죠. 44. 우리가 테오도토스에게 중재를 위임했을 때, 이들은 저의 소 제기가 타당하다는 점을 인정했어요. 그런데 지금 와서 이들이 스스로 인정한 바를 뒤엎고 반대말을 하는 겁니다. 정말이지, 동일세 거류외인 테오도토스 앞에서 판정받을 때는 위법의 소에 대한 항변 운운 하지 않던 이들이 저희가 아테나이인 법정에 호소하자, 소 제기가 불가능하다고 하는 거예요.

45. 저로서는, 만일 테오도토스가 사건을 기각했다면, 이 사람이 위법의 소에 대한 항변의 소장에 무엇을 썼을지가 궁금합니다. 테오도토스가 우리 사건이 재판에 회부되어야 한다고 결정한 지금, 이 사람(포르미온)은 이 소송 사건이 여러분 앞으로 제기되어서는 안 되는 것이라고 하니까요. 테오도토스가 우리에게 여러분 앞으로 소를 제기하라고 했는데도 말이에요. 실로, 법에 따라 아테나이에서 체결된 계약에 연루되어 발생한 사건은 법무장관35 앞으로 제기하도록 규정되

어 있는바, 법에 따라 판결하겠다고 맹세한 여러분이 본건을 기각한다면, 저는 극도로 부당한 피해를 보게 될 것입니다.

46. 저희가 돈을 대부한 사실은 계약서는 물론 포르미온 자신에 의해서도 증명됩니다. 그 돈이 상환된 사실은 부당행위에 공모한 람피스를 제외하고는 아무도 증언하는 사람이 없어요. 포르미온은 람피스만이 돈을 상환한 사실을 증명한다고 합니다만, 저도 같은 람피스가 돈을 받지 않았다는 사실을 람피스 자신, 그리고 그의 말을 들은 이들을 증인으로 제시할 수 있습니다. 더구나, 이 사람(포르미온)은, 제가 세운 증인들의 진술이 사실이 아니라고 주장한다면, 이(제 쪽) 증인들을 재판에 부칠 수 있겠죠. 그러나 저는 상대소송인(포르미온)이 람피스가 돈을 받았다고 말한 것을 아는 이들이라며 들이대는 증인들을 어떻게 처리해야 할지 알 수 없어요. 람피스의 그런 증언이 이곳에서 이루어진 것이라면, 그 증언을 반박하라고 제 상대소송인이 제게 요구할 수 있을 것 같습니다. 그러나 지금 저는 그곳에서 이루어진 그런 증언을 여기에 가지고 있지 않고, 또 이 사람(포르미온)은 그 때문에 자신이 무죄 방면되어야 하는 것이라고 짐짓 믿고 있어요. 여러분을 설득할 만한 확실한 근거도 대지 않고 말이죠. 47. 포르미온이 돈을 대부받은 사실을 인정하지만, 상환했다고 주장하는데, 이 사람 자신이 인정하는 사실은 간과하고 미심쩍은 사항에 기초하여 여러분이 판결을 내린다면, 또 제가 그 증언을 부인하는 람피스가, 애초에 돈을 받은 사실을 부인했으나, 지금은 반대로 증언하고 있는바,

---

35 *thesmothetai.*

그런 사실을 증명할 증언도 없는데 여러분이 돈 받은 사실이 있는 것으로 간주한다면, 48. 또 그가 참으로 진술한 모든 증거를 여러분이 인정하지 않고, 변질된 다음에 그가 한 거짓말을 더 신빙성 있는 것으로 간주한다면, 실로 황당한 처사가 아니겠습니까? 실로, 아테나이인 여러분, 나중에 바뀐 진술보다 처음에 이루어진 진술로부터 결론을 도출하는 것이 더 공정한 것입니다. 전자는 그가 이해관계에 따라 꾸며낸 거짓말이고, 후자는 어떤 다른 목적 없이 솔직하게 진술한 것이기 때문이지요.

49. 유념하실 것은, 아테나이인 여러분, 람피스 자신도 돈을 받지 않았다고 진술한 사실을 절대로 부인하지 않는다는 겁니다. 그가 그렇게 진술하고는, 당시 정신이 없어 그런 말을 했다고 하는 거예요. 그러나, 한쪽에 유리한 그의 증언 중에서 여러분이 기만하려는 측에 유리한 증언을 신빙성 있는 것으로 받아들이고, 기만당하는 측에 유리한 증언을 배척하는 것은 어리석은 짓거리 아니겠습니까? 50. 청컨대, 그런 일이 일어나지는 않았으면 합니다, 재판관 여러분, 여러분의 항구에서 거액을 빌려서는 대부업자들에게 담보를 제공하지 않은 사람이 민회에서 탄핵36되어 사형에 처해진 적이 있었는데, 그는 시민이었고, 장군으로 봉직했던 이의 아들이었어요. 51. 여러분 생각에, 그 같은 사람은 오다가다 만난 상대만 기만하는 것이 아니라, 여러분의 무역37을 온통 저해한다고 본 것이죠. 특히, 사업의 번창은 대

---

36 *eisangelthenta* (*eisangelia*).
37 *emporion*.

부받는 사람이 아니라 대부해 주는 이에게 달려 있어요. 돈을 대부하는 이가 없으면, 배도 선주도 여객도 움직일 수가 없어요. 52. 그래서 많고 좋은 법들이 그들(대부업자)을 보호하고 있습니다. 여러분께서는, 발생한 피해를 구제하고, 교활한 이들을 용서하지 말아야 합니다. 그러면 무역이 여러분에게 많은 이득을 가져다줄 것이니까요. 여러분이 자기 재물을 투자하는 이들을 보호하고, 이 같은 짐승들에게 부당하게 피해 보지 않도록 함으로써, 그 같은 상황을 조성할 수 있겠습니다.

제 입장에서 가능한 한 할 수 있는 것을 다 말씀드렸습니다. 여러분이 원한다면, 제 친구들 중 다른 사람을 소개하겠습니다.

35

라크리토스의 '위법의 소(訴)'에 대한 항변

해제

이 변론과 그 주제는 바로 앞의 〈대부 관련하여 포르미온에 반대하여〉와 닮은 점이 많다. 아테나이인 안드로클레스와 카리스토스[1]인 나우시크라테스는 파셀리스 출신 상인들인 아폴로도로스와 아르테몬에게 3천 드라크메를 대부했다. 그 담보는 아테나이에서 폰토스(흑해)로 왕복하는 선박 귀항 시의 선적 화물이었으며, 배가 안전하게 돌아오는 경우에 한하여 그러하다는 조건이 달렸다.

채무자들은 아테나이에서 가져간 화물을 폰토스에서 팔고, 그 돈으로 물건을 사서 돌아오는 배에 싣는 선적 화물이 대부의 담보가 되었다. 그런데 채무자들은 대부에 상응하는 기대치만큼 화물을 싣지 않았을 뿐만 아니라, 이미 담보 잡힌 화물을 담보로 다시 대부받았다.

채무자 중 한 사람인 아르테몬이 죽었다. 대부인 관련 계약에 따르면, 법정

---

1   에우보이아섬 남단 끝자락에 있는 도시.

소송의 원고는 유일하게 안드로클레스이다. 그런데 소송에서 남은 채무자 아폴로도로스가 아니라, 아르테몬의 형제인 라크리토스를 피고로 지목했다. 라크리토스가 죽은 그 형제 아르테몬의 모든 권리와 채무를 승계했다고 보았기 때문이다.

대부인은 대부금의 상환을 요구했으나, 기한 안에 변제되지 않았고, 배가 페이라이에우스에 들어왔을 때 담보로 잡은 선적 화물이 대부인들 앞에 소개된 것도 아니었다. 피고가 된 라크리토스는 안드로클레스의 제소 자체가 성립하지 않는다는 취지로, '위법의 소(訴)'에 대한 항변을 제기했다. 자기는 상인도 아니고 형제의 유산을 물려받은 것도 아니므로, 소의 피고가 될 하등의 이유가 없다는 것이었다.

다른 한편, 구체적 사안에서는 배가 페이라이에우스로 돌아오는 중에 파선하여 화물 중 극히 소량만 남았다. 그런데 이마저 파선당한 이들, 즉 안드로클레스에게 빚진 이들을 수송해 준 다른 선주에게 대부해 줘 버렸다. 그 대부의 담보로 이 선주는 자기 배를 잡혔고, 그 배에 대해 안드로클레스가 이 변론에서 권리를 주장하고 나선 것이다.

안드로클레스의 주장은 구성이나 설득력에서 우수한 것이 아니며, 문체도 박력이 없고 데모스테네스의 어법에 어울리지도 않는 것으로 평가된다. 이런 점 때문에 이미 고대 이래 위작이 아니냐는 견해가 있었다.

1. 파셀리스2인들은 새로운 꼼수가 아니라, 재판관 여러분, 늘 해 오던 짓거리를 하고 있을 뿐입니다. 그들은 여러분의 항구시장3에서 돈을 빌리는 데 가장 수완이 좋은 거예요. 그런데, 그들이 목적을 달성하고 선적계약을 작성하는 즉시, 바로 계약이나 법, 또 빌린 돈을 상환해야 하는 채무 등을 망각해 버립니다. 2. 그들 생각에, 빚을 갚으면, 자기 재산 중 일부를 상실하는 것 같아서, 빚을 상환하지 않고, 궤변, 위법의 소(訴)에 대한 항변,4 핑계 등을 구사합니다. 이들은 세상에서 가장 큰 사기꾼이며, 가장 불공정한 이들이지요. 그 증거가 있어요. 헬라스인과 이민족 등 많은 상인이 여러분의 항구시장으로 들어오지요. 그런데 파셀리스인들이 연루된 재판이 다른 나머지 사람들과 관련한 것보다 더 많아요. 3. 이들이 어떤 종족인지 보십시오.

그런데 제가, 재판관 여러분, 라크리토스의 형제 아르테몬에게 돈을 빌려주었어요. 법에 따라, 아테나이에서 폰토스 간 왕복 항해를 위한 것이었지요. 그런데 아르테몬이 제 돈을 상환하기 전에 죽었어요. 그래서 제가 라크리토스를 상대로 하여 이 소송을 시작하게 된 것입니다. 제가 계약을 맺을 때 의거한 바로 그 같은 법에 따른 것인데요. 4. 이 사람(라크리토스)이 아르테몬의 형제로서, 그의 재산을 다 가지고 있기 때문이에요. 그(아르테몬)가 여기에 남긴 것, 그리고

---

2   소아시아 남서부 리키아 연안 도시로 팜필리아코스만과 가까운 곳에 있다. 세 개 항구와 유능한 선원들을 갖추었고, 상업이 발달된 곳이다. 헤로도토스(2. 178)에 따르면, 도리스인이 이곳에 정착했다.

3   *emporion.* 항구시장은 항구에서 교역이 일어나는 장소이다.

4   *paragraphe.* 참조, Demsthenes, 34, 해제.

파셀리스에서 가진 것 모두를 차지했고, 그 전 재산의 상속인[5]이기 때문입니다. 그러고는 그 형제의 재산을 차지하여 원하는 대로 사용할 수 있도록 하는 근거의 법 규정을 제시하지도 못하면서, 남의 돈을 돌려주려 하지 않은 채, 지금 자기는 상속인이 아니며, 자기는 죽은 사람의 일과는 아무 상관이 없다고 말하는 겁니다. 5. 이 라크리토스의 몰염치함이 이런 정도예요. 제가 여러분에게 청컨대, 본 사건과 관련하여 제 진술을 경청해 주시고, 이 사람이 우리에게 피해 입힌 사실을 제가 여러분에게 증명한다면, 여러분도 저희에게 마땅한 몫의 도움을 주십시오.

6. 저 자신은, 재판관 여러분, 이들과 일면식도 없습니다. 저 고명한 스페토스[6] 출신 디오판토스의 아들 트라시메데스와 그 형제 멜라노포스는 제 친구들이며, 더할 나위 없이 서로 친근했습니다. 이들이 이 라크리토스와 함께 제게 왔는데, 이들이 어떤 경위로 그를 알게 되었는지는 제가 알지 못해요. 7. 그래서 이 사람(라크리토스)의 형제인 아르테몬과 아폴로도로스가 폰토스로 무역을 하러 가는데 돈을 빌려주라고 제게 청했습니다. 트라시메데스도 저처럼 이들의 불량함에 대해 전혀 알지 못했고, 품위 있는 사람들로만 생각했지요. 그들이 그런 것처럼 위장하고 내숭을 떨었으니까요. 그래서 그들이 약속한 것은 다 지킬 줄로 알았고, 또 이 라크리토스가 그들이 그렇게 할 거라

---

5 유언 없이 죽은 자의 유산은 최근친에게 돌아간다. 남자가 여자보다 우선하고 부계가 모계보다 우선한다. 여자나 모계는 우선순위에서 밀릴 뿐, 상속권에서 배제되는 것은 아니다. 한편, 부모, 조부모 등은 유산 순위에서 제외된다는 견해가 있다.
6 스페토스는 아카만티스 부족에 속하는 구(區·데모스)이다.

고 장담했답니다. 8. 그(트라시메데스)는 완전히 속았고, 얼마나 금수 같은 이들과 수작하고 있는지를 전혀 몰랐던 겁니다. 저도 트라시메데스와 그 형제의 말을 믿었고, 또 자신의 형제들이 모든 것을 경우 바르게 처리한다고 라크리토스가 언질을 주는 바람에, 제가 저희의 친구였던 카리스토스인과 함께 은 30므나를 빌려주게 된 것이에요. 9. 그러니, 제가 여러분에게 청컨대, 재판관 여러분, 우리가 돈을 대부하게 된 계약서와 대부할 당시 임석했던 증인들의 발언을 들어 주십시오. 그다음 이들이 대부 관련하여 약탈한 다른 내용에 대해 말씀 드리겠습니다. 먼저 계약서, 그다음에 증언들을 읽어 주십시오.

계약서

10. 스페토스 출신 안드로클레스와 카리스토스 출신 나우시크라테스는 파셀리스 출신 아르테몬과 아폴로도로스에게 3천 드라크메를 대부한다. 대부는 아테나이에서 멘데 혹은 스키오네7로, 또 거기서 보스포로스로, 원한다면, (흑해의) 좌측 연안 보리스테네스8까지, 그리고 다시 아테나이로 돌아오는 항해를 위한 것이다. 이자율은 1천 드라크메당

---

7 이 두 도시는 칼키디케 지역, 마케도니아 팔레네 반도의 도시들로서, 상업이 아주 발달된 곳이다. 날씨 조건에 따라 두 항구 중에서 편리한 곳으로 입항한다. 스키오네는 아카이오이인(헬라스의 종족)이 트로이아에서 돌아오는 길에 건설했다고 전해진다. 참조, Herodotos, 7. 123; Thucydides, 4. 120, 133, 5. 32; Strabon, 7. 330.

8 Borysthenes(보리스테네스 혹은 올비아(Olbia))는 현재 드니에프르 강 지역, 흑해 쪽 입구에 있다. 밀레토스인의 식민지로 알려져 있다. 참조, Strabon, 7. 289, 306.

225드라크메로 한다. 북극성9이 떠오른 다음 폰토스10에서 히에론11으로 항해하게 된다면, 이자는 1천 드라크메당 300드라크메로 한다. 메드네 포도주 3천 항아리 화물을 담보로 하고, 히블레시오스가 선주로 있는 20노(櫓) 선박에 실어 멘데 혹은 스키오네에서 수송해오도록 한다. 11. 이들은 화물을 담보로 하되, 화물 각각에 다른 사람의 돈이 물려 있거나, 이 화물을 담보로 하여 달리 대부를 받아서는 안 된다. 폰토스에서 회항 길에 실은 화물은 모두 같은 배로 폰토스에서 아테나이로 수송된다. 화물이 아테나이로 안전하게 들어오면, 20일 이내에 대부받은 이들은 대부해 준 이들에게 계약에 따른 금액을 상환할 때까지 전 화물을 담보로 대부인들의 관할하에 둔다.

12. 이들이 약정 기간 내에 돈을 상환하지 않으면, 대부해 준 이들은 화물을 담보로 잡고, 시가에 팔 권리를 갖는다. 그 판매액이 계약에 따라 상환해야 할 금액에 못 미치면, 대부인들은, 각기 혹은 합동으로, 그 차액을 회수하기 위해 아르테몬과 아폴로도로스에 대해서, 부동산 혹은 해상자본을 막론하고 무엇이거나 이들의 모든 재산에 대해서, 이들이 법정에서 패소 판결받고서 채무 불이행한 경우와 똑같이, 상환 절차를 개시할 수 있다. 13. 만일 이들이 폰토스에 들어가지 않고 개자리(시리우스) 별12이 뜬 다음 열흘 동안, 아테나이인에게 강제압류권13이 없는

---

9 Arktouros, 북극성은 9월 중순에 떠오르며, 이때는 항해하기 위험하므로 위험부담에 따라 대부 이자율이 더 올라간다. 북극성에 대한 언급으로는 참조, Hesiodos, *Erga kai Hemerai*, 566, 610.

10 흑해.

11 보스포로스의 아시아 쪽 도시로, 제우스 신전이 있어 '히에론(신성)'으로 불렸다.

곳에서 화물을 육지로 풀어놓고, 그곳에서 아테나이로 회항한다면 그 전해의 계약에서 약정한 이자를 지불하도록 한다. 14 화물을 수송하던 선박이 파선했으나 화물이 안전하면, 그 보존된 것은 모두 대부한 이들에게 공동으로 귀속된다. 이런 사안 관련하여 어떤 것도 계약에 우선하지 못한다. 15

증인 페이라이에우스의 포르미온, 보이오티아의 케피소도토스, 피토스16의 헬리오도로스.

14. 증언들을 읽어 주십시오.

증언들

아나기로스구(區) 출신 아르케다마스의 아들 아르케노미데스는 다음과 같이 증언합니다. 스페토스 출신 안드로클레스와 카리스토스 출신 나우시크라테스가 파셀리스 출신 아르테몬과 아폴로도로스와 맺은 계약서를 받은 바 있고 지금도 가지고 있습니다.

---

12 시리우스(개자리) 별자리가 뜬 다음 열흘 동안은 7월 25일부터 8월 5일 사이인데, 이때는 폭풍우가 일어나는 절기이다.
13 *sylai*. 강제압류권 혹은 손해배상 청구권. 이 변론 §26 참조.
14 회항이 법적 계약 기간이 만료되는 시점(夏至)까지 지체되면, 이자율은 그 전해 약정한 대로 유지된다는 뜻이다.
15 이 변론 §39 참조.
16 Pithos(Pytthos). 피토스는 케크로피스 부족에 속하는 한 데모스이다.

그 자리에 임석한 이들의 증언도 읽어 주십시오.

증언

동일세[17] 납부인 테오도토스, 레우코니온 출신 에피카레스의 아들 카리노스, 페이라이에우스 출신 크테시폰의 아들 포르미온, 보이오티아 출신 케피소도토스, 피토스 출신 헬리오도로스는 다음과 같이 증언합니다. 안드로클레스가 아르테몬에게 은 3천 드라크메를 대부할 때 이들은 임석했고, 이들이 아나기로스 출신 아르케노미데스와 계약을 맺은 사실을 알고 있습니다.

15. 이 계약서에 따라, 재판관 여러분, 라크리토스의 청이 있었고, 또 대부가 이루어진 계약에 따른 저의 몫을 모두 받게 될 것이라는 그의 약속을 믿고, 저는 이 사람의 형제인 아르테몬에게 대부했습니다. 라크리토스 자신이 작성했고, 작성된 계약서를 봉하는 데도 이 사람이 임석했던 그 계약서에 따라 제가 대부한 것입니다. 그 형제들이 아직 어렸고 실로 소년들에 불과했으나, 그는 파셀리스 출신으로 이소크라테스의 제자로 알려진 인물이었어요. 16. 이 사람이 모든 과정을 관장했고, 저에게도 이 사람 자신과 소통해야 한다고 했단 말이죠. 게다가 모든 채무를 자신이 책임질 것이고, 아테나이로 와서 머물 것이고, 형제 아르테몬은 화물을 맡아 항해할 것이라고 언급했습니다. 그리고 그때, 재판관 여러분, 저희 돈을 받을 받으러 와서는, 자신이

---

17 *isoteles.* 동일세 납부(*isoteleia*)에 대해서는 참조, Demosthenes, 34. 18.

아르테몬의 형제인 동시에 동업자라고 하고, 아주 확실한 보증의 언질을 남겼습니다. 17. 그런데 이 사람이 돈을 받자마자, 원하는 대로 분배하고 소비하면서, 대부 조건에 따른 화물 적재와 관련해서는, 대소를 막론하고, 실제 행적에 의해 드러난 바, 아무것도 실행하지 않았어요. 이 모든 사안에서 이 라크리토스가 주동자입니다. 제가 계약 조항을 하나하나 들어서, 이들이 단 하나도 마땅히 실행한 적이 없음을 밝히겠습니다.

18. 첫째, 이 사람은 3천 개 포도주 항아리를 담보로 하여 저희로부터 30므나를 대부받고, 게다가 현 시세로 계산된 포도주 가격에 그 포도주를 보존하는 데 들어가는 비용 30므나를 더하여, 담보는 총 1탈란톤[18]에 달하는 것으로 약정했습니다. 이렇게 포도주 항아리 3천 개가 히블레시오스가 선주인 20노선(櫓船)에 실려 폰토스로 수송되게 되어 있었습니다. 19. 이 계약 조건은, 재판관 여러분, 여러분이 청취한 바 있는 계약서에 명기되어 있습니다. 그런데, 이들은 3천 개 항아리 대신, 500개를 선적한 것이에요. 또 마땅히 이행해야 하는 양만큼 포도주를 사는 대신, 편의대로 돈을 써 버렸어요. 이들은 3천 개 항아리를 계약에 따라 선적하려는 마음도 없었고 아예 관심조차 없었던 겁니다. 제 진술이 사실임을 증명하기 위해, 이들과 항해 길에 함께했던 이들의 증언을 들고 읽어 주십시오.

---

18 1탈란톤은 60므나인데, 30므나 대부액에 처리 비용 30므나를 더하면 60므나, 즉 1탈란톤이 된다.

증언들

20. 에라시클레스는 다음과 같이 증언합니다. 본인은 히블레시오스가 선주인 배의 조타수였으며, 본인이 아는 한, 아폴로도로스가 다른 것은 없고 멘데[19]산(産) 포도주 450항아리만 실었을 뿐, 그는 다른 화물은 적재한 것 없이 폰토스를 향해 갔습니다.

할리카르나소스 출신 아테니포스의 아들 히피아스는 다음 사실을 증언합니다. 본인은 히블레시오스의 배에서 갑판장이 되어서 함께 항해했는데, 파셀리스인 아폴로도로스가 배에 멘데산 포도주 450항아리를 실었을 뿐, 다른 화물 없이 멘데에서 폰토스로 수송하는 것을 보았습니다.

위 사실에 대한 보증인[20]은 다음과 같습니다. 아카르나이 출신 크네소니다스의 아들 아르키아데스, 히스티아이아 출신 필리포스의 아들 소스트라토스, 히스티아이아 출신 에우보이오스의 아들 에우마리코스, 크시페테 출신 크테시아스의 아들 필티아데스, 콜레이다이 출신 데모크라티데스의 아들 디오니시오스.[21]

21. 선적해야 할 포도주의 용량과 관련하여, 이들이 행한 짓거리가 이와 같습니다. 계약을 어기고 이미 첫 번째 의무를 이행하지 않았

---

19 칼키디케(오늘날 테살로니키 부근) 동남부 해변의 도시로서, 포도주(*mendaios oinos*)로 유명했다.

20 *exemartyresen* (*ekmartyria*). '*ekmartyria*(증언)'는 증인이 멀리 있어 법정에 직접 출석하지 못할 때, 서면 증언을 제출하고 법정에서 낭독하여 재판관들에게 들려줌으로써, 증언의 진실성을 확인하는 것이다.

21 아카르나이는 오이네이스 부족, 크시페테는 케크로피스 부족, 콜레이다이는 레온티스 부족에 각각 속하는 구(區 · 데모스)이다.

어요. 그다음, 담보물은 하자가 없어야 하고, 다른 사람과 관련하여 어떤 채무에도 연루되어서는 안 되고, 이미 담보 잡힌 물건을 다시 담보로 하여 다른 이로부터 대부를 받아서는 안 된다고 되어 있습니다. 22. 이런 내용은 명백하게 규정된 것입니다. 재판관 여러분, 그런데 이들이 어떤 짓거리를 했는지 보시겠습니까? 계약 조건을 무시하고, 한 젊은이로부터 돈을 빌렸는데, 그 담보물이 아무에게도 담보 잡힌 적이 없다고 거짓말을 한 거예요. 이렇게 이들이 저희를 속이고, 저희 몰래 저희에게 잡힌 물건을 담보로 다시 대부를 받았고, 또 그 젊은이에게서 차금하면서 담보로 세운 물건에 아무 하자가 없다고 함으로써 그 사람도 속인 것이죠. 이들의 기만행위가 이러했고, 이 모든 짓거리가 이 라크리토스의 기획에 의한 것입니다.

제 진술이 사실이며, 계약에 반하여 이중으로 대부받은 사실을 증명하기 위해, 재대부한 이의 증언을 여러분에게 읽어드리겠습니다. 23. 증언을 읽어 주십시오.

증언

할리카르나소스 출신 아라토스는 다음 사실을 증언합니다. 본인은 선적 화물을 담보로 하여 은 11므나를 아폴로도로스에게 대부한 사실이 있습니다. 그 담보는 그가 히블레시오스의 배로 폰토스로 옮기는 화물과 그곳에서 구매하여 회항하는 화물입니다. 본인은 그가 이미 안드로클레스로부터 은(돈)을 대부받은 사실을 몰랐고, 그런 줄 알았으면 본인은 아폴로도로스에게 은(돈)을 대부해 주지 않았을 것입니다.

24. 이들의 교활함이 이러했습니다. 그다음 계약 내용은, 재판관 여러분, 이들이 폰토스에 닿으면, 수송한 화물을 팔고 새 화물을 사들여 배에 싣고 다시 아테나이로 돌아온다는 것, 그리고 아테나이에 닿는 즉시, 20일 이내에 저희에게 공인된 화폐22로 채무를 상환한다는 것이었지요. 지불을 지체하면, 저희가 화물을 억류하게 되고, 상환받을 때까지 화물을 전부 우리에게 넘겨야 합니다. 25. 이런 조건들이 계약서에 정확히 기재되어 있는 거예요. 그런데도 이들은 그즈음에 극도의 오만함과 뻔뻔함을 노정하고, 계약서에 기재된 것에 눈곱만큼의 관심도 기울이지 않고, 계약서를 휴지나 넝마로 보는 겁니다. 이들이 폰토스에서 아무런 상품을 구입하지 않았고, 아테나이로 회항할 어떤 화물도 선적하지도 않았기 때문이지요. 그러니 돈을 대부한 저희는, 이들이 폰토스에서 돌아왔을 때, 우리 돈을 상환받을 때까지 장악하거나 억류할 아무것도 갖지 못했습니다. 이들이 여러분 항구로 가지고 들어온 게 아무것도 없었으니까요. 오히려 저희가 전대미문의 곤경에 몰렸습니다, 재판관 여러분. 26. 우리 도시에서, 저희가 뭔가 잘못을 범하거나, 이들에게 승소 판결이 나온 것도 아닌데, 파셀리스인인 이들에 의해 저희 재산을 약탈당한 거예요. 마치 파셀리스인이 아테나이인에 대해 재산을 강제압류23할 수 있는 것처럼 말이죠. 이들이 빌려간 돈의 상환을 거부하는 마당에, 남의 재산을 강탈당했다는 표현 이외에, 어떤 말로 이들의 행위를 묘사할 수 있

---

22 무게와 순도 등에서 미달되지 않고 기준에 합당한 화폐를 말한다.
23 *sylai*. 이 변론 §13 참조.

겠습니까? 저로서는, 이들이 저희와 관계하면서 한 수작보다 더 파렴치한 사례를 들어 본 적이 없고, 그것도 저희 돈을 가져갔다는 사실을 인정하는 상황에서 그렇다는 것이에요. 27. 계약상의 쟁점은, 재판관 여러분, 조사가 필요한 법이죠. 그러나 양측이 사실을 인정하고, 또 그에 관한 해상대부 계약서가 있어서, 분쟁이 있을 수 없고, 적힌 규정대로 실행하면 되는 겁니다. 그러나 이들이 계약서상의 어떤 것도 준수하지 않았고, 애초에 사기 치려고 작정했고, 아무것도 신실하게 지키려고 하지 않았던 사실은 증언들은 물론 이들 자신 스스로에 의해 이렇듯 분명히 드러납니다.

28. 그런데 라크리토스가 저지른 가장 끔찍한 행위에 대해 여러분이 들으셔야겠습니다. 그것도 그 모든 수작을 이이 자신이 기획한 것이었어요. 이들이 이곳으로 귀항하면서 여러분 항구시장으로 직항한 것이 아니고, 여러분 항구의 경계 바깥에 있는 암거래상[24]의 항구로 가서 닻을 내렸어요. 그런 항구에 가서 닻을 내리는 사람은 아이기나 혹은 메가라로 가는 것과 같은 거예요. 거기서 출항하여, 원하는 곳 어디든지 갈 수 있으니까요. 29. 이들의 배가 그곳에 25일 이상 머물러 있었어요. 이들이 여러분의 전시장[25]에 나타났을 때, 저희가 이들에게 다가가서, 가능한 한 신속하게 저희가 저희 돈을 돌려받을 수 있는 방법을 찾도록 힘써 달라고 말했습니다. 이들이 동의하고, 현안을

---

24 *limen foron* (불법 거래 혹은 밀수업자들의 항구). 아티카 해변의 한 외진 곳으로 밀수업자 등이 모여 불법 거래가 이루어지는 곳이다.
25 *deigma*. 페이라이에우스에 있는 교역 물품 전시장이다.

해결하겠다고 했습니다. 우리가 이렇듯 그들과 접촉하면서, 배에서 무엇을 내리는지, 아니면 50분의 1 수입세26를 내는지 눈여겨보았습니다. 30. 그러나 항구로 들어온 지 여러 날이 지났는데도 배에서 무엇을 양하(揚荷)하는 것 같지도 않고, 이들의 이름으로 50분의 1 수입세를 내는 것 같지도 않았어요. 그래서 돈을 달라고 자꾸 독촉하게 된 겁니다. 이들이 우리 독촉에 궁지에 몰리자, 그제야 아르테몬의 형제인 이 라크리토스가 화물을 다 소실했기 때문에 빚을 갚을 수 없다고 하는 거예요. 게다가 라크리토스는 이런 입장에 다소간 정당성을 확보하고 있다고 했어요.

31. 그 같은 대답에, 재판관 여러분, 저희는 분통이 터졌으나, 분통이 무슨 도움이 되는 것이 아니었고, 이들은 꿈쩍도 하지 않았어요. 이런 상황에서도, 저희가 어떻게 화물이 소실되었는지를 물었지요. 라크리토스가 말하기를, 판티카파이온27에서 테오도시아28로 가는 항해길에 파선했고, 그 때문에 선적했던 그 형제의 화물이 다 소실됐다는 겁니다. 그리고 그 화물은 간에 절인 고기, 코스산 포도주, 그 외의 몇 가지 다른 물품들로서, 이런 것들은 애초에 화물을 판 돈으로 구매한 것으로서, 소실되지 않았다면 아테나이로 수송될 계획

---

26 *pentekosteuontai (pentekoste)*. 수입한 물품이 세관을 통과하려면 50분의 1 세금을 납부해야 한다.

27 판티카파이온은 키메리오스 보스포로스(현재 흑해 북부 연안의 크림 반도 동부)의 도시로, 미틸레네인이 기원전 6세기경에 건설했으며, 헬라스인의 상업기지였다.

28 테오도시아는 미틸레네인이 건설한 것으로, 타우리케(현재 크림반도) 지역 동남부 연안 도시이다.

이었다고 했어요. 그가 한 말이 이런 것이었어요. 32. 여기서 이들의
뻔뻔함과 사기성에 대해 알아보는 것이 좋을 것 같습니다. 파선한 배
는 이들의 경우 계약과 아무 상관없는 것이에요.29 폰토스로 가는 화
물과 선박 자체와 관련하여 아테나이에서 대부한 이는 다른 이에요.
그 이름은 안티파트로스이고, 키티온30 출신입니다. 맛이 가서 시어
버린 코스산 포도주 항아리 80개와 절인 고기는 판티카파이온에서 테
오도시아로 향하는 것이었는데, 자기 밭농사 일꾼들을 먹이려고 한
농부가 주문한 것이었어요. 이들이 왜 이 같은 사정을 늘어놓는답니
까? 아무 상관없는 이야기를 말이죠.

33. 다음 증언들을 듣고 읽어 주십시오. 배를 두고 대부한 것은 안
티파트로스이므로, 이 재판 현안은 파선과 무관하다는 아폴로니데스
의 증언을 먼저 읽어 주시고, 그다음에 배에는 80개 항아리밖에 수송
하지 않았다고 하는 에라시클레스와 히피아스의 증언입니다.

증언

할리카르나소스 출신 아폴로니데스가 다음과 같은 사실을 알고 있음을
증언합니다. 키티온 출신 안티파트로스가 히블레시오스가 갑판장31으
로 있는 배가 폰토스로 항해하고, 또 폰토스로 화물을 실어가도록 히블
레시오스에게 대부했습니다. 본인(아폴로니데스) 자신이 히블레시오스

---

29 파선한다고 해서 라크리토스가 채무에서 벗어나는 것이 아니라는 뜻이다.
30 키티온은 키프로스섬의 남쪽 해안에 있다. 스토아학파의 시조 제논과 의사 아폴
로니오스의 고향이다.
31 *naukleros*(*enauklerei*).

배의 공동 소유주였습니다. 본인의 하인들[32]이 항해에 동행하여 배가 파선할 때 그 자리에 있었는데, 이들이 본인(아폴로니데스)에게 한 말에 따르면, 배가 판티카파이온에서 테오도시아로 향하는 중이었는데, 배에는 화물이 적재되어 있지 않았답니다.

34. 에라시클레스가 다음 사실을 증언합니다. 본인은 조타수로 히블레시오스와 함께 항해했는데, 폰토스를 향하여, 판티카파이온에서 테오도시아로 가고 있었습니다. 본인이 아는 바, 배에는 화물이 선적되어 있지 않았고, 지금 본 재판 피고인 아폴로도로스는 포도주를 싣지 않았고, 테오도시아의 누군가에게로 가는 80개 단지의 코스 포도주가 있었을 뿐이었습니다.

할리카르나소스 출신 아테니포스의 아들 히피아스는 다음 사실을 증언합니다. 본인은 배의 화물을 감독하며 히블레시오스와 함께 항해했습니다. 배가 판티카파이온을 지나 테오도시아로 가고 있을 때, 아폴로도로스는 한두 개 양털 바구니, 절인 고기 11개 혹은 12개 항아리, 두세 개 꾸러미 염소 가죽을 배에 실었고, 그 밖에는 없었습니다.

위 증언에 대한 보증인은 다음과 같습니다. 아피드나이 출신 다모티모스의 아들 에우필레토스, 티마이타다이 출신 티목세노스의 아들 히피아스, 히스티아이아 출신 필리포스의 아들 소스트라토스, 트리아 출신 스트라토스의 아들 아르케노미데스, 트리아 출신 스트라토스의 아들 아르케노미데스, 크시페테 출신 크테시클레스의 아들 필타데스.

---

32 *oiketai.*

35. 이들의 몰염치가 이와 같습니다. 여러분은, 재판관 여러분, 혹여 누가 폰토스에서 포도주를, 그것도 코스산 포도주를 아테나이로 들여와서 팔려고 하는 것을 알거나 들어 본 적이 있는지, 스스로 되새겨 보십시오. 실은 그 반대로, 포도주는 우리 측 영역, 페파레토스,[33] 코스, 타소스, 멘데, 어디가 됐건 또 다른 도시로부터 폰토스로 가는 것이지요. 반면, 폰토스에서 이곳으로 수입되는 것은 다른 물품입니다. 36. 그래서 저희가 이들을 붙들어 놓고, 화물 중에 어떤 것이라도 폰토스에 계류되어 있는지를 물었어요. 그랬더니, 이 라크리토스가 대답하기를, 100키지코스 스타테르[34]가 보관되어 있고, 그 형제가 이 금화를 폰토스의 한 파셀리스인 상점주에게 대부했는데, 상환받지 못하여 이 돈도 화물처럼 소실된 것이라고 하는 거예요. 37. 이런 것들이 이 라크리토스가 전한 말이에요. 그러나 계약서는, 재판관 여러분, 그렇게 되어 있지 않습니다. 계약에 따르면, 이들은 회항 화물을 선적해서 아테나이로 싣고 와야 하고, 저희 재물을 저희 허락도 없이 이들이 마음대로 폰토스의 누구에게 대부해서는 안 되며, 저희가 대부한 돈을 모두 저희가 회수하도록, 아테나이에 있는 저희에게 그대로 상환해야 하는 것이죠.

자, 저를 위해 계약서를 다시 읽어 주십시오.

---

33 페파레토스(현재 스코펠로스) 섬은 풍성하고 질 좋은 포도주로 이름난 곳이다. 에게해 서쪽 스포라테스군도에 속한다. 기원전 342년 이곳 주민들이 아테나이인과 연통하여, 같은 군도에 속하는 할론네소스섬을 공격했다가, 마케도니아 필리포스의 공격을 받아서 섬을 유린당했다.

34 키지코스 스타테르에 대해서는 참조, Demosthenes, 34. 23.

계약서

38. 둘 중 어느 편이 타당합니까? 재판관 여러분, 계약서에 이들이 저희 재물을 다른 이에게, 그것도 저희가 알지도 못하고 본 적도 없는 이들에게, 대부하도록 허용하고 있습니까? 아니면 회항할 물품을 선적하여 아테나이로 수송해 와서 저희에게 그것을 보이고 그대로 우리 손에 넘겨주도록 되어 있습니까? 39. 계약서에 따르면, 어떤 것도 계약 조건보다 더 큰 효력을 갖는 것은 없으며,[35] 그 조건을 위반하는 어떤 법, 조령, 그 외 어떤 것도 원용할 수 없습니다. 그런데도, 이들은 처음부터 이 계약을 완전히 무시하고, 저희 재물을 자기네 것인 양 유용했어요. 이들은 이렇듯 악덕한 궤변론자[36]들이며 사기성 있는 인간들입니다. 40. 저로서는, 주신 제우스와 다른 모든 신들의 이름으로, 누구라도 궤변론자가 되려 하고 이소크라테스에게 돈을 쓴다고 해서, 그 같은 이를 질시하거나 폄훼하지는 않았습니다. 그러나, 제우스의 이름으로, 스스로를 대단한 존재로 여기고 남을 깔보는 이들이, 자기 달변의 능력을 믿고서, 남의 재물을 탐하고 빼앗는 것이 올바른 것이라 저는 보지 않습니다. 이런 것들은 궤변론자의 파렴치한 짓거리이며, 징벌받아 마땅합니다.

41. 이 라크리토스는, 재판관 여러분, 자기 정당성에 대한 확신을

---

35 참조, 이 변론 §13.
36 *sophistes* (복수형 *sophistai*). 화자(話者)는 상대소송인에 대해 부정적 인상을 주기 위해 여기서 '소피스트'라는 표현을 사용한다. 참조, 이 변론 바로 아래 §40.

가지고 이 소송을 제기한 것이 아닙니다. 오히려 이 대부 건 관련하여 자신이 한 짓거리를 정확하게 알고 있고, 자신이 영리하므로, 자신이 행한 부당행위에 대해 쉽게 둘러대서, 자신이 원하는 대로 여러분의 판결을 이끌어 낼 수 있다고 믿는 거예요. 그 자신이 이런 일에 아주 능하다고 선전하고, 그 같은 방식을 가르쳐 주겠다고 약속하면서 돈을 요구하고 제자들을 모으는 겁니다. 42. 먼저 자신의 형제에게 그런 것을 가르쳤어요. 재판관 여러분, 여러분이 파렴치하고 불법인 것으로 여기는 그런 교육 말이에요. 돈을 빌려서 해상무역을 하고, 남의 돈을 가로채서 돌려주지 않는 것을 그들에게 가르친 것이죠. 이 같은 짓거리를 가르치는 사람보다, 그리고 그런 것을 배우는 그 제자들보다 더 파렴치한 이들이 있을 수 있습니까? 그런 사람이 그렇게 유능해서, 자신의 달변과 그 선생에게 갖다준 1천 드라크메에 자신감을 가지고 있다면, 43. 여러분에게 다음 사실을 증명하라고 해 보십시오. 저희에게서 대부받은 사실이 없다거나, 대부받은 사실이 있지만 돈을 상환했다든가, 해상대부 계약은 구속성이 없다든가, 대부받을 때 약정한 바와 다른 목적으로 돈을 쓰는 것이 옳다든가 하는 것 말이죠. 이런 사안 중 어느 것이라도 원하는 바를 설득하라고 하십시오. 상거래 계약 관련하여 판결하는 여러분을 이 사람이 설득할 수 있다면, 저 자신도 이 사람이 가장 현명하다는 점을 인정하겠습니다. 그러나 이 사람은 이 가운데 아무것도 증명하거나 여러분을 설득하지 못할 것이라는 사실을 저는 잘 알고 있습니다.

44. 이밖에도, 신들의 이름으로, 재판관 여러분, 생각해 보십시오. 상황이 거꾸로 되어, 죽은 그의 형제가 제게 진 채무가 없고, 오히려

제가 그에게, 말하자면 1탈란톤 80므나 내외 정도 채무를 지고 있다면, 여러분 생각에, 재판관 여러분, 이 라크리토스가 지금 되는대로 내뱉는 그 같은 말을 하고 있을 것 같습니까? 그 형제의 상속인이 아니라거나 그 상속재산인 것으로 증명되지 않았다고 주장하겠습니까? 가장 포악한 방법으로 그 돈을 받아 가려 하지 않았을까요? 파셀리스나 다른 어디에서거나 간에 죽은 사람(아르테몬)에 대해 채무를 지고 있던 다른 사람들에게 했던 것처럼 말이죠. 45. 그리고 이 사람이 제기한 소(訴)에 의해 피고가 된 저희 가운데 누군가가 그 소가 성립하지 않는다고 위법의 소에 대한 항변을 제기한다면, 제가 익히 알기로, 이 사람은 분통이 터져 여러분 앞에 호소했을 겁니다. 상거래 관련 사안으로, 그의 소 제기가 성립하지 않는다고 판결한다면, 그는 억울하다고 하고 불법이라고 주장했을 거예요. 게다가, 라크리토스 씨, 이렇게 당신의 경우에는 이런 것이 공정한데, 나의 경우에는 왜 그렇지 않는다고 보는 거요? 모든 이를 위해 동일한 법이 제정되었고, 상거래 관련하여 동일한 권리가 주어지는 것 아니오?

46. 그러나 이 사람(라크리토스)이 이렇듯 파렴치하고, 또 비열함에서 온 세상 사람을 능가하는지라, 이 상거래 소 제기가 성립하지 않는 것이라는 판결을 내리도록 여러분을 설득하려 하는 것입니다. 그러나, 라크리토스 씨, 당신이 원하는 게 뭐요? 우리가 당신에게 빌려준 돈을 떼먹는 것에 그치는 것이 아니라, 우리가 감방으로까지 가야 하겠소? 당신 때문에 우리가 물어야 하는 벌금[37]을 못 내게 된다면 말이요.

---

37 *prosophlontas ta epitimia.* 참조, 34. 26.

47. 여러분에게도 어떻게, 재판관 여러분, 황당하고 파렴치하고 수치스러운 일 아니겠습니까? 여러분의 항구시장에서 해상무역과 관련하여 돈을 대부했는데, 이들이 대부받은 돈을 떼먹고 또 우리를 감옥으로 보낸다면 말이에요. 라크리토스 씨, 당신은 재판관들이 이런 식의 판결을 내리도록 사주하고 있어요. 그러나 상거래 계약과 관련한 사건은, 재판관 여러분, 어디서 재판받아야 합니까? 도대체 어느 기관에서 언제 받는 겁니까? 11인38입니까? 이들은 강도, 도적, 또 사형에 상응하는 다른 범죄를 저지른 이들을 재판에 회부하는 거예요. (수석) 장관39입니까? 48. (수석) 장관은 무남상속녀,40 고아, 부모 (학대) 관련 사건을 담당하도록 되어 있어요. 그렇다면, 제우스의 이름으로, 왕41입니까? 우리가 학교 교장42도 아니고, 누구를 불경죄로 고발한 것도 아니에요. 그렇다면, 국방장관43이 우리를 법정에 회부합니까? 이 사람(국방장관)은 보호자의 관할을 벗어난 사람44이거나 보호자 없는 사

---

38 11인은 10개 부족 각각에서 1명, 그리고 서기 1명을 합친 것이다. 임무는 판결에 의한 형벌의 시행, 감옥 감독, 공적 재산 관련 목록 작성, 등록현장범의 구인 등 재판 관련 사무 등을 관장한다.

39 9명 아르콘(장관) 중 수석(명칭) 아르콘. 참조, Aristoteles, *Athenaion Politeia*, 56. 6~7.

40 *epikleros*.

41 왕(*basileus*)은 9명 장관(아르콘) 중 한 사람이다. 제사, 아레오파고스 의회 살인 사건 재판 등에 간여하고, 왕의 스토아(*basileus stoa*)에 머문다.

42 *gymnasiarchoi*.

43 *polemarchos*. 9명 아르콘 중 하나. 원래 군사 관련 일을 맡았으나, 페르시아 전쟁 이후 이방인 및 그와 관련한 사건을 재판에 회부한다. 군사와 관련한 것으로는 전사자의 무덤을 관리한다.

람45에 관한 사안을 담당합니다. 이제 장군들만 남았네요. 그러나 이들은 삼단노선주들을 관할하고, 상거래 관련 재판하는 것과는 무관하지요. 49. 나는 상인이고, 라크리토스 당신은 무역을 위한 항해를 빌미로 나한테서 돈을 대부받아 간 상인의 형제이며 상속인이요. 이 사건 소송이 어디로 제출되어야 하는 것이겠소? 말해 보시오, 라크리토스 씨. 올바르고 합법적인 것으로만 대답하시구려. 이런 사건과 관련하여 다소간 공정하게 말할 수 있을 만큼 현명한 이는 없어요.

50. 라크리토스 때문에 제가 당한 질곡은, 재판관 여러분, 이것뿐만이 아닙니다. 돈을 잃은 사실을 차치하고라도, 이들과 맺는 계약서가 제게 도움이 되지 않고, 또 아테나이에서 폰토스 간 왕복 여정을 조건으로 대부한 사실을 증명하지 않았더라면, 제가 극도의 위험에 처할 뻔했어요. 재판관 여러분, 아테나이인 중 누구라도 아테나이가 아닌 다른 곳으로 곡물을 수송하거나, 아테나이인의 것이 아닌 다른 항구 시장에서 돈을 대부하면, 이런 이들에 대해 아주 크고 가혹한 벌을 내리는 엄한 법이 있다는 사실을 여러분이 주지하시는 것이겠습니다. 51. 그러나 보다 정확하게 아시도록, 이분들에게 법을 읽어 주시는 것이 더 좋을 것 같습니다.

---

44 *apostasios.* 보호인(*prostates*)의 관할을 벗어나 그에 대한 의무를 소홀히 하는 이를 말한다. 피해방자유인은 자신을 해방시켜 준 이에게 다소간 봉사 의무를 갖는다.
45 *aprostasios.* 보호인(*prostates*)을 두지 못하여 보호받지 못하는 상태에 있는 이를 뜻한다. 거류외인, 피해방자유인, 이방인 등은 공적 사무에서 시민인 보호인을 필요로 한다.

90

법

아테나이인, 아테나이에 거주하는 거류외인, 그리고 그들(아테나이인) 관할지역에 속하는 누구라도, 아테나이로 곡물과 각기 규정에 올라 있는 또 다른 물건들을 아테나이로 실어오지 않는 선박에 돈을 투자하는 것이 금지된다. 누구라도 이 법을 어기고 투자하면, 그런 사안과 관련하여, 선박과 곡물에 관한 것과 같은 조건으로, 담당관46 앞으로 고발47 되고 돈은 몰수48된다. 아테나이가 아닌 다른 곳에 투자하는 사람이 있으면, 그 사람은 그 돈과 관련하여 제소할 수 없으며, 어떤 관리도 그를 재판에 회부할 수 없다.

52. 법이, 재판관 여러분, 이렇게 엄합니다. 세상 사람들 가운데 가장 가증스러운 이들은, 돈이 다시 아테나이로 돌아와야 한다고 계약서에 분명히 적혀 있는데도, 아테나이에서 저희에게서 빌린 돈을 키오스로 가도록 했어요. 파셀리스인 선주가 폰토스에서 또 다른 돈을 한 키오스인으로부터 대부받고자 하고, 선주가 선상에 혹은 그 수중에 가지고 있는 모든 물품을 담보로 제공하지 않는다면, 그리고 먼저 대부한 사람도 이러한 조건에 동의하지 않으면, 자기는 대부할 수 없다고 키오스인이 말했는데도, 이들은 저희 재물을 그 키오스인에게 담보로 설정하고, 모든 것을 그이가 관장하도록 넘겨 버렸어요.

---

46 *epimeletai.*
47 *phasis.*
48 *apographe.*

53. 그런 다음 파셀리스 선주와 대부해 준 키오스인과 함께 폰토스로부터 회항하여, 여러분의 항구시장으로 들어오지 않고, 암거래상의 항구로 가서 닻을 내린 것입니다. 그리고 지금은, 재판관 여러분, 아테나이에서 폰토스로 갔다가 다시 폰토스에서 아테나이로 돌아오는 항해에 붙여 대부받은 돈이 이들에 의해서 키오스로 가 버렸어요. 54. 그러니, 제가 제 변론 서두에 언급했듯이, 돈을 대부해 준 저희 못지않게 여러분이 피해를 본 겁니다. 생각해 보십시오, 재판관 여러분, 어떻게 여러분이 피해를 안 본 것이겠습니까? 여러분의 법 위에 스스로 군림하려 하고, 해상대부 계약을 무효로 폐기하며, 저희에게서 빌린 돈을 키오스로 보내 버린 마당에, 어떻게 이 사람이 여러분까지 해치지 않은 것이 된단 말입니까?

55. 저의 변론은, 재판관 여러분, 이들을 향한 것입니다. 제가 이들에게 돈을 대부했으니까요. 그러나 이들의 변론은 자신의 동향인인 파셀리스인 선주에 대한 것이 되어야 할 것 같습니다. 저희도 모르게 계약을 어기고 저희 화물을 담보로 대부받았다고 말하고 있으니까요. 이들 간에 어떤 거래가 있었는지 자신들만 아는 것이지, 저희는 몰라요. 56. 저희는 이런 저희 입장이 올바른 것이라 여깁니다. 그래서 여러분에게 청컨대, 재판관 여러분, 피해를 본 저희를 도와주시고, 이들이 도모하는 바, 권모와 술수를 구사하는 이들을 벌해 주십시오. 그렇게 하신다면, 여러분은 여러분 자신에게 이득이 되도록 판결하는 것이 되고, 해상대부 계약과 관련하여 일부 비열한 이들이 꾸미는 온갖 모략을 근절하게 될 것입니다.

36

포르미온을 위한 '위법의 소(訴)'에 대한 항변

해제

파시온은 원래 하인이었다가 해방되었고, 아테나이의 거류외인으로 헬라스 전역을 상대로 은행업 등을 경영했는데, 그 인품과 또 다른 여러 가지 공덕으로 급기야 아테나이 시민권을 부여받았다. 그에게 포르미온이라는 하인이 있었는데, 그 능력과 성실을 기려서 해방시켜 주었다.

파시온은 기원전 370년에 죽었는데, 죽기 1년 전, 페이라이에우스에 있는 자신의 은행, 그리고 방패 공장 하나를 포르미온에게 대여했다. 그리고, 고대로부터 전하는 해제에 따르면, 파시온에게 아내 아르키페와 그녀와의 사이에 낳은 아들 둘, 당시 24살의 아폴로도로스와 10살 난 파시클레스가 있었다. 계약에 따르면, 두 아들이 대여 수익의 2분의 1을 각기 차지한다. 거기에 더하여, 파시온의 유언에 따라, 아르키페가 포르미온에게 출가하고, 또 포르미온은 파시클레스의 후견인이 되었다.

그 후 아폴로도로스가 낭비벽이 있었으므로, 후견인들은 포르미온이 파시온에게 대여하지 않은 재산을 두 아들 사이에 분배하기로 결정했다. 포르미온이 대여받은 은행과 방패 공장을 파시클레스가 성인이 될 때까지 그대로 경영하고 그 임대료를 두 아들에게 지불하기로 했다. 파시클레스가 성인이 되자 대여된 재산도 분배하게 되었고, 분배와 관련한 포르미온의 처사에는 아무런 이의가 없었다. 이에 아폴로도로스가 공장을, 파시클레스가 은행을 가졌다.

문제는 아르키페가 죽고 난 다음 그 재산에 대해 아폴로도로스가 포르미온을 상대로 제소하면서, 3천 드라크메를 청구했고, 포르미온이 고소인에게 지불하도록 협상이 이루어져서, 아폴로도로스는 소를 취하했다.

그로부터 18년 혹은 20년이 흐른 다음, 기원전 350/349년, 아폴로도로스는 포르미온을 기소하여 20탈란톤을 청구했다. 아폴로도로스의 주장에 따르면, 파시온이 생전에 고객이 예치한 돈에서 수익을 얻기 위해, 상응하는 담보를 잡고 11탈란톤을 대부했다. 이 돈을 채무자들로부터 거두어 예탁한 이들에게 돌려주어야 했으나, 포르미온은 이 11탈란톤을 불법으로 차지했다는 것이고, 그 11탈란톤의 원금에다 8년간 이자를 더하면 20탈란톤이 된다고 했다. 포르미온은 이 사실을 부인했고, 포르미온의 친구가 그를 위해 '위법의 소(訴)'에 대한 항변을 제기했으며, 이 변론은 그때 작성되었다.

이 변론의 대부분이 포르미온을 위한 변호인으로서 나섰던 데모스테네스에 의해 발화(發話)된 것으로, 일반적으로 그의 작품으로 간주된다. 데모스테네스는 사건의 쟁점 관련한 아폴로도로스의 주장과, '위법의 소(訴)'에 대한 항변의 근거에 대해 반론을 편다. 심리 결과는 아폴로도로스가 발화한 〈스테파노스의 위증을 비난하여 1〉[1]을 통해 알 수 있듯이, 법정 재판관들은 아폴로도로스의 청구를 인정하지 않았고, 그 말을 들으려고도 하지 않았다. 포르미온을 위한 변론이 적중하여, 고소인이 패소했고 6분의 1(에포벨리아)의 벌금, 3탈란톤 20 므나를 물었다.

---

1   Demosthenes, 45.

이 '위법의 소(訴)'에 대한 항변의 심리에서 아폴로도로스의 처사촌인 스테파노스도 프르미온을 위해 증인으로 나섰다. 이 때문에 항변의 소에서 패소한 아폴로도로스는 훗날 스테파노스를 위증죄로 고소했고, 차제에 2편의 〈스테파노스의 위증을 비난하여〉[2]가 작성되었다. 이 두 편의 변론은 데모스테네스의 작품이 아닌 위작인 것으로 의심받는다.

---

[2]　Demosthenes, 45, 46.

1. 여러분 모두 보시듯이, 포르미온(피고)3은 발언에 미숙하고 또 무능력합니다, 아테나이인 여러분. 그래서 부득이 그의 친구인 우리가 그를 위해서, 여러 번 그에게서 들어서 잘 알고 있는 사실을 말씀드리고 자초지종을 설명하겠습니다. 저희들로부터 사실을 바로 들으신 다음, 공정하고 맹세한 바에 합당하게 결정하십시오. 2. 우리가 위법의 소(訴)에 대한 항변을 제기한 것은 기만하여 시간을 벌려는 것이 아닙니다. 사건의 주요 혐의에서 포르미온이 어떤 부당행위도 한 적이 없음을 증명함으로써 여러분으로부터 확실하게 방면되도록 하자는 것이에요. 여러분 앞에서 송사를 벌이지 않고도, 포르미온은 다른 이들에게 든든하고 확실하게 할 수 있는 모든 조치를 했습니다. 3. 이 아폴로도로스(원고)에게 여러 가지로 호의를 베풀었고, 자신이 관리했으나 아폴로도로스에 속하는 재산을 마땅히 청산하고 양도함으로써, 모든 채무 부담에서 해방되었던 것이죠. 그런데, 여러분이 보시듯이, 포르미온은 더 이상 그에게 빚진 것이 없는데도, 그가 이 같은 소송을 제기하고, 터무니없이 20탈란톤을 요구하고 있습니다. 그러니, 제가 포르미온이 파시온과 아폴로도로스와 가졌던 거래의 전모를 가능한 한 간략하게 여러분에게 소개하겠습니다. 그러면, 제 소견에, 그(아폴로도로스)의 거짓이 분명히 드러날 것이고, 또 자초지종을 들으시면 이 재판이 기소 유지가 불가하다는 것을 바로 깨닫게 될 것입니다.

---

3 이 변론의 포르미온은 파시온의 예속인으로 있다가 해방된 이로, 변론 34에 나오는 포르미온과 다른 사람이다.

4. 먼저, 파시온이 그(포르미온)에게 은행과 방패 공장을 임대했던 계약서를 서기가 여러분에게 읽어드리겠습니다. 계약서, 제안,[4] 증언을 들고 읽어 주십시오.

계약, 제안, 증언

이것이 파시온이 자유인[5]이 된 그(포르미온)에게 은행과 방패 공장을 임대한 계약서입니다. 그런데 어떻게 파시온이 11탈란톤을 은행에 빚지게 되었는지 여러분이 듣고 이해하실 필요가 있습니다. 5. 그것은 가난이 아니라 근검했기 때문이었어요. 파시온의 부동산은 거의 시가 20탈란톤에 달했고, 거기다가 50 탈란톤 이상을 차금했어요. 그중 11탈란톤을 은행에 예치하여 이자를 받았지요. 6. 그런데 저의 사건 의뢰인(포르미온)이 은행을 임차하고 예금을 넘겨받았을 때, 자신은 여러분 같은 시민 자격이 없었어요. 그래서 파시온이 땅과 가옥을 담보로 빌린 돈을 회수할 수가 없었으므로, 파시온에게 돈을 빌려준 이들이 아니라 파시온 자신을 그 돈의 채무자로 세웠어요. 그 때문에, 증언을 통해 들으신 대로, 파시온이 11탈란톤의 채무를 진 것으로 기록이 되었습니다.

---

4   *proklisis*(제안). 제안이란 소송당사자가 상대에게 분쟁의 해결과 관련하여 제안하는 것을 뜻한다. 예를 들어, 진실을 밝히기 위해 상대의 예속인을 심문에 부치자고 하거나, 맹세할 때 이루어진다. 제안에 응하지 않는 이는 진실을 감추려 한다는 의혹을 사기도 한다.
5   포르미온은 파시온에 의해 자유를 얻었다.

7. 어떤 과정으로 대부가 이루어졌는지는 은행 직원이 증언한 대로입니다. 그런데 그 후 파시온이 앓아눕게 되었어요. 그가 한 유언이 어땠는지 보십시오. 이 유언장 사본, 제안서, 계약서를 보관 중인 사람들의 증언을 듣고 읽어 주십시오.

유언, 제안, 증언

8. 파시온이 죽으면서 유언한 바에 따르면, 포르미온이 그 과부와 혼인하고 그 자식의 후견을 맡아 달라는 것이었어요. 그런데 아폴로도로스(원고)가 욕심이 많아, 아직 분배되지 않은 상태의 공유 재산에서 많은 돈을 써도 된다고 여기는 것같이 보였으므로, 후견인들이 궁리를 했습니다. 유언의 규정에 따라 아폴로도로스가 써 버린 돈과 같은 금액을 공유 재산에서 빼내어 동등하게 몫을 맞추고, 나머지를 분배하게 되면, 더 이상 남은 것이 없을 것이니, 미성년 형제를 보호하기 위해 당장에 재산을 분배하기로 결정한 거예요. 9. 그래서 그 (피고)가 대부한 재산만 제외하고 나머지 재산을 다 분배했어요. 그 대부한 재산에서 나오는 수입의 2분의 1을 이들(후견인단)이 그에게 주었습니다. 그러니, 그때까지만 해도 그가 대부한 재산과 관련하여 어떻게 불평할 수가 있답니까? 불평이 있었다면 지금이 아니라 그때 당장에 해야 했던 것이죠. 더구나 당시나 그 후에나 대부에서 발생하는 수입에서 자기 몫을 받지 못했다고 주장할 수도 없어요. 10. 만일 당신이 받지 못한 것이 있었다면, 파시클레스(아폴로도로스의 형제)가 성년이 되고, 포르미온이 대부한 재산을 거두어들였을 때, 당신이 절

대로 그 돈을 청구하지 않고 포르미온을 놓아주었을 리가 없거든요. 당신이 그(포르미온)에게서 받을 돈이 있었다면, 당장에 내놓으라고 했을 테니까요.

이런 점, 또 이 사람(아폴로도로스)이 당시 아직 미성년이었던 자신의 형제(파시클레스)와 재산을 분배한 사실, 또 이들이 대부한 재산 관련은 물론 다른 모든 채무로부터 그(포르미온)를 풀어 준 사실과 관련하여, 제 진술이 진실임을 증명하기 위해 이 증언을 들어 주십시오.

증언

11. 이들이 대부 재산 관련 채무에서 그(포르미온)를 풀어 준 뒤 지체 없이, 그들 사이에 은행과 방패 공장을 두고 분배에 들어갔어요. 그리고 아폴로도로스가 우선권6을 가지고 은행 아닌 방패 공장을 택했지요. 그런데, 만일 그가 은행에 자기 몫의 자금이 있었다면, 왜 공장을 선택했겠습니까? 이득도 공장이 더 많지 않고 오히려 더 적었는데도요. 공장은 1탈란톤, 은행은 100므나7에 불과했으니까요. 그가 은행에 자기 자금을 가지고 있었다고 전제하는 경우, 재산가(價)도 공장이 더 유리한 것도 아니었어요. 그러니 그렇게 맡겨 둔 돈이 없었던 거예요. 그래서 그는 영리하게 공장을 택했던 것이에요. 그쪽이 위험부담이 없었던 것이고, 은행업이란 타인의 돈을 가지고 돈놀

---

6   연장자로서 우선권을 가졌을 수도 있다.
7   1탈란톤은 60므나이므로, 100므나는 1탈란톤보다 40므나가 더 많다.

이하는 것이라 위험이 따르는 것이었으니까요.

12. 아폴로도로스가 포르미온에게 예금 반환을 청구함으로써 그를 음해한 사실에 대해서도 누구든지 많은 사실을 통해 증명할 수 있습니다. 그러나, 제 소견에, 포르미온이 은행을 임대받았을 때, 은행이 자금을 보유하고 있지 않았다는 가장 확실한 증거가 있어요. 그 첫 번째 증거는 임대차 계약서에 파시온이 그(포르미온)에게 돈을 맡긴 투자자가 아니라, 채무자로 적혀 있다는 겁니다. 두 번째 증거는 아폴로도로스가 재산분배에서 어떤 것도 청구한 것이 없다는 거예요. 셋째, 나중에 아폴로도로스가 은행을 같은 가격으로 다른 이에게 임대했는데, 자기 돈을 투자했다는 사실이 계약서에 나타나지 않아요. 13. 더구나, 만일 아폴로도로스가 그 부친이 남긴 돈을 포르미온에 의해 빼앗긴 것이라면, 그(아폴로도로스)는 다른 곳에게서 그 돈을 마련하여 새로운 은행 임차인에게 넘겨주었어야 했던 거예요. 8

제가 사실대로 진술했다는 점, 아폴로도로스가 그 후 크세논, 에우프라이오스, 에우프론, 칼리스트라토스에게 은행을 임대했던 사실, 자기 돈을 그들에게 넘겨준 적이 없고, 그들(아폴로도로스와 그 형제)은 대부금과 거기서 나오는 이자 수익권만 보유한 사실, 또 그가 방패 공장을 선택한 사실 등을 증명하는 증언을 저를 위해서 들고 읽어 주십시오.

---

8 만일 파시온이 은행에 투자한 돈이 있다면, 그 은행이 그전과 같은 조건으로 새로운 이에게 임대될 때, 그 없어진 자금을 아폴로도로스가 어딘가에서 마련하여 새로운 임차인에게 건네주어야 했을 것이라는 뜻이다.

증언

14. 여러분 앞에 제출된 증거에 따르면, 아테나이인 여러분, 이들9
이 그들에게 임대했고, 개인 자금을 맡긴 것은 아무것도 없었어요.
오히려 그들10에게 감사의 정을 표하고 해방시켰으며,11 그들은 물론
그(포르미온)를 상대로 소송을 제기한 적도 없습니다. 이런 사정을 죄
다 꿰고 있던 이들 모친이 살아 있을 때만 해도, 아폴로도로스는 포르
미온에 대해서 어떤 청구도 한 적이 없어요. 그런데 그 모친이 죽자,
그 모친이 포르미온의 자식들에게 준 2천 드라크메 외에도 3천 드라
크메, 짧은 외투, 예속인 1명을 포르미온에게 청구했고, 이 때문에
소송을 제기했지요. 15. 그때도 여전히 지금 소송 현안에 대한 이야
기는 없었던 것을 보시게 될 겁니다. 그(아폴로도로스)는 이 사건의
중재12를 자신의 장인, 처남, 리시노스, 안드로메네스에게 맡겼어
요. 이들이 포르미온을 설득하고, 자진하여 3천 드라크메에다 나머
지(자식들에게 주어진 2천 드라크메)를 더한 금액을 그(아폴로도로스)에
게 넘기도록 함으로써, 서로 친목하고 적대 관계를 해소하도록 했습
니다. 그(아폴로도로스)는 총 5천 드라크메를 받고, 아테나 여신전13
으로 가서 두 번째로 포르미온을 모든 채무에서 벗어나게 했답니다.

---

9 두 형제 아폴로도로스와 파시클레스.
10 그동안 예속인으로 일했던 이들을 뜻하는 것으로 볼 수 있겠다.
11 *eleutherous t'apheisan*. '자유인으로 해방시켰다'란 뜻인데, '채무에서 해방시켰다'
   란 뜻을 더하기도 한다.
12 *diaitesia*.
13 흔히 사소(私訴) 관련하여 법정이 신전에서 열린다. 참조, Demostenes, 33. 18.

16. 그런데도, 주지하시듯이, 그가 새로 소송을 제기하고는, 온갖 죄를 뒤집어씌우고, 오래전 일과 관련하여 청구하고 있는데, 다른 무엇보다 기가 찬 것은 그 청구가 이전에 거론한 적이 없다는 겁니다.

제 진술이 진실임을 증명하기 위해, 아폴로도로스가 돈을 받고는 포르미온을 온갖 채무에서 해방시킬 때, 아크로폴리스에서 이루어진 결정과 당시 임석했던 이들의 증언을 받아 저를 위해 소개해 주십시오.

결정, 증언

17. 결정을 들으셨지요. 재판관 여러분, 이 결정은 딸을 이 사람(아폴로도로스)에게 출가시킨 데이니아스와 그(아폴로도로스)의 처제의 남편14인 니키아스가 내린 것이에요. 이렇게 이 사람(아폴로도로스)은 이 돈을 받고 모든 청구권을 포기한 바 있어요. 그런데 다시 제소하고 그만큼 거액을 청구한 겁니다. 마치 증인들이 죽어 없어졌거나, 진실이 드러나지 않을 것처럼 말이죠.

18. 포르미온이 아폴로도로스를 위해 한 처사의 자초지종을 들으셨습니다. 아테나이인 여러분, 제 소견에, 이 아폴로도로스는 그 청구와 관련한 정당한 근거가 없으므로, 중재인들 앞에서 뻔뻔하게 내세웠던 주장을 그대로 인용할 것 같습니다. 그 모친이 포르미온에게 넘어가서 유언장을 없애 버렸고, 유언장이 없어져서 자신의 권리를 분명하게 증명해 줄 어떤 것을 갖지 못하게 되었다고 말이에요.

---

14 아폴로도로스의 매제.

19. 이런 그의 주장과 고소 이유와 관련하여, 그가 거짓말하고 있음을 보여 주는 증거가 얼마나 확실한지 여러분 보십시오. 우선, 아테나이인 여러분, 그에게 남겨진 유산액을 산정할 수 있는 문서가 없었다면, 어떤 사람이라도 어떻게 유산을 분배받을 수 있겠습니까? 아무도 못 받죠. 더구나 유산을 분배받은 것이 18년 전인데, 그동안 유언장에 이의를 제기한 사실이 한 번이라도 있음을 당신(아폴로도로스)은 증명할 수 없어요. 20. 둘째, 파시클레스[15]가 성년이 되어 그 유산과 관련하여 후견인의 보고서를 요구했을 때, 유언장을 없애 버린 사실과 관련하여, 자신의 모친을 비난하는 것은 꺼려했을 것이라고 해도, 왜 자기 형제에게 그 일을 말하고 그로 하여금 사실을 철저히 조사하도록 하지 않았을까요? 셋째, 어떤 문서에 근거하여 당신(아폴로도로스)이 소송을 제기하게 된 것인가요? 이 사람(아폴로도로스)이 많은 시민을 상대로 제소하여 거액을 거두어들였는데, 고소 사실에 "본인 부친이 남긴 문서에 본인 부친에게 진 채무액이 적혀 있는데, 그것을 본인에게 반환하지 않았으므로 본인에게 손해[16]를 끼쳤습니다"라고 적고 있어요. 21. 유언장이 사라졌다면, 그가 어떤 문서를 근거로 이렇게 고소한 겁니까? 그런데 제 진술이 진실이라는 것은 이들이 행한 바 있고 또 여러분이 증인을 통해 들으신 바 있는 유산 분배 사실 자체에 의해 증명됩니다. 그(아폴로도로스)가 제출한 소장과 관련한 증언을 들려 드리겠습니다. 저를 위해 증언들을 들고 읽어 주십시오.

---

15 아폴로도로스의 동생.
16 *eblapse* (*dike blabes*).

이들 소장에서는 그(아폴로도로스)가 그 부친의 문서를 가지고 있었던 사실이 증명됩니다. 그가 실로 그가 근거도 없이 고소했다거나, 지지도 않은 채무를 두고 이들이 고소한 것이라고 말하지는 않을 테니까요.

22. 포르미온이 잘못한 것이 없다는 사실을 보여 주는 확실한 증거가 많이 있습니다만, 그중에서도 가장 확실한 것은, 제 소견에, 다음의 것입니다. 파시클레스는 이 아폴로도로스의 형제이지만, 소송에 말려들거나 이 사람(아폴로도로스)이 제기한 청구에 합류하지 않았습니다. 그럼에도, 당신(아폴로도로스) 논리에 따르면, 당신 부친이 죽었을 때 아직 미성년이었고 재산을 관리할 수 없었으며 그 후견인이 포르미온이었던 당신 동생은 해를 입지 않았는데, 당시 24세 성년으로서 부당한 조치가 있었다면 바로 구제에 나설 수 있었던 당신이 피해를 입었다는 말이 되는 것이죠. 그런 일은 있을 수가 없어요. 제 진술이 사실이며 자신은 한 번도 고소한 적이 없다고 한 파시클레스 자신의 증언을 들고 읽어 주십시오.

23. 이 사건은 기소 대상이 아니라는 저의 주장과 관련하여 여러분이 유념해야 하는 점들은 이미 개진된 진술을 참고하시도록 부탁드리겠습니다. 우리는, 아테나이인 여러분, 은행과 방패 공장 임대의 회

104

계보고와 청산 절차를 완료한 상태에 있고, 중재인의 결정과 함께 모든 채권에서 벗어났으며, 법에 따라 일단 채무에서 면제된 경우 소송을 제기하지 못하는 점, 24. 이 사람(아폴로도로스)이 중상하고 불법의 소(訴)를 제기했으므로, 그 소송이 성립하지 않는다는 점과 관련하여 위법의 소에 대한 항변을 제기한 점 등입니다. 여러분이 결정하게 될 사안에 대해 여러분의 이해를 도모하기 위해, 법조문, 그리고 아폴로도로스가 임대와 모든 다른 청구권으로부터 그(포르미온)를 방면했을 때 임석했던 이들의 증언을 소개하겠습니다. 저를 위해 증언들과 법조문을 들고 읽어 주십시오.

증언들, 법조문

25. 소송이 성립되지 않는 다른 경우와 함께, 누구를 면제하거나 채무 청산을 완료한 경우 관련 법조문을 들으셨습니다. 타당한 것이죠. 이미 재판을 거친 사건은 다시 제소하지 못하는 것이 정당하다면, 청산이 이루어진 사안에서 청구권 제기의 소(訴)가 허용되지 않는다는 것은 훨씬 더한 정당성을 갖기 때문입니다. 여러분 재판정에서 패소한 사람이 여러분이 속았던 것이라고 말할 수도 있겠죠. 그러나 채무 면제와 청산을 통해 스스로 명백하게 결정 내린 사람이 스스로를 부정하는 어떤 이유를 들어 동일한 사안에 대해 다시 제소하는 것이겠습니까? 그런 이유는 있을 수 없어요. 그래서 이 법을 제정한 사람은 다시 소송을 제기할 수 없는 경우 가운데서 이미 면제 혹은 청산이 이루어진 경우를 우선으로 했습니다. 이 사건에서는 이 두 가지

가 다 해당되죠. 이 사람이 그(포르미온에 대해) 면제도 했고 청산도 했으니까요. 증언들이, 아테나이인 여러분, 제 진술의 진실을 증명합니다.

26. 저를 위해 시한 관련 법을 들고 읽어 주십시오.

법조문

법이란 이렇듯, 아테나이인 여러분, 시한 관련 규정을 두고 있습니다. 그런데 이 아폴로도로스는 20년 이상 지난 사안을 두고, 여러분이 재판할 때 지키기로 맹세한 법보다 자신의 거짓말이 더 비중이 큰 것으로 간주하도록 요구하고 있습니다. 그렇지만, 여러분은 당연히 모든 법을 지켜야 하고, 아테나이인 여러분, 이 법도 바로 그러합니다. 27. 제 소견에, 솔론이 이 법을 만든 것은 여러분이 거짓말에 말려들지 않도록 하려는 목적 외의 다른 의도를 갖지 않았어요. 한편으로, 피해당한 이들을 위해 그는 그 피해를 복구하는 데 5년 기한이면 충분하다고 본 것이었고, 다른 한편으로 거짓말하는 이들에 대해서도 그 같은 기간이 거짓말의 진위 여부를 가름하는 분명한 기준이 된다고 보았던 것이에요. 동시에, 계약 당사자나 증인들이 영원히 사는 것이 아니라는 점을 고려하여, 다른 증거가 없는 이들에게 그 시한이 증거가 되도록 이 법을 제정한 것입니다.

28. 그런데 제가 궁금한 것은, 재판관 여러분, 아폴로도로스가 이런 점들에 대해 어떤 반론을 전개할 것이냐는 겁니다. 자신의 재산 처분과 관련하여 그가 아무런 피해 본 것이 없으나, 그의 모친이 포르미

온과 혼인했다는 사실에 여러분이 분노할 것이라고는 물론 그가 기대하지 않을 것이니까요. 그는 물론이고 여러분도 모를 리가 없는 것이, 이 사람(아폴로도로스)의 부친같이 해방인 출신인 저 은행업자 소크라테스는 이전 수하에 거느리던 하인이었던 사티로스를 자기 부인과 혼인하도록 했어요. 29. 또 다른 은행업자 소클레스란 사람도 자기 부인을 이전 자신의 하인이었던 티모데모스와 혼인하도록 했는데, 그이는 지금도 버젓이 살아 있습니다. 이런 관례는 이곳에서 이런 일에 종사하는 이들에게만 있는 것이 아니에요. 아이기나에서는 스트리모도로스가 자신의 하인 헤르마이오스에게 자기 부인과 혼인하게 했고, 그녀가 죽자, 자신의 딸도 그에게 출가시켰어요. 그 외에도 이 같은 사례가 많이 회자되고 있고, 당연한 것이죠.

30. 시민 태생인 여러분에게는, 아테나이인 여러분, 재물이 많은 것을 좋은 출생보다 더 높게 평가하지 않겠습니다만, 여러분이나 어떤 다른 사람들의 덕분으로 해방되고 또 무엇보다 재물로서 여러분 같은 권리를 획득한 이들은 애초에 그 성공이 다른 이들보다 더 많은 재물을 가진 데 있으므로, 그 같은 것에 집착하게 되는 것이죠. 그러니, 당신 부친 파시온이 처음도 아니고 유일한 것도 아니고, 또 자신이나 자식들의 위상을 훼손하려는 의도 없이, 재산을 보존하는 유일한 방법으로 부득이 그이(파시온)를 당신네 집안사람으로 만드는 것이었어요. 그래서 당신네 어머니를 그와 혼인하도록 했던 겁니다. 31. 이득의 관점에서 사물을 조명하면, 그(파시온)의 조치가 현명했다는 사실을 당신이 알 거요. 그러나 포르미온이 계부가 되는 것이 가문에 명예에 누가 된다고 한다면, 그런 말을 하는 당신이 우스꽝스러

운 것이 아닌지 생각해 보시오. 누가 당신에게 당신 부친 되는 이가 어떤 사람인지 묻는다면, 물론 그의 덕성을 들 것이라 나는 생각하오. 그런데, 삶의 방식 등 모든 점에서 누가 더 파시온을 닮았다고 생각하시오? 당신이요? 아니면 포르미온이요? 내가 보기에, 포르미온인 것이 확실한 것 같소. 당신보다 당신 부친을 더 많이 닮은 그이가 당신 모친과 혼인했다고 해서 그를 탓하는 것이오? 32. 그러나 이 혼인이 당신 부친의 동의와 독려하에 이루어졌던 사실은 유언장에서 알수 있을 뿐만 아니라, 아테나이인 여러분, 바로 당신(아폴로도로스) 자신이 그 증인입니다. 당신이 모친의 재산을 똑같이 분배할 것을 요구했을 때, 포르미온의 아내가 낳은 자식들이 따로 있었으나, 당시 혼인이 합법적으로, 또 부친의 뜻에 따라 이루어졌던 사실을 인정했지요. 포르미온의 혼인이 불법으로 누구의 동의 없이 이루어진 것이라면, 그의 자식들이 상속인이 될 수 없었을 것이고 또 유산 분배에 참여하지 못했을 거예요. 제 진술이 진실이라는 것은 아폴로도로스가 4분의 1[17]을 취했고, 모든 채무에서 포르미온이 벗어난 사실에서 증명됩니다.

33. 그러니, 아테나이인 여러분, 어떤 타당성도 없는 주장을 하면서, 그가 중재인 앞에서 겁도 없이 극도로 후안무치한 발언을 했는데, 그것부터 여러분이 먼저 들어 두시는 것이 좋을 것 같습니다. 첫

---

17 파시온이 그 아내(파시온 사후 포르미온에게 출가한 여인)에게서 낳은 아들 아폴로도로스, 파시클레스 외에, 포르미온이 아르키페에게서 얻은 자식 둘이 있었으므로, 총 4명이 각기 4분의 1로 재산 분배하는 것을 뜻한다고 해석된다.

째, 유언 자체가 없었고, 시종 허구와 조작이라는 것이고, 둘째, 지금까지 그가 이 모든 문제를 유보하고 소송을 자제했던 이유는 포르미온이 거액의 차금을 지불하려 하면서 그렇게 하겠다고 약속했기 때문이었는데, 정작 포르미온이 약속을 지키지 않아 법에 호소하게 되었다는 거예요.

34. 그러나 그가 이런 주장을 한다면, 이 두 가지 이유가 다 거짓이고 자신의 행동과도 모순된다는 점과 관련하여 여러분은 다음과 같은 사실을 참고하십시오. 그가 유언장의 존재를 부정하면, 이 점에 대해 물어보십시오. 도대체 어떤 과정으로 유언에 따라 장자로서 공동주택을 물려받았는지 말입니다. 실로, 그 부친이 유언에 쓴 온갖 조항 가운데 그에게 유리한 것은 모두 유효하고, 그렇지 않은 것은 무효라고는 말하지는 못할 거예요. 35. 또 그가 그 사람(포르미온)의 약속에 속았다고 말한다면, 여러분은 우리가 증인들을 여러분에게 소개한 사실을 기억하십시오. 이들(증인)은, 포르미온이 그만둔 후, 두 형제로부터 은행과 방패 공장을 임차해 오랜 기간 동안 경영했습니다. 그때 가만히 내버려두었다가 지금 와서 그에 대해 소송을 제기한다는 주장이 다소간에 일리가 있다면, 이 사람(아폴로도로스)은 이들(증인)에게 (은행과 방패 공장을) 임대하던 그 당시 바로 그(포르미온)에 대해 소송을 제기해야 했던 것이죠. 이 사람이 장자로서 유언에 따라 공동주택을 물려받았고, 당시에는 이렇듯 포르미온을 비난해야 하겠다는 생각이 없었을 뿐 아니라 오히려 칭찬했다는 사실과 관련하여 제 진술이 사실임을 증명하기 위해 증언을 들고 읽어 주십시오.

36. 아테나이인 여러분, 이 사람(아폴로도로스)이, 마치 가난한 사람, 모든 것을 상실한 사람처럼 한탄하면서도, 임대와 채권에서 얼마만큼 돈을 받아 가는지 여러분이 아실 수 있도록 잠깐만 들어 보십시오. 그 부친이 남긴 서류를 통해 그가 회수한 빚으로 총 20탈란톤을 거두어들여서, 그중 반 이상을 차지했어요. 많은 사안에서 그 형제의 몫까지 속여 챙겨갔던 겁니다. 37. 포르미온이 은행을 경영하던 8년 동안, 그는 임대료로 1년에 80므나를 가져갔는데, 이 액수는 전체 임대료의 2분의 1에 해당하지요. 이렇게 총액은 10탈란톤 40므나[18]에 이릅니다. 그 후 이들 형제가 크세논, 에오프라이오스, 에우프론, 칼리스트라토스에게 은행을 임대한 10년 동안, 해마다 1탈란톤을 받았고요. 38. 그 외에도 약 20년에 걸쳐, 애초에 분배된 유산에서 20년 정도 이 사람이 경영하면서 취한 수익이 30므나가 넘어요. 이 모든 것, 배분된 유산, 채권, 임대에서 나오는 수입 등을 다 더하면 40탈란톤을 웃도는 겁니다. 현재 포르미온이 제공하는 것, 그 모친을 통해 넘겨받은 유산, 채권에서 그리고 은행에서 빼가서 반환하지 않은 2. 5탈란톤[19] 600드라크메[20]를 별도로 하고도 말이죠.

39. 그러나, 신의 이름으로, 당신은 도시가 그 돈을 가져갔고, 당

---

18 1년에 80므나로 8년이면 640므나다. 1탈란톤이 60므나이므로 640므나는 10탈란톤 40므나가 된다.

19 *penth' hemitalanta.* 0. 5탈란톤에 5를 곱하면 2. 5탈란톤, 즉, 2탈란톤 30므나이다.

20 600드라크메 = 6므나.

신이 여러 번 공적 부담을 져서 손해가 극심했다고 말하겠지요. 아닙니다. 당신은 공적 부담을 분배되지 않은 유산에서 지불했어요. 그러니 당신과 당신 형제가 공동으로 지불했던 거예요. 그리고 그 후 당신이 단독으로 공적 부담으로 지불한 것은 2탈란톤(120므나)은 고사하고 20므나의 이자도 채 되지 않아요. 그러니 도시를 탓하지 말고, 또 당신이 비열하고 사악하게 탕진한 돈을 도시가 가져갔다고 말하지도 마시오.

40. 그가 얼마나 많은 돈을 취했는지, 또 정확히 몇 번의 공적 부담을 졌는지를 알려드리기 위해서, 아테나이인 여러분, 다음 사실들을 하나하나 읽어드리겠습니다. 저를 위해 이 목록 장부, 이 사람의 제안서, 이 증언들을 받아서 읽어 주십시오.

목록 장부, 이의 제안서, 증언들

41. 그가 이만큼 재물을 취했어요. 일부는 채무자가 자발적으로, 다른 일부는 소송을 통해 거두어들인 수 탈란톤의 채권을 가지고 있었거든요. 그 채권은 (그의 부친) 파시온의 것이었고, 은행 임대료와 그가 남긴 다른 재물과는 별개의 것으로, 두 형제에게 공동으로 귀속되는 것이었지요. 여러분이 들은 바와 같이, 그는 원금은 가만두고 들어오는 수익의 최소치만 공적 부담을 위해 썼던 겁니다. 그러나 그가 허풍 떨면서, 삼단노선주[21]와 비극 지휘자[22]로서의 공적 부담을

---

21 *trierarchia.*

졌다고 말할 것도 같아요. 42. 그러나 이 같은 그의 주장은 거짓이라는 사실을 제가 여러분에게 말씀드렸습니다. 그리고, 그의 말이 모두 사실이라 치더라도, 제 소견에, 그는 계속 그 자신의 재물에서 공적 부담을 지는 것이 더 타당하고 더 공정합니다. 그이(포르미온)의 재산을 그(아폴로도로스)에게 귀속시키는 것보다 말이죠. 자칫, 여러분 자신은 전체 액수에서 쥐꼬리만큼의 일부만을 제공받게 될 뿐이겠지만, 한쪽(피고 포르미온)은 극도의 궁핍으로 몰리게 되는 반면, 다른 쪽(원고 아폴로도로스)은 오만하게 지금까지 해오던 대로 돈을 탕진하는 꼴을 보게 될 것이니까요.

43. 포르미온의 재물 관련하여, 그것이 당신 부친의 재산에서 나온 것이라고 하고, 또 포르미온이 가진 재물이 어디서 나온 것이냐고 그에게 물으려고 하는데, 세상 사람 중에 적어도 당신만은 그런 말을 할 자격이 없어요. 당신 부친 파시온도, 포르미온이 한 것 이상으로, 행운이나 유산 상속으로 부를 얻은 것이 아닙니다. 오히려 자신이 선하며 정직한 사람이라는 점을 증명하여 은행업자로 자신의 주인이었던 안티스테네스와 아르케스트라토스의 신임을 얻었던 것이지요. 44. 상업과 은행업에 종사하는 이들의 눈에 근면하고 유능한 것으로 보이는 것은 아주 대단한 미덕이죠. 이 같은 속성은 주인들23이 당신 부친에게 주는 것이 아니라, 스스로의 천성에서 우러나는 겁니다. 그 같이 당신 부친도 포르미온에게 그 같은 속성을 준 것이 아니에요. 그

---

22 *choregia.*
23 *kyrioi.*

런 것을 줄 수 있었다면, 그가 먼저 당신을 그런 덕성을 가진 사람으로 만들었겠지요. 신임이 재물을 얻는 데 가장 중요한 자산이라는 사실을 모른다면, 당신은 아무것도 모르는 거요. 그 외에도, 포르미온은 당신 부친뿐 아니라 당신에게도 그러했고, 또 당신네를 위한 온갖 사무 등 많은 사안에서 유능했어요. 그러나, 내가 보기에, 도대체 누가 당신의 욕심과 비위를 만족시킬 수 있겠습니까? 45. 더욱이, 당신 부친의 주인이었던 아르케스트라토스에게 안티마코스라는 아들이 있는데, 그는 자신의 형편이 생각보다 좋지 못해도, 당신에게 소송을 걸지도 않고, 자신이 피해를 보았다고 말하지도 않아요. 당신이 양모 외투를 걸치고, 정부(情婦)를 해방시키고, 다른 정부는 출가시키고, 그런 가운데 당신의 아내는 따로 두고 있으며, 세 명의 동자들을 거느리고 돌아다니며, 너무나 방만하게 살고 있으므로, 만나는 이들이 다 알 정도인데, 그 자신은 아주 궁핍하게 살고 있으면서 말이죠. 또 그이는 포르미온의 상황도 모르는 것이 아니에요.

46. 그런데, 당신이 그(포르미온)가 한때 당신 아버지에게 예속되었다고 해서 포르미온의 재산을 당신 것이라고 생각한다면, 안티마코스는 당신보다 더 강한 청구권을 가지게 되는 거예요. 당신 부친 역시 그들에게 속해 있었으므로, 당신과 포르미온은 둘 다 그 같은 논리로 안티마코스에게 속하는 것이니까요. 그런데 당신은 그 배은망덕으로 인해, 누가 그런 말을 하면 당신이 그를 적이라고 생각할 그런 말을 사람들이 하도록 당신 자신이 만들고 있소. 47. 당신은 자신은 물론 죽은 부모들까지 욕보이고, 도시까지 오물을 뒤집어씌우고 있어요. 그리고 당신 부친에 이어 포르미온이 이 도시 사람들의 온정으로 누린

혜택, 그것을 베푼 이와 그 혜택을 받은 당신에게 최고의 명예가 되는 그런 혜택에 대해 자랑스러워하고 감사하기보다, 오히려 대중 앞으로 들추어내어 손가락질하고 성토하고 있고요. 딱 하나 당신이 비난하지 않는 것은 당신 같은 인물을 아테나이인으로 만들어 준 사실이요. 48. 그런데 당신은, 정신 이상인 것으로밖에 달리 형용하기가 어려울 정도로, 상황을 깨닫지 못하고 있어요. 한때 당신 부친의 하인이었다가 해방된 포르미온이 소송의 피고가 되는 것을 우리가 원하지 않는 것이 당신 자신을 보호하는 것인데도, 당신은 절대로 그를 당신과 같이 대우하지 못하도록 요구함으로써 당신 자신을 해치고 있소. 당신이 포르미온에게 적용하는 잣대가 애초에 당신 부친의 주인이었던 이들에 의해 당신에게도 같이 적용되는 것이니까 말이오.

파시온도 다른 사람의 하인이었다가, 포르미온이 당신들로부터 해방된 것 같은 방식으로 자유를 얻은 사실을 증명하기 위해, 파시온이 아르케스트라토스의 하인이었다는 증언들을 저를 위해 들고 읽어 주십시오.

증언들

49. 그런데 처음에 사업에 성공하여, 이 사람(아폴로도로스)의 부친에게 여러 가지로 봉사했고 이 사람(아폴로도로스) 자신에게도, 여러분이 들으셨듯이, 갖가지 혜택을 제공했던 그(포르미온)를 이 사람(아폴로도로스)은 이 같은 재판에 연루시켜 부당하게 유죄로 몰아넣으려고 작정하고 있어요. 당신이 할 수 있는 것은 그런 것에 다름 아니오.

제발 그런 일이 없었으면 하지만, 재판관들이 속아 넘어간다면, 당신이 포르미온의 재산을 자세히 검토해 보고, 그것이 누구 덕에 생긴 것이지를 알 수 있을 것이오. 24 50. 당신은 카리데모스의 아들 아리스톨로코스를 알고 있지요. 그가 그전에 땅 한 뙈기를 가지고 있었는데, 지금은 많은 다른 이들의 손에 넘어가 버렸어요. 그가 그 땅을 얻었을 때 빚이 많았거든요. 또 소시노모스, 티모데모스는 물론 빚을 갚느라고 온 재산을 다 잃은 또 다른 은행업자들을 보십시오. 그런데 당신은 당신보다 더 선하고 조신했던 당신 부친이 반드시 모든 사안을 잘 주선한 것으로 볼 필요가 없다고 믿고 있어요.

51. 제우스와 다른 신들의 이름으로, 그는 당신, 그 자신, 또 당신네 사업을 위해서 당신보다 포르미온을 훨씬 더 높게 평가했지요. 그래서 당신이 성인이었지만, 임대업은 당신 대신 그가 관장하도록 위임했고, 또 자신의 아내와 혼인하게 했고, 자신이 살아 있는 한 그를 존중했던 겁니다. 타당한 처사였어요, 아테나이인 여러분. 다른 이에게 임대하지 않고 스스로 경영한 다른 은행업자들은 모두 망했어요. 그러나 포르미온은 당신네를 위해 2탈란톤 40므나를 임대료로 지불하고 은행을 보존했지요. 52. 이 때문에 파시온은 그에게 감사했으나, 당신은 대놓고 무시하고 있소. 오히려 유언의 내용을 부정하고, 거기 당신 부친이 쓴 저주의 말을 무시하면서, 그(포르미온)를 추달하고 음해하

---

24 이 문장의 뜻은 자못 애매한 데가 있다. 참고로 Loeb판본에서는 보주(補註)에서, 이 문장의 뜻을 "포르미온의 재산이 주로 예금자들의 돈으로 이루어져 있으므로, 만일 포르미온이 거액 벌금을 선고받게 되면, 예금자들이 당장에 돈을 인출해 가게 되어 은행이 도산하게 될 것"이라고 추정 해석한다.

고 송사로 얽어매고 있는 거요. 이보시오, 친구 양반, 당신이 이런 호칭으로 불릴 수 있다면 말이오, 그만 멈추고, 많은 재산보다 덕성이 더 유익하다는 사실을 당신이 깨치지 않겠소? 당신 말이 만 번 진실이라 해도, 당신은 스스로 물려받은 많은 재물을 다 탕진했어요. 만일 당신이 올바른 품성을 가졌더라면, 재산을 그렇게 잃지 않았을 것 같소.

53. 나로서는, 제우스와 신들의 이름으로, 아무리 궁리해 보아도, 당신이 어떻게 재판관들을 설득하여 이 사람(포르미온)에게 유죄 선고를 내리도록 할 것인지 도무지 알 수 없어요. 무슨 근거로요? 사건 직후 당신이 고소했기 때문인가요? 그렇지 않죠, 수년이 지난 다음에야 제소했으니까요. 그런데 그동안 당신이 송사 없이 조용히 지냈다고 할 건가요? 아니죠. 당신이 쉬지 않고 줄곧 송사에 매달려온 사실을 누가 모르는 사람이 있습니까? 마찬가지로 사소한 것이 아닌 사적 소송뿐만 아니라, 당신의 중상과 비난에 기인하여 야기된 공적 소송 등에서 말이죠. 티모마코스를 고소하지 않았소? 지금은 시켈리아에 가 있는 칼리포스를 고소하지 않았나요? 메논, 아우토클레스,[25] 티모테오스,[26] 그 외 다른 이들도 있어요. 54. 그러나 다른 이도 아닌

---

[25] 티모마코스, 메논, 아우토클레스는 트라케에 파견된 아테나이 지휘관들이다. 칼리포스는 티모마코스의 지시로 추방된 칼리스트라토스를 마케도니아에서 타소스로 수송하려 했던 이와 동일인으로 추정된다.

[26] 티모테오스는 아테나이 장군으로 코논의 아들이다. 파시온에게서 돈을 빌려 받았는데, 파시온 사후 그의 아들 아폴로도로스가 장부에서 이 사실을 알아냈다. 티모테오스가 돈 빌려간 사실을 인정하지 않으므로, Demosthenes, 49(채무 관련하여 티모테오스에 반대하여)를 쓰게 되었다.

당신 아폴로도로스가, 처음에는 일면 당신에게만 손해를 입힌 공적 부정행위를 구제한다고 하더니, 지금 와서 사적 부당행위라고 하고, 특히, 지금 당신 주장에 따른다면, 그렇게도 위중한 사건에 대해 소(訴) 제기한다는 것이 말이 된다고 당신은 보는 거요? 왜 그때는 당신이 여러 사람을 고소할 때 포르미온만 제외했던 거요? 실은, 당신이 피해 본 것도 없는데, 중상하고 있는 것이지요.

55. 제 소견에, 이 사건 관련하여 제가 할 수 있는 최선의 방법은 앞서 제가 진술한 바에 대해 증인을 대는 것입니다. 상습적으로 중상을 일삼는 이 사람이 지금 무슨 짓거리를 할 것이라고 보아야겠습니까? 또, 제우스의 이름으로, 아테나이인 여러분, 제 소견을 말씀드리자면, 포르미온의 성품, 공정성, 그 온정을 보여 줄 수 있는 것을 죄다 제가 말씀드린다면, 현안에 도움이 될 것 같습니다. 온갖 사안에서 부정직한 사람이 다른 누구보다 이 사람(아폴로도로스)에게도 해를 끼칠 가능성이 있는 것이지요. 그러나 어떤 사람에게도 피해를 준 적이 없고 오히려 자진하여 많은 이에게 은혜를 베푼 이가 세상 사람들 가운데 아폴로도로스에게만 피해를 끼쳤다고 하는 것이 어떻게 사리에 닿습니까?

이제 이 증언들을 들으시면, 두 사람 각각의 품성을 여러분이 이해하실 것입니다.

중언들

56. 아폴로도로스의 비열함에 대한 증언을 들으십시오.

증언들

그(포르미온)가 이 사람(아폴로도로스)을 닮았습니까? 생각해 보십시오. 계속 읽어 주십시오.

증언들

그가 공무에서 도시에 봉사한 이력도 읽어 주십시오.

증언들

57. 이렇게 그(포르미온)는, 아테나이인 여러분, 도시는 물론 여러분 가운데 많은 이를 위해서도 참으로 많이 봉사했습니다. 공적으로나 사적 생활에서 어떤 피해도 여기 있는 아폴로도로스에게 준 적이 없어요. 그런 그가 여러분에게 호소하고 탄원하며, 그와 함께 그의 친구인 우리도 그의 무죄방면을 촉구합니다. 또 다른 사실 관련해서도 여러분은 그의 말에 주의하셔야 합니다. 증언을 통해 여러분에게 소개되었듯이, 아테나이인 여러분, 그는 이 사람은 물론 다른 사람 누구도 가용할 수 없는 아주 많은 돈을 여러분을 위해 내놓았어요. 포

118

르미온을 알고 있는 이들은 포르미온의 신용을 믿고 있어 그는 엄청나게 많은 데 더하여 그보다 더 많은 재물을 가용할 수 있고, 그 재물은 그 자신뿐만 아니라 여러분에게도 도움이 됩니다. 58. 이 같은 것들을 저버리지 마시고, 이 타락한 사람(아폴로도로스)이 그것을 뒤엎어 버리도록 내버려두지 마십시오. 품위 있게 살려고 하는 근면한 이들이 가진 재물을 여러분의 결정으로 인해 비열하게 모략하는 이들이 빼앗아 가는 말도 안 되는 전례를 남기지 마십시오. 포르미온의 재산은, 그 자신의 손에 있는 한, 훨씬 더 여러분에게 이득이 됩니다. 여러분 자신이 목격할 뿐만 아니라 증인들로부터 들으시는 것은 그가 궁핍한 이들을 위해 얼마나 봉사했느냐는 겁니다.

59. 그런 행위 하나도 돈을 벌기 위한 것이 아니라, 관대하고 친절한 성품에서 나온 것이었어요. 그러니, 아테나이인 여러분, 그 같은 이를 아폴로도로스의 먹이로 내주는 것은 옳지 못합니다. 그에게 아무런 도움이 되지 않을 때 그를 위해 연민하지 말고, 지금 여러분의 재량하에 있을 때 그를 구하십시오. 그를 구할 수 있는 적기로 지금보다 더 적절한 때를 저는 알지 못합니다. 60. 아폴로도로스가 하는 말 대부분이 알맹이 없거나 비열한 중상이라고 여러분은 보아야 합니다. 그로 하여금 당신 앞에서 증명하게 하십시오. 그 부친이 이런 유언을 남기지 않았다든가, 아니면 우리가 증명하는 사실 이외의 다른 대차가 있었다든가, 청산 절차를 거친 다음 장인27의 조정과 이 사람(아폴로도로스) 자신의 동의에 의해 모든 청구권으로부터 그(포르미온)

---

27 *kedestes*.

를 방면한 적이 없다든가, 아니면 이미 협상이 이루어진 사안에 대해 소(訴)를 제기하도록 허용하는 법이 있다든가, 아니면 이런 것들 중 어느 것이라도 증명하라고 말이죠. 61. 그러나 그가 증거를 대지도 못하면서 죄를 뒤집어씌우고, 욕설, 악담을 해댄다면, 그 말에 구애받지 마시고, 그 잡소리와 후안무치함이 여러분을 기만하지 않도록 하는 한편, 우리가 하는 말에 주의를 기울이고 유념해 주십시오. 그렇게 하신다면, 여러분은 여러분 자신이 한 맹세를 지키며, 또 공정하게, 제우스와 모든 신들의 이름으로, 그럴 자격이 있는 그를 보호할 수 있겠습니다.

법과 이 증언들을 받아들고 읽어 주십시오.

법, 증언들

더 이상 긴말할 필요가 없을 것 같습니다. 앞서 말씀드린 것 중 어떤 것도 여러분이 놓치는 일이 없을 것이라고 제가 믿기 때문입니다. 물시계를 멈춰 주십시오. 28

---

28 물방울 떨어지는 속도로 재는 물시계로 일정하게 주어진 시간을 변론인이 다 쓰지 않았기 때문에 시계를 멈추어 달라고 주문한 것이다.

37

판타이네토스에 반대한
'위법의 소(訴)'에 대한 항변

해제

판타이네토스는 야금 공장을 사려고 므네시클레스에게서 1탈란톤(60므나), 필레아스와 플레이스토르로부터 45므나를 빌렸다. 공장과 그곳에서 일하는 30명 예속노동자는 대부인(貸付人)들을 대표하여 므네시클레스의 이름으로 매수되었다. 대부인들이 거기에 들어간 돈을 돌려달라고 하자, 판타이네토스는 앞서 빌린 돈과 같은 금액 105므나[1]를 니코불로스와 에우에르고스로부터 새로 빌렸는데, 이 돈은 공장을 두고 매매의 형식을 취했으나, 실제로는 공장을 담보로 대부한 것이었다. 최초의 대부인 겸 공장의 매수인 므네시클레스가 이번에는 니코불로스와 에우에르고스에 대해 매도인이 된 셈이다.

매수인 니코불로스와 에우에르고스가 공장을 다시 판타이네토스에게 대여하고, 매수금 105므나와 관련하여, (1년에) 1므나당 1드라크메의 이자, 즉 105드라크메를 받기로 약정하였다. 그 후 매수인 겸 임대인 니코불로스가 아테나이

---

1   1탈란톤이 60므나이므로, 여기에 45므나를 합치면 105므나가 된다.

를 떠난 사이, 다른 매수인 겸 임대인 에우에르고스는 채무자 판타이네토스가 약정 사항을 제대로 이행하지 않는다고 보고, 판타이네토스에게 대여했던 공장을 점거하고 그곳 예속노동자를 처분하여 임대인에게 공적으로 허용된 몫을 받아 냈다. 그 과정에서 시일이 걸려 대부금 회수가 늦어져 이자가 배가했다. 이런 상황과 관련하여 판타이네토스가 에우에르고스에 대해 제소하고, 후자가 패소했다.

니코불로스가 아테나이로 돌아온 후, 그때까지 알려져 있지 않았던 이들로서 판타이네토스에게 돈을 빌려준 또 다른 다수 대부인이 나타났다. 문제 해결을 위해, 판타이네토스는 니코불로스와 에우에르고스에게 105므나 채무를 갚고, 니코불로스와 에우에르고스는 다시 새로 나타난 대부인들에게 공장과 예속노동자를 넘겼다.

그런데 판타이네토스가, 예속노동자를 팔아서 돈을 챙기고 또 공장을 다른 대부인에게 넘겼다는 이유로, 다시 니코불로스를 제소했다. 이에 대해 니코불로스는 '위법의 소'에 대한 항변을 제기했고, 이 변론은 이때 발표된 것이다.

니코불로스는 항변에서, 이 사안이 쌍방 협의로 일단락된 것이고, 공장과 관련하여 법정에 호소할 수 없다는 것, 판타이네토스가 제기하는 소송상대의 혐의가 그 자신이 인용하는 법조문과 무관하다는 것, 또 판타이네토스의 주장과 달리, 그에게 유리한 중재 결정이 내릴 때, 니코불로스 자신이 아테나이에 부재했던 사실 등을 거론했다.

이 변론은 필로크라테스 평화조약이 맺어진 기원전 346년에 발표되었고, 데모스테네스가 작성한 일련의 '위법의 소'에 대한 항변 가운데 하나로서, 광산의 야금[2] 관련 소송이다.

---

2   *metallike dike.*

1. 법 규정에 따르면, 재판관 여러분, 쌍방의 양해로 채무를 면제하고3 또 면소 방면4한 다음에, 다시 제소하면 위법의 소(訴)에 대한 항변을 제기할 수 있습니다. 판타이네토스 관련하여 저는 이 두 가지 양해가 다 성립되었으므로, 방금 여러분이 들으신바, 그의 제소는 성립하지 않는다는 취지로 위법의 소에 대한 항변을 제기합니다. 저는 제가 얻은 권한을 포기해야 한다고 보지 않으며, 또 제가 다른 사안들과 함께 원고가 저의 채무를 포기5하고 소 취하6한 사실을 증명했음에도, 다시 제가 거짓말하는 것이고, 만일 제가 채무 면제받은 사실이 있다면 그의 제소를 막기 위해 제가 위법의 소에 대한 항변을 제기함으로써 그런 사실을 증명해야 한다는 그의 주장은 이치에도 닿지 않는다고 봅니다. 바로 이 같은 항변을 위해 제가 재판정에 나온 것이고, 저는 이 사람(판타이네토스)에게 아무런 잘못을 범한 적이 없고, 이 사람이 저를 불법으로 제소했다는 것을 다 여러분 앞에 증명하겠습니다.

2. 실로 판타이네토스가 지금 저를 고소한 내용과 관련하여 어떤 피해를 보았다면, 우리 사이에 계약이 성립한 당시 저에 대해 제소했어야 하는 것이죠. 이런 소는 한 달7 안에 해결되어야 하는 것이고,

---

3 *apheis*.

4 *apallaxas*.

5 *apheis* (*aphiemi*)

6 *apallaxas* (*apallasso*).

7 *emmenoi*. 한 달, 혹은 매달을 뜻하는 이 용어에 대한 견해는 크게 두 가지로 나뉜다. 하나는 한 달 안에 결판이 나야 한다는 것, 다른 하나는 매달 상거래 관련 사건이 접수된다는 뜻이다(D. M. MacDowell, 358). 상거래는 아테나이인뿐만 아니라 헬라스 전 도시의 상인들과 서로 얽이는 것이므로, 이방인의 경우 오래 아테

에우에르고스[8]와 저는 그때 둘 다 도시 안에 머물러 있었거든요. 세상 사람 모두 시간이 지난 다음이 아니라 피해를 보는 바로 그 시점에 아주 분노하는 것이니까요. 그런데 이 사람은 아무런 피해 본 것이 없으면서도, 제가 잘 알기로 여러분 자신도 그 사실을 들었을 때 동의했듯이, 에우에르고스에 대한 소송에서 승소한 차제에 고무되어 중상모략하고 있습니다. 그러니 저는 부득이, 재판관 여러분, 제가 무슨 잘못을 범한 것이 없음을 여러분 법정에서 증명하기 위해, 제 진술에 대한 증인들을 소개하고 제 자신의 안전을 도모하는 수밖에 다른 도리가 없겠습니다. 3. 제가 여러분 모두에게 공정하고 타당한 부탁을 드리건대, 위법의 소에 대한 항변 관련하여 개진해야 할 저의 진술을 선의로서 경청해 주시고, 이 사건 모든 측면에 주의를 기울여 주십시오. 많은 재판이 도시에서 열리지만, 아무도 이 사람이 여러분 앞으로 감히 제기한 것같이 후안무치하고 악의적으로 여러분 앞에 소를 제기한 이는 없었다고 저는 봅니다. 가능한 한 간략하게 사건의 전모를 여러분에게 소개하겠습니다.

4. 에우에르고스와 저는, 재판관 여러분, 마로네이아[9]의 제련업 공장과 30명 예속인[10]을 담보로 이 판타이네토스에게 105므나를 빌려

나이에 체류하기 어려운 점이 있다. 한 달이라는 기한을 정해 놓은 것은 소(訴)의 신속한 접수와 신속한 판결을 구하는 것으로 추정이 가능하다.

8 에우에르고스는 다른 대부업자로서, 그에 대한 소송에서 판타이네토스가 승소했다. 참조, 바로 아래.

9 마로네이아는 아티카의 광맥이 풍부한 라우리온 지역에 있다.

10 *andrapoda.*

주었어요. 이 돈에서 45므나가 제 것이고, 1탈란톤이 에우에르고스 것이었지요. 11 이 사람(판타이네토스)은 또 콜리토스 출신 므네시클레스에게 1탈란톤, 엘레우시스 출신의 필레아스, 그리고 플레이스토르에게 45므나를 빚지고 있었어요. 5. 공장과 예속인을 우리에게 매도한 사람은 므네시클레스였는데, 그는 이 재산을 이 사람(판나이네토스)을 위해서 전 소유주인 텔레시마코스로부터 사들였던 겁니다. 그런데 이 사람이 한 달에 (1므나당) 105드라크메 이자12를 내기로 하고 그것을 우리에게서 다시 대여받아 갔어요. 대여 기간이 명시된 계약서를 작성했고, 일정 기간 내에 계약을 우리에게서 취소할 수 있는 권리도 명시했습니다.

6. 이렇게 테오필로스가 아르콘으로 있던 해, 엘라페볼리온달13에 계약이 이루어지고, 저는 바로 폰토스(흑해)를 향해 출발했고, 이 사람과 에우에르고스는 이곳에 남아 있게 되었어요. 제가 나가 있는 동안 이들이 어떤 계약을 맺었는지에 대해 저는 말씀드릴 수 없어요. 그들 말이 각각 다르고, 또 이 사람(판타이네토스)이 하는 말 자체도 일관성이 없으니까요. 이 사람의 말에, 어떨 때는 계약을 위반하여 에우에르고스에 의해 대여받은 곳에서 강제로 쫓겨났다고 하고, 또 어

---

11 1탈란톤은 60므나. 105므나에서 45므나를 빼면 60므나(1탈란톤)가 된다.

12 아테나이의 이자 관행, '*ephektos*(6분의 1)' 관련은 참조, Demosthenes, 34. 24. '*ephektos*'는 원금의 6분의 1 이자를 뜻한다. 1탈란톤에 매달 1므나 이자로 약 12% 이다. 이자가 더 높은 경우도 있는데, 돌려주어야 하는 지참금 반환을 지체할 때 18%, 해상대부의 경우 30%가 되기도 한다. 참조, Demosthenes, 34. 24.

13 3월 중순~4월 중순.

떨 때는 이 사람이 도시의 채무자로 등재되게 한 원인 제공자라고 하고, 그 밖에도 나오는 대로 말을 바꾸거든요. 7. 그러나 에우에르고스는 그저 자신이 이자를 받지 못했고, 이 사람이 계약에 따른 의무를 이행하지 않으므로, 가서, 이 사람의 동의하에, 자기 재산을 되돌려 받았다는 것이에요. 그러자 이 사람(판타이네토스)이 가더니 이 재산이 자기네 것이라고 주장하는 이들14을 데리고 나타났다는 거예요. 그(에우에르고스)는 그들의 주장을 받아들이지 않았고, 다만 그것을 대여한 사실이 있고, 이 사람이 계약 조건을 지키는 한에서 그것을 점유한다는 사실에는 이의를 달지 않았다고 합니다. 제가 양측으로부터 들은 이야기는 이와 같습니다.

8. 그런데 제 판단으로는, 이 사람(판타이네토스) 말이 사실이고, 그의 주장대로 자신이 에우에르고스에 의해 피해를 보았다면, 변상을 위해 그를 여러분 법정으로 데려와서 재판받도록 해야 하는 것이죠. 그렇게 본 손해에 대한 변상을 두고 자신이 침해했다고 주장하는 사람과 여기에 없었던 저에게 같이 하라고 요구하는 것은 옳지 않습니다. 그러나 만일 에우에르고스의 말이 사실이라면, 이 사람(판타이네토스)이 중상모략하는 것이 분명하므로, 저는 당연히 이 사건 재판에 연루되어야 할 이유가 없습니다. 먼저 이와 관련한 제 진술이 사실임을 증명하는 증인들을 소개하겠습니다.

14　이글 아래 §12에 나오는 내용으로, 이른바 공장과 예속인 30명을 담보로 판타이네 토스에게 돈을 대부했다고 주장하는 이들이다.

증인들

9. 재산을 우리에게 매도했던 사람은 최초의 구매자들이었다는 사실,15 이 사람(판타이네토스)이 공장과 예속인이 우리 소유라는 것을 인정하고 그것을 계약하에 대여받은 사실, 이 사람과 에우에르고스 사이에 후속 거래가 있었을 때 저는 없었고, 아테나이 자체에 거하지 않았던 사실, 이 사람이 에우에르고스를 상대로 제소했으나 저에 대해서는 하지 않았던 사실, 여러분은 이 모든 사실을, 재판관 여러분, 증인들로부터 들으셨습니다.

10. 그런데, 실로 제가 출항할 때 가졌던 모든 것을 잃은 채 귀국했을 때, 제가 듣고 사실로 확인한 것은, 이 사람이 재산을 포기했고, 우리가 구매했던 재산을 에우에르고스가 장악하고 있다는 것이었어요. 상황이 예상 밖으로 꼬인 것을 보고 저는 언짢았어요. 제게 주어진 선택지는, 에우에르고스와 동업하여 재산을 운영하든가, 아니면 판타이네토스 대신 그를 채무자로 하고 새로운 대여 계약을 그와 체결하는 것이었죠. 그러나 저는 이 두 가지 다 원치 않았어요. 11. 제가 여러분에게 말씀드리는 상황에 아연하고, 또 재산을 우리에게 매도한 므네시클레스가 우리에게 하는 행위를 보면서, 제가 그(므네시클레스)를 찾아가 어떻게 그따위 인간을 저에게 소개했느냐고 항의하고, 또 새로운 차지인(借地人)은 누구이며 상황이 어떻게 돌아가는지 물었습니다.

---

15 므네시클레스이다. 이 사람이 판타이네토스의 대부자이며, 계약서상의 작업장 구매자이다.

제가 새 차지인에 대해 거론하자, 그가 웃음을 터뜨리면서 그들이 우리와 협상하려 한다고 말하고, 또 우리 모두를 한자리에 모아, 이 사람 (판타이네토스)에게 저에 대한 모든 의무를 이행하도록 촉구할 것이며, 그렇게 하도록 자신이 이 사람을 설득할 수 있을 것이라고 했답니다.

12. 그래서 우리가 만났는데, 그 사정을 여러분에게 다 말씀드릴 필요가 뭐 있겠습니까? 우리가 므네시클레스에게서 사들인 공장과 예속인을 담보로 잡고 이들이 이 사람(판타이네토스)에게 대부했다고 주장하는 이들이 온 겁니다. 그들에게는 솔직하거나 정직한 데가 없었어요. 그들이 하는 모든 말이 거짓으로 드러나고, 또 우리가 구매한 사실을 므네시클레스가 확인하자, 그들은 우리가 받아들이지 않으리라는 것을 알고 제안[16]을 했지요. 우리가 그들로부터 돈을 받고 물러서든지, 아니면 그들이 요구하는 것을 우리가 지불하고 매듭을 짓자는 것이었어요. 그들 말에, 그것(공장과 예속인)은 우리가 구매한 돈보다 훨씬 더 값비싼 것이랍니다. 13. 이런 그들의 제안에 저는 즉각 재고의 여지도 없이 돈을 받겠다고 하고, 에우에르고스도 그같이 하도록 설득했습니다. 그런데 우리가 돈을 받을 때가 되고 상황이 그렇게 전개되었을 때, 그들이 일전에 한 약속을 뒤엎고, 우리가 매도인이 되지 않으면, 돈을 내놓을 수 없다는 거예요. 그러니, 이 점에서 이들은, 아테나이인 여러분, 의도적이었던 겁니다. 이들은 우리가 이 사람(판아이네토스)에게 기만당하고 있음을 꿰고 있었던 것이죠.

---

16 *proklesis*. 참조, Demosthenes, 36. 4.

증언들

14. 상황은 이런 지경에 이르렀고, 판아이네토스가 데려왔던 이들은 우리에게 돈을 주지 않았으므로, 당연히 우리가 구매자로서 재산을 다시 보유하게 되었을 때, 이 사람(판아이네토스)이 우리에게 매도인이 되라고 간청하고[17] 부탁하고[18] 읍소[19]했습니다. 이 사람이 촉구하고 통사정하면서, 저를 설득하려고 안 한 짓이 있었겠습니까? 그래서 제가 양보했습니다. 15. 그러나 제가 간파하고 있었던 것은, 아테나이인 여러분, 그가 간교하다는 사실, 처음부터 그가 우리에게 므네시클레스를 험담한 사실, 그 후 그가 가까운 친구였음에도 에우에르고스와 불화한 사실, 또 처음 제가 귀국했을 당시, 그가 저를 보고 반가워하는 척했으나, 그의 의무를 다해야 할 때가 되자, 다시 제게 험하게 대한 사실, 얻는 것이 있으면 원하는 것을 얻을 때까지 모든 사람에게 친구가 되지만, 그 후에는 그들의 적이 되고 불화한다는 사실 등입니다. 16. 그래서 제가 선택한 것은, 제가 일차적 부담에서 벗어나고 이 사람을 위해 매도인이 되어, 모든 채무에서 벗어나고 또 면소 방면됨으로써, 분쟁을 종결하는 것이었습니다. 이렇게 양해가 성립되어, 이 사람(판아이네토스)이 저에게 연루된 모든 채무를 면제했고, 또 저는, 이 사람이 부탁한 대로, 재산의 매도인이 되었어요.

---

17 *iketeuen.*

18 *edeito.*

19 *entebolei.*

제가 므네시클레스에게서 그것을 살 때와 같은 방식으로 되팔았다는 말입니다. 그러고는 제 돈을 받아 챙겼고, 아무것도 이 사람에게 손해를 입힌 적이 없어요. 신의 이름으로, 이 사람이, 아무리 막 굴러먹어도, 저를 법정으로 끌어넣을 것이라고는 상상도 못했지요.

17. 이것이 사건의 전말입니다. 이 사건을 두고 여러분이 투표할 것이고, 이 사건을 두고 제가 위법의 소(訴)에 대한 항변20을 제기하여, 이 소송이 성립되지 않음을 밝히겠습니다. 이 사람(판아이네토스)이 모든 채무로부터 저를 면제했고 동시에 면소 방면했을 때 임석한 증인들을 제가 소개하겠고, 또 법에 따라 이 소송은 성립하지 않는다는 점을 증명하겠습니다. 저를 위해 이 증언을 읽어 주십시오.

증언

이제 (공장 등) 매수자의 증언을 저를 위해 말해 주십시오. 이 사람(판아이네토스)의 제안으로 저에게 요구한 이들에게 제가 그것을 넘겼다는 사실을 여러분이 아실 수 있도록 말이죠.

증언

18. 제가 채무부담에서 벗어난 사실이 있고 지금 중상모략당하고 있음을 저를 위해 증언하는 증인들은 이들뿐 아니라 판아이네토스 자신도 그 증인입니다. 에우에르고스를 법정으로 소환했으나 저를 제

---

20 *paregrapsamen.*

외한 사실은 그가 저에 대해서는 아무런 혐의를 두지 않았다는 사실을 스스로 증명한 것입니다. 실로, 같은 부당행위와 관련하여 두 사람 모두 옆에 있어 소환할 수 있는데도, 한 사람은 내버려두고 다른 사람에 대해서만 제소하지는 않았을 테니까요. 게다가, 제가 언급할 필요도 없이, 법은 이렇게 해결된 사건에 대해 다시 제소하지 못하도록 금하고 있다는 사실을 여러분이 모두 잘 알고 있으리라 저는 믿습니다. 그럼에도 청중에게 이 법을 읽어 주십시오.

법

19. 재판관 여러분, 어떤 채무라도 소송 일방이 타방을 채무 면제하고 면소 방면한 사건에 대해 다시 제소하는 것을 법이 금지하고 있습니다. 더구나 그 사람이 우리에 대해서 이 두 가지 다 양해했다는 사실과 관련하여 여러분은 증언을 들으셨습니다. 법이 금지하는 모든 사건에 대해서는 제소해서는 안 되지만, 이 사건 경우는 더욱 그러합니다. 공적 기관이 매도했다면 그 매도가 불법이며 타당하지 않다고 말하겠지요. 20. 법정의 결정과 관련해서는 결정이 기만당하여 이루어진 것이라고 하겠고요. 나아가 법이 행동을 금지하는 다른 모든 경우 관련하여 각기 예외가 적용될 수 있습니다. 그러나 누구라도 스스로 동의하여 채무를 면제한 경우, 어떤 경우에도 변명할 수 없고 또 잘못했다고 자신을 탓할 수도 없습니다. 소가 성립하지 않는다고 법이 금지하는 다른 어떤 경우 관련하여 누가 고소하면, 그 같은 타인의 결정에 대해서는 비난할 수가 있는 것이죠. 그러나 이미 양해가 성립한

이를 법정으로 소환하면, 자신의 결정을 뒤집는 것이 되는 거예요. 그러니, 그 같은 경우에 대해서 여러분은 특히 엄격해야 하겠습니다.

21. 이렇듯, 제가 그에게 예속인을 매도했을 때, 그가 저에 대한 모든 채무를 면제했던 사실을 제가 여러분에게 증명했습니다. 또 그런 경우 소 제기를 법률로 금지한다는 사실도 금방 읽어드린 법을 통해 여러분은 확실히 들으셨습니다. 그러나 여러분 가운데 누구도 제가 이런 절차(위법의 소에 대한 항변)를 원용하는 것이 이 사건 현안의 대의에서 제가 불리하기 때문이라고 생각하는 분은 없도록, 이 사람이 저에게 씌우는 모든 혐의와 관련하여, 그 진술이 거짓이란 사실을 여러분에게 밝히겠습니다. 22. 제가 재판받게 된 고소 내용을 읽어 주십시오.

고소 내용

니코불로스는 저와 저의 재산과 관련하여 음모를 꾸며 제게 해를 끼쳤습니다. 그는 자신의 하인[21] 안티게네스에게 명하여, 제가 90므나에 매수한 광석의 대가를 도시에 납부하려고 제 하인이 가져가는 은을 빼앗아 가 버렸고, 또 제가 그 2배의 금액을 국고에 빚진 채무자로 등재되도록 했습니다.

23. 거기서 멈춰 주십시오. 그(판타이네토스)가 저(니코불로스)에게 씌우는 모든 혐의가 이미 그가 승소한 에우에르고스에 대한 재판에서 써먹었던 거예요. 이들이 서로 다툴 때 제가 이곳에 없었다는 사실을, 이 변론 초입에 여러분 앞에 밝혔습니다만, 이 사실은 고소 내용 자체

---

21 *oiketes*(복수형 *oiketai*).

에서도 명백하게 드러납니다. 어디서도 그는 그 고소 내용 가운데 어떤 것을 제가 행했다고 말하지 않고, 그냥 제가 그와 그의 재산을 노려 음모를 꾸몄다고 하면서, 제가 제 예속머슴22을 시켜서 그 같은 행위를 했다고 주장하는 것이죠. 이게 거짓말입니다. 어떻게 제가 그런 지시를 내릴 수 있겠습니까? 당시 제가 출항해 있어 여기서 일어나는 일을 도무지 알 수가 없는데 말이에요. 24. 제가 그의 자격박탈23을 도모했으며 음해하려 했다고 말하는 것이 얼마나 어리석은지요, 시민이라도 다른 시민에게 할 수 없는 일을 제가 하인에게 지시했다고 그가 고소장에 적은 겁니다. 이게 무슨 수작입니까? 제 소견에, 어떤 행위를 제게 전가할 수 없는데도 악의적 소송을 제기하려 하니, 제가 지시했다고 혐의 내용을 적은 것이죠. 그렇게라도 하지 않으면, 아무것도 할 말이 없거든요. 다음 내용을 읽어 주십시오.

고소 내용

25. 공적 채무자의 명단에 제 이름이 오르자, 니코불로스는, 제가 그렇게 하지 못하도록 금했는데도, 자신의 하인 안티게네스를 트라실로스24에 있는 제 공장에 거하도록 하고 저의 일을 관장하도록 했습니다.

그만 멈추어 주십시오. 이 모든 진술이 또 거짓이라는 것이 사실 자체의 모순에 의해 드러납니다. 고소장에 그는 제가 하인을 그곳에 거

---

22 *paidi.*
23 *atimosai*(*atimia*).
24 마로네이아의 한 장소로 트라실로스의 기념비가 그곳에 있으므로 생긴 지명.

하도록 했는데, 그가 그것을 금했다고 했어요. 국내에 있지도 않은 사람에게는 이렇게 할 수가 없어요. 저는 폰토스에 나가 있었고, 아무도 상주하도록 한 적이 없고, 이 사람도 저에게 무엇을 금지시킨 적이 없어요. 제가 여기에 없었으니까요. 26. 어떻게 그런 일이 가능합니까? 도대체 무슨 부득이한 사정으로 그가 이 같은 진술을 적어 내게 된 것일까요? 제 소견에, 에우에르고스가 다소간 책잡힐 일을 해서 유죄를 선고받자, 그가 제 친구이며 제 집안의 지인이므로, 제 하인 중에서 누군가를 불러서 공장에 살도록 하고, 자신의 몫을 확보하려 했을 가능성이 있습니다. 이 사람(판타이네토스)이 이런 사실을 적었다면, 조롱거리가 되었을 겁니다. 에우에르고스가 거기 하인을 거주하게 했는데, 왜 내가 당신을 해친 것이 되는 거요? 이런 문제를 피하기 위해, 그가 부득이 혐의가 저를 향하도록 그렇게 적은 것입니다.

그다음 내용을 읽어 주십시오.

고소 내용

그가 제 하인을 설득하여 제련장[25] 가운데 앉도록 하여 저에게 피해를 야기하려 했습니다.

27. 이 말은 아주 철저하게 몰염치한 것이죠. 제가 (사실 확인을 위해) 관련 하인을 심문하자고 제안했으나 이 사람이 거절했을 뿐 아니라, 모든 정황을 보더라도 거짓임이 분명합니다. 도대체 제가 왜 그

---

25 *kenchreon*. 줄로 쇠를 다듬는 곳. 참조, Kaktos 판본, 10, p. 265. 주 11.

들에게 그 같은 수작을 하도록 한답니까? 제우스의 이름으로, 혹여 제가 그곳을 차지하려고 그랬을 수도 있겠죠. 그러나 재산을 갖거나 돈을 받거나 하는 선택지가 주어졌을 때 저는 후자를 택했습니다. 이 사실은 증인들의 증언에 의해 이미 증명된 바 있습니다. 그럼에도 제 안 내용을 읽어 주십시오.

제안

28. 그러니 이 사람이 이 제안을 수용하지 않고 가 버렸어요. 바로 다음에 어떻게 그가 혐의를 덮어씌우는지를 여러분 보십시오. 그다음 부분을 읽어 주십시오.

고소 내용

제 하인들이 파낸 은 광석을 야금하여, 거기서 나온 은을 그가 차지했습니다.

다시 같은 논리로, 그런 행위로 당신이 에우에르고스를 유죄 선고 받도록 한 것인데, 이곳에 있지도 않은 내가 어떻게 그런 짓을 한단 말이오? 그다음 부분을 읽어 주십시오.

고소 내용

29. 저와 체결한 계약에 반하여, 그가 제 공장과 예속인을 매각해 버렸습니다.

멈추어 주십시오. 이 부분 진술의 허위성은 다른 모든 것에 비할 바가 아닙니다. 먼저, "저와 체결한 계약에 반하여"라고 한 부분입니다. 계약이란 게 무슨 말입니까? 우리는 대부에 대한 이자같이 세(稅)를 받고 이 사람에게 우리 재산을 대여한 것일 뿐, 다른 게 아니에요. 우리에게 그 재산을 판 것은 므네시클레스였어요. 이 사람(판타이네토스)이 임석했고 그 권유에 따라서 말이죠. 30. 그 후 우리는 사들였을 때와 같은 방식으로 다른 이들에게 그것을 팔아넘겼어요. 이때 이 사람(판타이네토스)은 그냥 권유하는 정도가 아니라, 우리에게 간청했답니다. 아무도 그를 상대로 거래하려 하지 않았으니까요. 그런데 대여 계약이 이 일과 무슨 상관이 있습니까? 파렴치하기 그지없는 양반아, 왜 이런 진술을 한 거요?

실은 당신 부탁으로 우리가 그 재산을 우리가 사들인 것과 같은 조건으로 다시 되팔았다는 사실을 증명하기 위해 증언을 읽어 주십시오.

증언

31. 더구나 당신 자신도 이러한 사실에 대한 증인이지요. 우리가 105므나에 사들인 것을, 나중에 당신은 3탈란톤 2,600드라크메에 팔았으니까요.[26] 그런데 다른 보증 없이 당신이 매도인으로 나섰다면,

---

26 니코불로스와 에우에르고스가 판아이네토스에게 105므나에 작업장 등을 대여했고, 판아이네토스가 206므나(3탈란톤 2,600드라크메)에 다른 이에게 팔았으니, 후자는 101므나를 남긴 셈이다.

1드라크메라도 당신에게 주는 사람이 있었을 것 같소? 제 진술이 사실임을 증명할 증인들을 불러 주십시오.

증인들

32. 그러니 그는 자신의 재산과 관련해 동의한 금액을 받았고, 제가 그 재산을 매각하고 지불한 액수를 회수하라고 제안했죠. 그러던 사람이 저에게 2탈란톤 더 많은 금액을 청구하는 소를 내다니요. 나머지 고소 내용은 더욱더 가관이에요. 나머지 고소 내용을 저를 위해 읽어 주십시오.

고소 내용

33. 여기서 그는 저에 대해 일련의 황당한 혐의를 뒤집어씌우고 있습니다. 제가 모욕, 무례, 폭력, 무남상속녀[27]에 대한 부당행위 등을 범했다고 하니까요. 그런데 이들 행위에 대한 재판은 각각 영역이 다르므로, 같은 관리 앞으로 가는 것도 아니고, 처벌 정도도 같지 않습니다. 모욕과 무례는 40인 앞으로, 폭력은 법무장관[28] 앞으로 가며, 무남상속녀에 대한 부당행위는 수석장관 앞으로 가지요. 또 법에 따르면, 기소담당 관리[29]가 없는 경우에도 위법의 소(訴)에 대한 항

---

27 *epikleros*. 참조, 35. 48.
28 *thesmothetai*.
29 *eisagogeis*. 공적 기구로서, 5명의 장관들로 구성된다. 기원전 4세기에 은행업, 대부, 지참금 등 주로 금전 문제와 관련하여 제기된 사건을 재판소로 넘기는 기능

변30을 제기할 수 있습니다. 청중에게 이 법을 읽어 주십시오.

법

34. 그래서 위법의 소(訴)에 대한 항변을 제기하게 된 이유에 제가 "법무장관은 판아이네토스가 제게 제기한 소의 관할권자가 아닙니다"라는 점을 덧붙였지요. 그런데 이 구절이 제가 제기한 위법의 소에 대한 항변에서 사라졌어요. 어떻게 된 연유인지, 여러분이 생각해 보십시오. 저는, 법 자체를 여러분 앞에 제시할 수 있으니까, 아무 상관없어요. 저의 소송상대가 여러분이 올바른 것을 이해하고 공감하는 능력을 없앨 수 없을 테니까요.

35. 광업 관련 법을 들고 읽어 주십시오. 이 법을 통해서도 이 소송은 성립하지 않는다는 것, 제가 중상모략하는 것이 아니라 오히려 감사를 받아야 한다는 점이 드러날 것으로 저는 봅니다.

법

이 법은 어떤 경우에 광업 관련 소송이 성립하는지를 분명하게 규정하고 있습니다. 법에 따르면, 누가 다른 사람을 일하지 못하도록 쫓아내면, 재판에 회부됩니다. 그런데 저는 그를 쫓아낸 적이 없고,

---

을 담당했다. 앞서 기원전 5세기에는 아테나이 동맹국으로부터의 공세 관련 사건을 법정으로 넘기는 역할을 맡았던 것으로 전한다.

30 *paragraphe.*

다른 이가 그에게서 빼앗으려 하는 재산을 확보하여 그에게 돌려주었으며, 이 사람의 청을 받아들여 매도인이 되었던 거요. 36. 그래도 여전히 그는, 그렇다 해도 광업과 관련하여 다른 부당행위가 있으면, 그에 대해 소(訴) 제기 가능하다고 할 거예요. 맞는 말이에요, 판타이네토스 씨, 그러나 부당행위란 게 어떤 것을 말하는 것이오? 누가 남의 것을 갈취하고, 무장공격하고, 자기 영역을 넘어서 광석을 캐간다면, 그런 것이 부당행위 아니겠소. 그런데 사실 우리는 당신에게 그런 행위를 전혀 한 적이 없어요. 다만 당신에게 대여해 준 것을 되돌려 받으려고 온 이들을 무장 침입이라고 당신이 생각하지 않는다면 말이오. 만일 그렇게 생각한다면, 당신은 당신에게 돈을 대여해 준 모든 이에 대해 광석 관련 재판을 벌여야 할 거요.

37. 그러나 그런 것은 옳지 않아요. 생각해 보세요. 누가 도시로부터 광산[31]을 구매한 사람이, 모든 이에게 적용되고 그에 따라 온갖 공정 거래가 이루어지는 법을 무시한다고 해서, 광업과 관련하여 소를 제기할 권리를 가질 수 있겠소? 누구에게서 돈을 빌렸거나, 욕을 얻어먹거나, 얻어터지거나, 도적질당하거나, 선납한 특별세[32]를 돌려받지 못하거나, 또 다른 어떤 일이 발생했다고 해서, 그 같은 권리를 가질 수 있겠소? 38. 나는 그렇지 않다고 봅니다. 광업 관련 재판은 광산업에 종사하는 이들 간에, 일방이 가까이 있는 상대방의 영역을 침범하는 경우 등에 성립하는 것으로서, 법조문에 언급되는 사안과 관련하

---

31 *merallon*.
32 *proeisphora*.

여 광업에 종사하는 이들을 대상으로 하는 것이죠. 그러니 판타이네토스에게 대여하고 그 대가를 받아 내는 데 곤욕을 치르는 사람이 광업 관련 재판에서 피고로 회부될 수는 없는 것이에요. 근처에도 안 갔어요.

39. 이렇듯, 저는 이 사람에게 아무런 해를 끼친 적이 없고, 법에 따라 이 소송은 성립될 수 없다는 점을, 이 같은 상황들을 고려한다면, 누구라도 쉽게 깨달을 수 있습니다. 이 사람이 자신이 제게 씌우는 혐의에 대한 아무런 근거도 증거도 없이, 허위사실로 고소했고, 이미 채무 면제 양해가 이루어진 사건에 대해 소를 제기한 겁니다. 지난달에는, 아테나이인 여러분, 재판정에 들어서려 하고, 법정에는 추첨으로 뽑힌 재판관들이 들어선 상태에서, 이 사람이 저를 찾아와서는, 자신 휘하의 패거리들과 함께 저를 에워싸고는 참으로 황당한 짓거리를 한 겁니다. 40. 기나긴 제안서를 제게 읽어 주었는데, 이 사람 말로는 당해 사실을 알고 있는 하인을 심문에 붙이자고 하고, 만일 자신의 말이 사실로 드러나면, 제가 이의를 달지 말고, 그가 저에게 요구하는 손해배상금을 내야 한다는 것이었습니다. 그렇지 않으면, 심문 감독관인 므네시클레스가 하인이 당한 피해에 대한 변상금을 정하도록 하자는 것이었어요. 그래서 제가 그 제안을 수락하고 서명했어요. 그렇다고 해서 제가 그 제안이 공정하다고 여긴 것은 아니었지요.

41. 저의 경우 2탈란톤을 지불하는가의 여부가 1명 하인의 육체와 정신에 달려 있는 반면, 허위 고소한 이는 아무런 위험부담을 지지 않는 것이 어떻게 타당한 것입니까? 그러나 저로서는 확실하게 공정성을 기하기 위해서 그 제안을 수락한 것이에요. 그런데 그 후 이 사람이 공탁금[33]을 되돌려 받자마자, 다시 저에 대해 소를 제기한 겁니다.

그러니, 당장에 이 사람이 스스로의 제안도 지킬 심산이 아니라는 점을 분명하게 드러냈지요. 42. 우리가 심문 주재인 앞에 나타났을 때, 이 사람(판타이네토스)은 제안서를 열어서 내용을 보여 주고, 상호 동의한 바에 따라 타당하다고 생각되는 바를 실천하지 않았어요. 그 동의는 법정 내 소음으로 소란한 것은 물론 언제 우리 차례가 오는지 기다리고 있는 사이에 이루어진 것인데, "내(판타이네토스)가 당신에게 이런 제안을 했습니다", "나(니코불로스)도 동의합니다", "당신의 반지를 제게 주십시오", "여기 있습니다", "당신이 데려온 보증인은 누구입니까?", "이 사람입니다" 등이었어요. 그런데 저는 그 같은 동의의 사본은 물론 다른 어떤 것도 가지지 않았습니다. 그런데 이 사람이 제가 고한 그 같은 것을 이행하지 않고, 다른 제안을 하면서 이 사람 자신이 그이(하인)를 심문하겠다고 하는 거예요. 그러고는 그를 강제로 끌고 가서는 흉포한 행위라고 하는 것은 안 한 것이 없어요.

43. 그제야 제가 깨달은 것은 재판관 여러분, 도전 없이 삶을 누리고자 하는 것이 얼마나 큰 욕심인가 하는 것이었어요. 제가 참아온 모든 것들이, 제가 단순하게 본심으로 살기 때문에, 저를 멸시한 데서 나온 것이며, 제가 이런 것들을 관용함으로써 참으로 무거운 처벌의 위기에 봉착하게 되었다는 사실을 알게 된 겁니다. 그래서 불가피하게 저는 바르지 않다고 여기는 것에 대한 항변의 제안을 하기에 이르렀고, 제가 하인을 심문하도록 내주겠다고 제안한 바도 있습니다. 제안을 읽어 주십시오.

---

33 *parakatabolai*. 재판에 임하기 위해 원고가 걸어 놓은 공탁금.

제안

44. 이 사람(판타이네토스)이 이런 저의 제안을 거부하고, 또 처음에 자신이 한 제안도 거부했으므로, 저는 도대체 이 사람이 여러분 앞에서 어떤 변명을 늘어놓을지 궁금합니다. 여러분이 아실 것 같습니다만, 이 사람이 누구 때문에 이 같은 모욕을 당했다고 주장할 때 그이가 누구인지를 생각해 보십시오. 그것은 판타이네토스를 내쫓은 사람이고, 판타이네토스의 친구들보다 더 강하고, 법보다 더 강한 사람[34]입니다. 저 자신은 이곳에 없었으므로, 그 같은 비난은 저와 무관한 것이지요.

45. 이제 저는 지난 재판에서 이 사람이 재판관을 속여 에우에르고스에게 유죄 선고를 내리도록 한 수법에 대해 여러분에게 말씀드리고자 합니다. 그래야, 이 사람이 파렴치와 거짓말은 어떤 것도 빠뜨리는 법이 없다는 사실을 여러분이 이해하실 것이기 때문입니다. 더구나, 저를 노리는 이 재판에서 똑같은 수법을 쓸 것이라는 사실도 여러분이 아시게 되겠습니다. 그렇게 함으로써 이 사람이 에우에르고스를 모함했다는 사실이 아주 분명하게 드러나게 될 거예요. 다른 모든 것에 더하여, 그이(에우에르고스)를 비난한 것은 그가 전원에 있는 이 사람(판타이네토스)의 집으로 와서 무남상속녀들과 자신의 모친이 있는 방으로 난입했다는 것인데요. 무남상속녀 관련 법조문을 가지고 그가 법정으로 간 거예요. 46. 이 같은 혐의를 두고, 이 사람은 정작

---

34 니코불로스는 여기서 변론에 언급되는 하인을 재판관에게 적시한다.

법에 따라 이런 문제를 관장하는 장관 앞으로 고소하지 않았어요. 해당 장관은 부당행위자에게 신체형 혹은 벌금형을 부과하지만, 고소인에게는 구제받는 절차에 따르는 위험부담도 없거든요. 오늘까지 그런 혐의와 관련하여 이 사건이 조사받은 적이 없고, 저나 에우에르고스에 대해서 부당행위로 그가 탄핵[35] 절차에 호소한 것도 아닌 가운데, 재판소에다 이 문제를 제기하여 2탈란톤 벌금형 판결을 이끌어낸 것이었어요.

47. 제 소견에, 에우에르고스가 법 규정에 따라 어떤 혐의로 재판받아야 하는지를 미리 알았더라면, (절차가 잘못되었다는) 사실을 밝히고 자신의 입지를 정당화하여 방면될 수 있었을 거예요. 이 문제와 관련하여 그이(에우에르고스)는 광업 관련 법에 의해 고소되리라는 생각을 전혀 하지 못했으므로, (판아이네토스가 덮어씌우는) 거짓 혐의에 즉각 대응하여 빠져나오기가 어려웠던 것이죠. 이 사건을 두고 결정을 내려야 하는 재판관들은 이 사람의 술수에 넘어가서 분노하여 그에게 유죄를 선고한 것이에요. 48. 그 당시 재판관들을 기만한 사람이 다시 여러분을 속이는 데 주저하리라 여러분은 생각하십니까? 아니면, 혹여 이 사람이 사실에 대한 확신을 가지고 법정으로 왔다고 보시는 겁니까? 오히려 오직, 거구에다 추잡하고 가증스러운 저 프로클레스, 노련한 허풍쟁이인 데다 극도로 비열한 스트라토클레스 등, 그

---

35 *eisangelia*. 이것은 특별한 고소 절차로서, 고소인은 공탁금을 걸어야 하고, 만일 5분의 1의 지지표를 얻지 못하면 공탁금을 몰수당하게 된다. 참조, 최자영, 《고대 그리스 법제사》, pp. 569~580.

와 한패거리인 이들의 발언과 증언에만 의지하고, 게다가 노골적으로 염치도 없이 울고 한탄해댔습니다.

49. 그러나 당신(판타이네토스)은 일말의 연민도 받을 자격이 없어요. 오히려 그 같은 짓거리 한 데 대해 다른 어떤 이들보다 더 많은 증오를 받아야 마땅합니다. 당신은 105므나 빚을 지고서 갚을 능력이 없었어요. 그런데 공동으로 모금하여 당신이 앞선 채권자에 대한 의무를 다하도록 도와준 이들이 있었소. 그들에 대해 당신은 그 돈도 부당하게 갚지 않았을 뿐만 아니라, 그들이 자격박탈의 처벌을 받도록 하려 했소. 다른 이들의 경우, 채무자는 빌린 돈을 갚지 못하면 자기 재산을 빼앗기는데, 당신 경우에는 빌려준 사람이 화를 당해서, 1탈란톤 빌려준 사람이 당신의 모함에 의해 2탈란톤 벌금을 물게 되는 것 같소. 50. 나도 당신에게 40므나를 대부해 주었으나, 2탈란톤이 걸린 재판에서 피고로 연루되어 있소. 또 당신은 100므나 이상은 절대로 빌릴 수 없는 재산을 가지고 당장에 3탈란톤 2천 드라크메[36]에 팔아 놓고서, 4탈란톤을 손해 보았다고 주장하는 것 같단 말이오. 누구에 의해 손해 보았다는 거요? 제우스의 이름으로, 에우에르고스가 내 하인에 의한 것이라고 해요. 도대체 어떤 시민이 하인에게 자기 재산권을 맡긴단 말이오? 또 내 하인이 에우에르고스가 유죄 선고 받은 사건에 대한 책임자가 될 수 있다는 그 같은 주장을 누가 할 수 있단 말이오? 51. 이런 것 말고도, 판아이네토스 자신이 내 하인이 지고 있

---

36 이 변론 §31에는 3탈란톤 2,600드라크메로 되어 있다. 여기서는 600드라크메를 누락하고 있음을 알 수 있다.

는 모든 혐의를 면제시킨 바 있어요. 그러니 지금 와서 그를 심문하자는 그런 말을 제안서에 거론해서는 안 되는 것이에요. 이 사람(판아이네토스)이 에우에르고스에게 건 재판에서 승소했을 때, 당시 하인의 주인인 저를 고소해야만 했던 겁니다. 그런데 지금 와서 나를 재판에 회부하고 하인을 비난하는 거예요. 이런 것은 법이 허용하지 않아요. 행위는 하인이 했는데, 마치 주인이 한 것처럼, 주인을 상대로 고소하는 사람이 세상에 어디 있답니까?

52. "니코불로스에 반대하여 어떤 타당한 근거를 제시할 수 있소?"라고 누가 이 사람(판아이네토스)에게 묻는다면, 그는, "아테나이인이 대부업자를 미워합니다. 니코불로스는 얄밉습니다. 걸음도 빠르고, 큰 소리로 말하고, 지팡이를 들고 다녀요. 이런 것들이 모두 저에게 유리하죠"라고 대답할 것 같습니다. 그는 이런 말을 하는 것조차 부끄러워하지 않고, 그런 말을 듣는 사람들이 어떻게 생각하는지에 대해서도 개념이 없어요. 이 같은 논거가 피해 본 사람이 아니라 오히려 중상모략하는 이들이 늘어놓는 것이라는 점 말이에요. 53. 저로서는 대부업자 가운데 아무도 부당행위를 한다고는 보지 않아요. 그중 일부가 여러분의 미움을 사는 것은 일리가 있지만요. 돈벌이에만 눈을 밝히고, 이득 외에 동정이나 그 같은 것에는 관심이 없으니까요. 저도 이 사람에게 빌려주기만 하는 것이 아니라, 종종 스스로 돈을 빌리기 때문에, 이들을 모르지 않고 좋아하는 것도 아닙니다만, 제우스의 이름으로, 그 재산을 탐하거나 중상모략하지 않습니다. 54. 제가 한 것같이 바다에서 위험을 감수하여 사업하고, 또 적은 돈을 벌어서 이같이 대부하면서 남의 편익을 도모할 뿐 아니라, 깨닫지 못하는 사

이에 자기 손에서 돈이 새어 나가지 않도록 하려는 이들을 두고, 도대체 누가 그런 이들을 위와 같은 부류의 사람에게 속하는 것이라 매도할 수 있겠습니까? 혹시라도 당신(판아이네토스)은 당신에게 돈을 빌려주는 사람은 공공의 증오를 받아 마땅하다고 말하려는 것이 아니라면 말이오. 제게 대부해 주는 이들과 제게 도움을 구하는 이들에 대해서 제가 어떻게 처신하는지를 보여 주는 증언들을 저를 위해 읽어 주십시오.

증언들

55. 저로 말하자면, 판아이네토스 씨, 빠르게 걷고, 당신은 천천히 걸어요. 그러나 나의 걸음걸이와 말하는 방식과 관련하여, 제가 여러분에게 모든 진실을, 재판관 여러분, 솔직하게 털어놓자면 말입니다. 제가 스스로를 돌아보지 않는 것도 아니고, 잘 모르는 것도 아니에요. 이 같은 면에서 천성으로 재능을 타고났거나, 그런 혜택을 누리는 이들에게 속하는 것이 아니라는 것이에요. 무엇을 행해도 그로 인해 제가 이득을 보지도 못하고, 다른 이들에게 폐만 끼치는 것은 불행 아니겠습니까? 56. 그러나 어쩌겠습니까? 그렇다고 해서, 그 때문에 제가 대부해 준 사람이 저를 상대로 제기한 소송에서 패소해야 하겠습니까? 아닙니다. 더구나, 판아이네토스도 제가 속으로 악의와 비열함을 감추고 있다는 사실을 증명할 수 없을 뿐만 아니라, 이렇듯 많은 수의 여러분 중 누구도 그런 것을 밝히지 못합니다. 모든 다른 속성들과 관련하여 우리 각각은 천성에 따라 형편이 되는대로

가지는 것이라고 저는 봅니다. 천성의 결점을 타고난 경우 그것과 싸우는 것은 쉽지 않아요. 그렇지 않다면, 우리는 서로 간에 다른 점을 갖지 않게 될 테니까요. 다른 사람을 보면서 그런 속성을 인정하고 또 비판하는 것은 쉽지요.

57. 그러나 그 같은 속성들이, 판아이네토스 씨, 당신과 나 사이의 분쟁에 무슨 관계가 있겠소? 당신이 많은 끔찍한 불행을 당했소? 그러면 당신이 송사로 해결했겠지요. 나에 대한 것은 아니었지요? 나 때문에 당신이 피해 본 것이 아무것도 없으니까요. 그렇지 않다면, 나를 채무로부터 해방시키지도 않았을 것이고, 에우에르고스를 상대로 제소할 때, 나는 제외시키려 하지도 않았을 것이며, 또 당신에게 큰 불행을 초래한 사람을 보고 당신을 위해 매도인이 되어 줄 것을 당신이 요구하려 하지도 않았을 것 같소. 거기다가 이곳에 있지도 않았고 다른 곳에 가 있었던 내가 어떻게 당신에게 손해를 끼친단 말이오? 58. 더구나 판타이네토스가 커다란 피해를 입었고 또 현안과 관련하여 진실만을 말한다는 점을 누군가가 인정한다 해도, 여러분 모두가 인정하시리라고 제가 보는 것은, 일부 사람들의 경우 금전 문제보다 훨씬 더 큰 피해가 발생할 수 있다는 사실입니다. 비고의 살인, 무례, 다른 많은 그 같은 것들이 그러합니다. 그러나 규정에 따르면, 이 모든 경우에, 피해자가 가해자를 용서하게 되면, 송사가 중단되고 합의가 이루어지게 되는 거예요. 37

---

37 참조, Demosthenes, 23. 72.

59. 이 법 규정은 모든 경우에 적용됩니다. 누가 비고의 살인으로 유죄 선고를 받고, 상대소송인이 그를 오염된 사람38으로 규정하면서도, 연민하여 죄를 용서해 주면, 그 후 그는 같은 사람을 추방할 권리를 더 이상 갖지 못해요. 또, 희생자 자신이 죽기 전에 살해자를 살인죄에서 풀어 주면, 다른 친족이 그에게 보복 조치하는 것은 불법입니다. 그러나 법에 따라 유죄가 되어 처형되거나 추방되는 경우, 일단 용서받게 되면, 그 용서의 표현이 모든 질곡으로부터의 해방을 뜻합니다. 60. 생명과 아주 귀중한 모든 것이 걸려 있을 때, 용서가 이 같은 힘과 가치를 지닌다면, 금전이나 더 적은 비중을 갖는 사안의 경우에 그런 법이 효력을 갖지 않겠습니까? 그럴 리가 없겠지요. 가장 두려운 것은 제가 여러분 법정에서 공정한 판결을 얻지 못하게 되는 것이 아니라, 예부터 확립된 공정한 제도를 지금 우리 시대에 여러분이 없애 버리는 것이 아니냐는 것입니다.

----

38 *me katharos.*

38

나우시마코스와 크세노페이테스에 반대하는 '위법의 소(訴)'에 대한 항변

해제

나우시마코스와 크세노페이테스는 그 부친 사망 이후 미성년으로 다수 후견인의 감독하에 있었다. 성인이 된 다음, 이들은 후견 책무의 소홀과 부친 유산의 횡령으로 후견인을 제소했다. 여러 번 재판이 열리고, 중재에 의한 타협도 있었다. 후견인 가운데 아리스타이크모스와는 타협했고, 아리스타이크모스는 3탈란톤을 피후견인에게 지급하고 소(訴)에서 벗어났다.

  아리스타이크모스가 죽으면서 4명의 미성년 아들을 두었는데, 이들이 데마레토스의 후견을 받게 되었다. 이들이 성년이 되자, 그 아버지 아리스타이크모스의 과거 피후견인 나우시마코스와 크세노페이테스로부터 제소되어 피고가 되었다. 아리스타이크모스의 상속인 자격으로서 재산 훼손 혐의와 관련하여 나우시마코스와 크세노페이테스에게 4탈란톤을 지급하라는 판결이 났고, 이에 대해 아들들이 '위법의 소(訴)'[1]에 대한 항변을 제기했다.

---

1 '위법의 소(訴)'에 대한 항변 제도는 기원전 5세기 말 펠로폰네소스 전쟁(429~404 B. C.)이 끝나고 아테나이에 30인 참주정이 들어서고 그에 따라 벌어졌던 내

항변 취지는 나우시마코스와 크세노페이테스의 소 제기가 성립하지 않는다는 것이었다. 이 사안은 이미 자신의 부친과 고소인들의 항변에 대해 타협이 이루어져서, 본안 고소인들이 후견 책무와 관련하여 소를 취하한 사실이 있다는 것이었다. 이 변론은 아리스타이크모스의 아들들 중 한 명이 발화(發話)한 것이다. 데모스테네스의 다른 변(37), 〈판타이네토스에 반대한 '위법의 소(訴)'에 대한 항변〉과 유사한 점이 있어, 작성 연대가 서로 근접하다고 본다면, 이 변론은 기원전 346년경에 발표된 것으로 추정된다.

란이 수습(403 B. C.) 된 후인 기원전 4세기 초에 도입되었다.

1. 재판관 여러분, 법 규정에 따라 누가 상대에 대해 소 취하2하고 채무 면제3한 다음에 다시 상대를 재판에 회부하면, 그에 대해 '위법의 소(訴)'에 대한 항변을 제기할 수 있습니다. 4 이 두 가지 조건5이 모두 나우시마코스와 크세노페이테스가 제 아버지에 대해 양해한 사안이었음에도 이들이 소를 제기했으므로, 저는, 방금 여러분이 들으신 대로, 이들의 제소가 성립하지 않음을 호소하게 되었습니다. 2. 저는 모든 여러분께 공정하고 타당한 청을 드릴까 합니다. 첫째, 호의로 제 말을 들어 주십사 하는 것입니다. 둘째, 제가 피해 보았고, 마땅한 혐의 없이 피고로 법정에 회부되었다고 여기시면, 저의 입장에 서서 도와주십시오. 이 소송에 걸린 피해 규모는, 여러분이 들으셨듯이, 30므나이지만, 이들이 우리가 횡령했다고 비난하는 금액의 총 액수는 4탈란톤6에 달해요. 이들은 두 명인데, 우리에게 4개의 소를 제기했기 때문에, 7 각 재판에 걸린 손해8배상액은 동일하게 3천 드라크메9씩입니다. 당장에 걸린 소송액은 30므나에 불과하지만, 결

---

2   *apheis*(*aphiemi*).

3   *apallaxas*(*apallasso*).

4   *paragrapsasthai*(*paragraphe*). 같은 표현에 대해 참조, Demosthenes, 37. 1.

5   소 취하와 채무 면제.

6   4탈란톤은 240므나이다(1탈란톤 = 60므나).

7   2명 원고가 4명 피고에 대해 소 제기하면, 2명이 4명 각각에 대해 따로 법정이 성립되므로 총 8개 법정이 발생하고, 1개 법정에 걸린 피해액은 30므나로 균일하다고 했으므로, 총액은 240므나(2, 400드라크메)가 된다.

8   *blabe*(손해). 여기서 손해란 재산상 피해를 말하며, 흔히 손해배상 소송(*dike blabes*)으로 이어지고, 특히 금전과 관련해 금전배상 소송(*dike argyriou*)이 있다.

9   3천 드라크메는 30므나이다(100드라크메 = 1므나).

국 거액을 상실하게 될 위기에 직면한 것입니다. 3. 사건 자체로부터 여러분은 이들의 악의적 음해와 우리를 노리는 모략을 간파할 수 있을 거예요. 먼저 여러분에게 읽어드리게 될 증언들은 이들이 자신을 위한 후견 의무와 관련해 고소했던 제 아버지에 대한 소를 취하[10]했다는 사실을 증명하는 것입니다. 이런 사실에 근거하여 저희는 이 소송이 성립 불가하다는 취지로 위법의 소(訴)에 대한 항변[11]을 제기하게 되었습니다. 자, 저를 위해 이 증언들을 들고 읽어 주십시오.

증언들

4. 후견 관련하여 이들이 제 아버지에 대해 소를 제기했다가, 취하했고, 합의에 의한 금액을 이들이 수중에 보유하고 있다는 사실 등을 여러분이 증언을 통해 들으셨습니다. 이같이 일단락된 사안에 대해 다시 제소하는 것을 법이 허용하지 않는다는 사실을, 제가 구태여 말씀드리지 않아도, 여러분이 아시리라 제가 봅니다만, 그럼에도 법조문을 여러분께 읽어드리려 합니다.

법조문을 읽어 주십시오.

---

10 *apallaxan* (*apallasso*)

11 *paragrapsamtha*.

법

5. 여러분이 들으신바, 재판관 여러분, 어떤 경우에 소 제기가 불가한지를 법이 분명히 규정하고 있습니다. 그중 하나가, 다른 경우와 똑같은 효력을 갖는 것으로서, 누가 일단 소를 취하하고 채무 면제한 경우에는 다시 소 제기가 불가한 것이에요. 이렇게 많은 증인들 앞에서 소 취하가 이루어지고, 법이 명백하게 우리를 보호하는데도, 이들의 몰염치와 뻔뻔함이 도를 넘었어요. 6. 이들이 제 아버지에 대해 소 취하한 지 14년, 그를 처음 고소한 이후로 22년이 지났고, 또 합의 성립 주체였던 우리 아버지가 죽었고, 또 아버지 사후 우리 재산의 후견을 맡았던 이들도 죽었고, 모든 것을 두루 꿰뚫고 있던 이들의 모친, 중재인들, 증인들, 그리고 말하자면, 현안과 관련한 거의 모든 이들이 죽은 마당에, 이들은 사물에 대한 우리의 경험 부족과 불가피한 무지를 신이 내린 호기[12]로 삼아 우리를 상대로 이번 소(訴)를 제기하고, 감히 공정성도, 타당성도 없는 주장을 하는 겁니다.

7. 이들은 자신들이 받은 돈은 자신의 부친 재산을 판 데 대한 대가가 아니고, 재산을 포기한 것도 아니며, 채권, 가구, 금전에 이르기까지 자신들에게 물려진 모든 것이 여전히 자신들 것이라는 점을 선언했어요. 그러나 저로서는 소문으로 알게 된바, 크세노페이테스와 나우시크라테스[13]가 전 재산을 채권 형태로 유증(遺贈)했으며, 가시[14]재산

---

12 *hermaion* (헤르마이온). 헤르메스 신이 내려 준 뜻밖의 좋은 기회라는 뜻이다.
    참조, Platon, *Symposion*, 176c; *Phaidon*, 107c.
13 크세노페이테스와 나우시크라테스는 형제로, 현안 소송의 원고이며, 후자와 같은

은 미미했다고 합니다. 빚을 회수하고 또 다소간 동산과 일부 예속인을 판 돈으로, 후견인들이 부동산과 가옥을 샀고, 그것을 이들(원고)이 접수했어요. 8. 이와 관련하여 만일 그전에 의혹이 일지 않았고, 후견인들의 재산관리 소홀에 대해 고소한 적이 없었다면, 지금 이야기가 달라졌을 거예요. 그러나 후견인으로서의 전반적 관리와 관련하여 이들이 제소했고 손해배상을 받았기 때문에, 모든 사안과 관련하여 당시 소가 취하되었습니다. 이들은 '후견 관리의 소홀'에 대신하여 소가 아니라 돈을 요구했던 것이고, 또 후견인들은 자신이 지불한 돈으로 후견직함에 따른 책임이 아니라 소송 제기 권한 자체를 말소시켰던 겁니다.

9. 그래서 이들은 소 취하 이전에 저희 아버지가 회수한 빚 혹은 이들의 후견인으로 있는 동안 저희 아버지가 거두어들인 돈 전반과 관련하여 저희에게 제소할 권한이 없습니다. 이들이 소를 취하했기 때문이지요. 제 소견에, 법조문 자체와 소 취하 사실을 통해 여러분이 모든 것을 충분히 이해하셨을 것 같습니다. 그러나 제가 여러분에게 밝히려는 것은, (저의 부친이 했다고 이들이 주장하는) 이런 빚의 회수 자체가 그 후 불가능했다는 점입니다. 실로 그런 이야기는 여러분을 호도(糊塗)하기 위해 이들이 꾸며낸 것이에요. 10. 제 아버지와 관련해서는, 이들도 그가 돈을 수금했다고 비난하지 않아요. 그는 이들과 합의가 성립된 다음 서너 달 만에 죽었으니까요. 저희들의 후견인이었던 데마레토스[15]도, 이들(고소인)이 그의 이름도 고소장에 올렸지만,

---

이름을 가진 나우시크라테스의 아들들이다.
14 *phanera.*

돈을 회수할 수 없었고, 그런 사실도 제가 증명하겠습니다. 11. 이들 자신(고소인)이 저희의 가장 확실한 증인들이니까요. 데마레토스 살아생전에 이들이 한 번도 그에 대해 소 제기한 적이 없는 것으로 드러나는 점이 그러합니다. 그러나 그보다 더 강한 증거로서, 이 사안 자체를 검토하고 조사한 사람은 누구나 알 수 있는 사실로서, 그가 돈을 받지 않았을 뿐만 아니라, 받는 것이 불가능했다는 겁니다. 변제받을 채권이 보스포로스에 있었는데, 거기는 데마레토스가 한 번도 가 본 적이 없어요. 그런데 어떻게 돈을 회수하나요? 혹여 누구라도, 제우스의 이름으로, 받는 이가 수금원을 파견하여 거두어 갈 수 있다고 말할 수도 있죠. 12. 그러나 이렇게 생각해 보십시오. 헤르모낙스가 나우시크라테스에게 100스타테르의 채무를 졌어요. 아리스타이크모스는 11년 동안 두 아이의 후견인16 겸 보호자17였어요. 이들이 성인이 된 다음 헤르모낙스가 상환한 돈은, 이들이 아이였을 때는 상환하지 않았다는 말이지요. 두 번 상환할 사람은 없으니까요. 어떤 이가 그렇게 황당해서, 그렇게 오랫동안 채권자를 회피하면서 상환하지 않다가, 마침내 채권자도 아닌 사람이 서류 1장만 들고 온 것을 보고 돈을 내주는 사람이 있답니까? 저는 그런 일은 없다고 봅니다.

13. 제 아버지가 합의 성립 이후 곧 죽었고, 이들(원고)이 이런 돈을

---

15 데마레토스는 아리스타이크모스의 미성년 자식 4명의 후견인이 되었다. 그 자식들은 부친이 죽고 난 다음 이 법정소송에서 피고인 동시에 위법의 소에 대한 항변을 제기했다. 고소인은 데마레토스가 자기네 재산에 피해를 주었다고 주장한다.

16 *epitropos.*

17 *kedemon.*

요구하며 데마레토스에게 소를 제기한 적이 없으며, 또 그는 한 번도 바다라고는 나가 본 적이 없고 보스포로스로 가 본 적도 없다는 등의 제 진술이 사실임을 증명하기 위해 증언들을 들고 소개해 주십시오.

증언들

14. 이렇게 소 취하한 이후 제 아버지는 수금한 적이 없습니다. 데마레토스가 사람을 보내 거두어들이려 했다 해도, 냉큼 상환한 사람이 있을 리 없어요. 그 자신도 바다로 나간 적도 보스포로스를 방문한 적도 없고요. 이런 사실 등이 사건 발생 일시와 증언들에 의해 여러분에게 분명히 드러난 것이겠습니다. 차제에 저는, 사건 관련 모든 진술이 완전히 거짓이라는 점을 여러분에게 증명하려 합니다. 이들이 저희를 고소하면서 고소장에 적은 바에 의하면, 저희 아버지가 수금하여, 그 돈을 이들에게 상환해야 할 채무로 기재한 후견인 입출금 원장(元帳)을 이들에게 넘겨주었으므로, 우리가 그 채무를 갚아야 한다고 합니다.

이 고소장을 들고 저를 위해 읽어 주십시오.

고소장

15. 고소장에 적힌 내용을 여러분이 들으셨지요. "후견인 입출금 원장(元帳)에 아리스타이크모스가 저에게 건네주어야 할 채무가 적혀 있습니다"라고 해요. 그런데 정작 이들이 후견과 관련하여 제 아버지를 재판정에 회부했을 때는 이와 반대 사실을 적었어요. 당시에는

회계보고서를 제출하지 않는다고 고소했거든요. 그때 제 아버지를 상대로 냈던 고소장을 읽어 주세요.

고소장

16. 지금 도대체 어떤 명분으로, 크세노페이테스와 나우시마케스 씨, 고소한 거요? 우리 아버지가 당신들에게 빚진 게 있다고 거기 써 놓았다고 하는 거요? 당시 당신들은 회계보고서를 안 내놓는다고 비난하고, 법정에 회부하여 돈을 받아 갔잖소. 당신이 두 가지 다른 명분으로 우리를 음해해도 된다고 한다면 말이요, 다시 말하면, 한 번은 회계보고서 안 냈다고 하고 돈을 받아 가고, 또 다음에는 회계보고서 안에 뭐가 적혔다고 고소하니, 다음 3번째에는 또 다른 명분으로 우리를 다시 법정에 회부하지 말란 법이 없는 것이오. 그러나 법에 따르면, 그래서는 안 되고, 소(訴)는 같은 이유로 같은 사람에 대해 딱 한 번 제기할 수 있도록 하고 있소.

17. 그러니, 재판관 여러분, 현안에서 이들은 아무런 피해도 당한 것이 없을 뿐만 아니라, 여러분의 모든 법을 위반하여 소를 제기한 사실을 여러분이 아시도록, 다음의 법조문을 여러분에게 소개하려 합니다. 그 법이 분명히 언급하고 있는 바, 고아가 후견 종료 후 5년이 경과하도록 소를 제기하지 않았다면, 후견 기간의 부정과 관련하여 법정에 회부할 수 있는 권한을 상실한다고 되어 있습니다.

이 법을 여러분에게 읽어드릴 것입니다.

18. 들으셨지요, 재판관 여러분. 법에 따르면, 5년 이내에 소를 제기하지 않으면, 이들은 더 이상 제소할 권리가 없습니다. 물론 이들(원고)은 제소한 적이 있다고 주장할 수 있겠죠. 그렇지만, 당신네가 합의에 이른 사실이 있으므로, 다시 제소할 수 없는 겁니다. 애초의 부정 관련하여 5년이 경과한 다음에는 고아가 회계보고서를 내놓지 않은 후견인을 재판에 회부할 수 없도록 법이 규정하고 있는 마당에, 당신네는 20년이 경과한 다음, 당시 합의에 이른 사람의 상속인인 우리를 고소하는 것은 터무니없는 짓거리인 것이죠.

19. 소문에 듣기로, 저를 고소한 이들이 사실과 법에 근거한 공정한 담론을 피하고, 그 대신 대단한 규모의 유산이 자기네 앞으로 상속되었으나 빼앗겼다고 하고 그 증거로, 애초에 다수 제기했던 소송액 규모를 들며, 또 고아가 된 자신의 신세를 한탄하고, 후견과 관련하여 상술할 작정이랍니다. 이들이 믿는 것은 이런 것들, 또 이 같은 유의 진술들이며, 이런 것을 통해 여러분을 기만하려 작정하고 있습니다.

20. 그런데 저로서는, 당시에 제기된 여러 차례 소(訴)의 액면 규모는, 이들이 거액의 돈을 빼앗겼다는 사실이 아니라, 오히려 저희 아버지가 음해의 대상이 되었던 사실을 보여 주는 것으로서 우리 측에 더 유리한 증거가 되는 것이라고 봅니다. 80탈란톤[18]에 대한 청구권을 증명할 수 있는데도 3탈란톤의 합의금만 받고 마는 사람은 세상에 없어

---

18 나우시마코스와 크세노페이테스가 후견인들에게 요구하는 금액이다.

요. 반면, 그 같은 거액이 걸린 후견 관련 소송에서 피고가 된 사람은 3탈란톤을 주고라도 위험을 모면하고 또 순리상 당시 이들이 누린 이 점에서 오는 불이익을 부득불 감수하려 하는 것입니다. 이들은 고아 였고 어렸으며, 여러분은 이들의 정체를 몰랐으니까요. 모든 사람이 입을 모으는 것은, 여러분 법정에서 이 같은 정황이 거창한 논리보다 더 강하다는 겁니다.

21. 더구나, 여러분이 후견과 관련하여 이들이 진술하지 못하도록 할 수 있는 상당한 이유를 제가 또한 밝힐 수19 있다고 생각합니다. 이 들이 극도의 피해를 보았고, 또 본안 관련하여 이들이 전개하게 될 모든 진술이 진실인 것으로 양해한다손 처도, 적어도 여러분은 다음 사 실만큼은 인정할 것이라고 저는 봅니다. 다른 이들의 경우 금전 문제 보다 더 큰 피해, 다시 말하면, 비고의 살인, 신성모독, 그 외 그 같 은 많은 일이 지금까지 빈번하게 일어났습니다. 이런 경우, 피해자가 가해자를 용서하는 경우, 법정 분쟁이 중단되고 합의가 이루어지도록 하는 규정이 있습니다. 이 법은 모든 경우에 다 유효합니다. 22. 그래 서, 누가 비고의 살인으로 유죄 선고를 받고, 부정(不淨)한 사람으로 분명히 증명되었으나 그 후 용서받고 방면된다면, 누구도 그를 추방 할 수 없습니다. 생명과 막중한 가치의 것들과 관련한 문제에서 용서 가 이 같은 효력과 지속성을 갖는 판에, 금전과 덜 중요한 사안에서 효력이 없겠습니까? 절대 그렇지 않죠. 가장 염려가 되는 것은, 제가 여러분 법정에서 제 권리를 찾지 못하는 것이 아니라, 태초에 확립된

---

19 §21~22 내용은 Demosthenes, 37. 58~60과 동일하다.

공정한 처사가 지금 허물어지는 것이 아니냐는 것입니다.

23. 혹 이들이 "우리 후견인들이 유산을 임대하지 않았어요"라고 주장할 수도 있어요. 그것은 당신네 숙부 크세노페이테스가 원치 않았고, 그 후 니키다스가 이런 그를 고소했을 때, 전자가 재판관을 설득하여 자신이 하는 대로 내버려두라고 한 겁니다. 이 사실은 세상 사람이 다 아는 거예요. 또 "그들이 거액을 도둑질했어요"라고 할 수도 있어요. 그런데, 그들과 합의하여 대가를 받아 냈으니, 절대로 당신네가 나한테서 다시 돈을 받아 가서는 안 되는 거요. 24. 이런 것들이 특별한 의미를 갖지 않는 것이라 여러분이 여긴다 해도, 당사자들과 합의한 다음, 현안에 대해 아무것도 모르는 이들을 고소하는 것은 바른 처사가 아니지요. 어떻게 그럴 수가 있습니까? 게다가, 크세노페이테스와 나우시마코스 씨, 당신네 권리가 그렇게 대단하고 당당한 것이라 여긴다면, 3탈란톤을 되돌려 주고 난 다음에 추진하도록 하시지요. 소를 제기하지 않겠다고 그 같은 거액을 당신네가 받아 간 것이니, 그것을 돌려주기 전에는 가만히 입 다물고, 고소하지 말고 돈을 가지고 있으면 되는 거요. 이런 식으로 하는 것은 극도로 곤혹스러운 상황을 연출하는 것이오.

25. 정작 이들이 삼단노선주직 의무에 대해 거론하면서, 여러분을 위해 경비를 지출했다고 말할 수도 있어요. 그러나, 그 같은 이들의 진술이 거짓이라든가, 이들이 자기네 재산을 자신들을 위해 소비하고, 도시를 위해서는 소액을 갹출했을 뿐이지만, 요구할 권리도 없고 마땅히 주어지는 것도 아닌 여러분의 감사를 받고 싶어 한다는 등의 사실은 일단 제가 접어 두겠습니다. 다만 제가 스스로, 옳다고 믿는

바, 재판관 여러분, 공적 부담20을 진 모든 이에게 다소간 감사의 정을 드려야 하는 것이에요. 그런데 최대의 감사는 누구에게 돌아가야 할까요? 한편으로 도시를 위해 봉사하면서, 다른 한편으로 세상 사람들이 파렴치하고 누(累)가 되는 것이라 보는 그런 짓거리를 안 하는 이들입니다. 26. 공적 부담을 지면서 동시에 재물을 낭비하는 이들은 도시에 기여하는 것이 아니라 오명을 뒤집어씌우는 거예요. 이런 이들은 누구도 자신을 탓하지 않고, 오히려 도시가 자기 재물을 침탈했다고 우깁니다. 그러나 자기에게 돌아온 모든 임무를 기꺼이 완수하고, 다른 사안에서도 삼감으로써 자기 재산을 보존하는 이들은 당연히 다른 이들에 대해서도 득을 가져옵니다. 그냥 쓸모가 있는 것으로 이미 드러났고 앞으로도 여전히 그럴 것이라는 것뿐만 아니라, 도시에 대한 그들의 기여가 누를 끼치지 않기 때문이지요. 저희는 여러분과의 관계에서 이 같은 부류의 사람들로 드러날 것입니다만, 이들에 대해서는 제가 언급을 피하겠습니다. 제가 자기네를 험담하는 것이라고 이들이 말하는 일이 없도록 말이죠.

27. 이들이 눈물 흘리며 동정을 사려고 한다 해도, 그런 것 때문에 제가 황당해하는 일은 없을 거예요. 그러나 제가 모든 분께 청컨대, 유념하실 것은 이들이 아리스토크라테스, 디오그네토스, 그 외 그 같은 부류의 다른 이들과 어울려 회식하고 술 마시면서 자기 재산을 낭비해 놓고, 이제 와서 남의 재산을 차지하려고 눈물 흘리고 운다는 것이 파렴치한, 아니 오히려 공정하지 못한 짓거리라는 겁니다. 당신

---

20 *leitourgeo*(동사).

네(원고)는 스스로 한 짓거리에 대해서 우는 것이 마땅하다 할 것이오. 그러나 지금은 눈물 짜고 있을 때가 아니라, 증거를 대야 하는 거요. 합의한 사실이 없다든가, 아니면 소 취하한 다음 다시 제소할 수 있다든가, 아니면 법에는 기소 가능 시한이 5년으로 한정되어 있지만, 20년이 지난 다음 이렇게 제소하는 것이 정당하다든가 하는 것 말이오. 여기 여러분들이 판결해야 하는 것이 바로 이런 점들에 관한 것이기 때문이오. 28. 이들이 이런 점들을 증명하지 못한다면, 실제로 할 수가 없을 것 같으므로, 저희가 모든 분께 청컨대, 재판관 여러분, 저희들이 이들의 손아귀에 들어가는 일이 없도록 해 주시고, 또 이들에게 4번째 재산을 갖도록 허용하지 마시고, 공정하게 저희의 것을 그대로 저희가 갖도록 선처해 주십시오. 이들은 이미 비열하게 세 번을 갈취해 갔거든요. 자진하여 후견인들로부터 받아 간 돈, 소 제기할 것이라고 하고 받아 간 돈, 그전에 아이시오스[21]를 재판에 회부하여 유죄 판결을 받도록 하여 받아 낸 돈이 그것입니다. 그 재산은 이들보다 저희 손에 있는 것이 여러분에게도 더 이득이 됩니다. 또 저희 것인데, 이들이 갖는 것보다 저희가 갖는 것이 실로 더 공정한 것이에요.

더는 제가 발언해야 할 필요가 없을 것 같습니다. 제가 진술한 내용 중 어떤 것도 여러분이 놓치지 않을 것이라 믿어 의심치 않습니다. 물시계를 비워 주십시오.

---

21 아이시오스는 나우시마코스와 크세노페이테스의 후견인 가운데 한 사람이었다. 타협이 성사되지 않은 가운데 유죄 선고를 받고 이들에게 거액을 변상해야 했다.

39

이름 관련하여 보이오토스에 반대하여 1

해제

아테나이인 만티아스는 토리코스구(區·demos) 출신으로, 합법적 (첫 번째) 아내에게서 만티테오스란 이름의 아들을 얻었다. 그런데 다른 여인으로 정부(情婦)인 플란곤에게서 다시 두 아들을 얻었다. 이 두 아들이 급기야 만티아스를 상대로 친자 인정을 위해 제소했다.

그에 앞서 만티아스는 플란곤과 협상하여, 플란곤이 재판관 앞에서 두 아들의 친부는 만티아스가 아니라고 맹세하는 조건으로 금전을 건네기로 했다. 그러나 플란곤은 약속을 어기고, 아들들의 친부는 만티아스라고 맹세했다. 만티아스는 부득이 이들을 아들인 것으로 형제단(프라트리아)에 입적하고, 그 이름을 보이오토스, 팜필로스로 명명했다.

얼마 후 만티아스가 죽자, 보이오토스는 스스로 구(區·demos)의 인명부에 만티테오스란 이름으로 자신을 입적했다. 만티테오스는 조부의 이름인데, 보이오토스 자신이 언제나 그 같은 이름으로 불렸다는 것이었고, 만티아스의 맏이로서 그 이름을 물려받을 자격이 있다는 것이었다.

이렇게 해서 만티아스의 세 아들, 즉 원래의 만티테오스, 그리고 중재를 통해 친자로 인정된 보이오토스(자칭 만티테오스)와 팜필로스 사이에 유산을 둘러싼 분쟁이 일었다. 처음에 중재에 부쳤으나 성과가 없었다. 이어서 서로 맞고소했고, 후자의 소 제기는 기각되었으나, 만티테오스의 소 제기는 법정 재판으로 이어져서 보이오토스와 팜필로스가 궐석한 상황에서 패소했다.

만티테오스가 승소 판결을 집행하려 하자 보이오토스가 반대하면서 그 판결은 자신의 패소를 뜻하는 것이 아니라고 주장하고 나섰다. 자기 이름이 보이오토스가 아니라 바로 만티테오스이기 때문이라는 것이었다. 이런 취지로 보이오토스가 맞고소했고, 이에 대해 만티테오스가 발화한 것이 이 변론이다.

화자(話者)는 만티테오스란 이름은 자기에게만 해당되는 것이라고 한다. 부친이 그 이름을 자기에게 지어 준 것은 플란곤의 두 아들이 친자로 인정되기 전이었으며, 나중에 친자로 입적된 이 가운데 하나는 만티테오스가 아니라 보이오토스라는 이름을 가졌다는 것이었다. 게다가, 보이오토스가 만티아스의 장남이라는 사실이 증명되지 않는다는 것이다. 관습에 따라 친생자와 법적으로 친자로 인정된 이나 입양된 이가 동일한 상속권을 인정받기 때문에 장남이라는 사실이 증명된다면 그가 만티테오스라는 이름을 가질 자격이 있을 것이나, 화자는 보이오토스가 장남이라는 사실을 부인한다.

이 변론의 작성 시기는 그 내용으로 볼 때 기원전 349/348년경으로 추정된다. 다음에 나오는 변론 〈모친의 지참금 관련하여 보이오토스에 반대하여 2〉[1]는 이 변론과 같이 소송 쌍방이 유산을 두고 다투는 것인데, 여기서 보이오토스는 만티테오스라는 이름으로 등장하므로, 이 재판에서 자신이 만티테오스라고 주장하는 보이오토스에게 유리한 판결이 나왔을 가능성이 있다.

---

1   Demosthenes, 40.

1. 신들의 이름으로, 재판관 여러분, 보이오토스를 법정으로 소환한 원인은 제 성격이 소송을 좋아해서 그런 것이 아닙니다. 또 누가 저와 같은 이름을 가져야 한다고 생각한다는 이유, 그 단 하나의 이유만으로 제가 법정에 호소하는 것이 많은 이들에게 이상하게 보일 것이라는 사실도 제가 모르는 바가 아닙니다. 그러나 이러한 상황이 교정되지 않으면, 부득이 법정에 호소해야 할 일이 생기게 될 겁니다. 2. 이 사람이 제 아버지 아닌 다른 어떤 이의 아들이라고 주장한다면야, 저와 같은 이름으로 불리고 싶어 하는 것에 대해 제가 곤혹스러워하는 것이 여러분에게 이상하게 보이는 것이 당연하다 하겠지요. 그러나 지금 이 사람은 자기 주변으로 음해꾼들의 소굴을 만들었고, 여러분 모두가 아실 것도 같은 므네시클레스, 그리고 니노스[2]가 유죄 선고를 받도록 하는 데 기여한 메네클레스, 그 밖에도 그 같은 부류의 다른 이들을 동원하여, 제 아버지를 상대로 소 제기했습니다. 팜필로스 딸의 소생인 자신이 그[화자(話者)의 부친]의 아들로서, 불이익을 당하고 부권(父權)[3]의 보호를 박탈당했다고 주장한 거예요.

3. 제가 여러분에게 사실을 말씀드리자면, 재판관 여러분, 제 아버지는 법정에 출입하는 것을 꺼려했어요. 혹여 다른 일로 자기에게

---

2 Ninous. 니노스란 여인은 이방 제식을 도입한 죄로 유죄 선고를 받고 처형되었다. 이 사건은 널리 알려졌으며, 여론은 이런 결과를 초래하는 데 관여한 메네클레스에게 부정적이었던 것으로 보인다. Demosthenes (19. 281)에 붙이는 울피아누스(Ulpianus)의 주석에 따르면, 여기 언급되는 여사제(*hiereia*)의 이름은 니노스이며, 이 여인은 청년들에게 사랑의 묘약을 나누어 주었다고 한다.

3 *patris*.

불만을 가진 정적4과 부딪치게 될 수도 있으니까요. 또 이 사람의 모친이 제 아버지를 속였어요. 그녀가 제 아버지에게 맹세하기를, 이런 사안과 관련하여 (중재 재판에서) 그녀에게 맹세로서 밝히라고 요구하면, 자신은 그런 맹세5는 하지 않을 것이며, 만일 그런 맹세를 그녀가 한다면, 자기네(그녀와 화자의 아버지) 들 관계는 더는 지속되지 않게 될 것이라고 했어요. 그 같은 그녀의 맹세에 대한 보증금이 지급된 다음, 제 아버지가 (중재 재판에서) 그녀에게 맹세하도록 했죠. 4. 그런데 그녀는 제 아버지와 한 약속을 어기고, (중재 재판에서) 이 사람(보이오토스)뿐 아니라 그 형제로서 그녀의 또 다른 아들도 제 아버지의 아들이라고 맹세한 거예요. 이런 일이 있고 난 다음, 제 아버지는 달리 방법이 없어, 부득이 이들을 형제단6에 입적해야 했고, 거기에 변명의 여지가 없었어요. 제 아버지는 그들을 자기 아들로 받아들였지요. 그간의 우여곡절을 줄이자면, 아버지는 아파투리아7 축제 기간에 이 사람을 보이오토스, 다른 사람을 팜필로스, 저는 만티테오스라는 이름으로 각기 형제단 명부에 입적했습니다. 5. 그런데 구(區·*demos*)에 등재한 것은 아버지가 죽고 난 다음이었는데, 이때 이 사람

---

4   참고로, 만티아스는 기원전 360년 장군직에 복무했다. 그의 부친도 같은 이름을 가졌는데, 30인 참주정부에 협조했다는 이유로 고소당했고, 리시아스도 만티테오스에 관한 제목으로 변론을 썼다. 이것이 현재 소송보다 40년 앞서 생긴 일들이다.

5   그런 맹세란 그녀의 아들이 제 아버지의 아들이라는 내용의 맹세이다.

6   *phrateres.*

7   Apaturia. 아파투리아는 가내 의식으로 파넵시온달(11월 중순~12월 중순)에 있으며, 이때 아이들을 씨족 명부에 입적한다.

이 마음대로 보이오토스라는 이름 대신 만티테오스란 이름으로 자기를 입적시킨 거예요. 이런 그의 짓거리가 끼치는 가공할 피해는 일차적으로 저에게 오는 것이지만, 여러분에게도 미친다는 점을 제가 말씀드리겠습니다. 제 진술과 관련하여 증인들을 소개합니다.

증인들

6. 증인들로부터 제 아버지가 우리를 입적시킨 과정에 대해 여러분이 들으셨습니다. 이 사람이 분수를 지키지 않는 것을 좋은 것으로 여기므로, 제가 정당하게 또 부득불 이 사람을 법정에 회부하지 않을 수 없었던 사실을 여러분에게 밝히겠습니다. 저는 그렇게 터무니없거나 막무가내인 사람이 아닌 것이, 제 아버지의 재산은 모두 제 것이 되어야 하지만, 아버지가 이들을 아들로 받아들인 다음에는, 제가 3분의 1만 가지기로 인정하고 동의한 바 있고, 또 이름의 변경이 우리에게 심각한 자격박탈과 명예 손상을 가져오지 않는 한, 이름을 가지고 문제 삼지 않았을 거예요. 이 사람이 저와 같은 이름을 가지는 것이 여러 면에서 가당찮은 것이긴 하지만 말이에요.

7. 사적인 일보다 공적인 사안을 우선 언급하는 것이 도리라고 한다면, 제가 먼저 말씀드리는바, 우리의 기여가 필요할 때, 도시가 어떤 방식으로 우리에게 의무를 배분하는 것이겠습니까? 제우스의 이름으로, 부족장들이, 다른 이에게 하는 것과 같은 방식으로, 우리에게 고지(告知)합니다. 말하자면, 무창단 지휘자. 8 학교장, 9 만찬기부자, 10 그 외 다른 어떤 직책에 누구를 임명할 때는, "토리코스11 출신

만티아스의 아들 만티테오스"라고 호명합니다. 그러면 그들이 부르는 것이 당신인지 나인지 어떻게 구분하겠습니까? 당신은 그것이 나라고 하고, 나는 당신이라고 하겠지요. 8. 또 그런 다음 장관이 소환하거나, 어느 누구 앞으로든 사건이 회부될 수도 있어요.12 어느 경우나 우리는 불복하고, 공적 부담도 지지 않아요. 우리 둘 중 누가 법에 따라 부과되는 벌금의 납부자가 되겠습니까? 또 납세분담조합13 명단에 이름을 등재할 때, 혹은 삼단노선주를 지명할 때, 장군들은 어떤 방식으로 등재하겠습니까? 혹은 군사 원정이 있을 때, 차출 명단에 올라 있는 이가 누구인 줄 누가 어떻게 구분하겠습니까? 9. 수석장관,14 왕,15 경기 실무간사16 등, 다른 공직자가 공적 부담17 질 사람을 임명할 때, 우리 둘 중 누구를 지명해야 할지 무슨 수로 구분해 내겠습니까? 제우스의 이름으로, 만일 당신을 가리키면, 당신 이름 옆에 "플란곤의 아들", 나를 가리키면 내 어머니 이름을 옆에다 덧붙이나요? 그

---

8   *choregos.*
9   *gymnasiarchos.*
10 *estiator.*
11 Thorikos. 토리코스는 아카만티스 부족에 속하는 구(區 · *demos*)이다.
12 Loeb 판본에는 없으나, Kaktos 판본의 원문에는 '*dike*'(소, 소송, 재판 등의 의미)가 적혀 있다.
13 *symmoria.*
14 *archon* (*eponymos* 명칭). 수석 아르콘 혹은 명칭 아르콘(수석 아르콘의 이름을 빌려 한 해의 명칭을 정한다).
15 *bsdileus.* 9명 장관(아르콘) 가운데 하나.
16 *athlothetai.*
17 *letourgein.*

렇게 한다는 말을 누가 들어 본 적 있습니까? 혹은, 이 같은 사항이나 다른 어떤 것을 부기하는 것은 어떤 법에 근거한 것인가요? 원래는 부친명과 출신 구(區·데모스)만 적게 되어 있습니다. 그런데 이 두 가지 이름이 다 같을 때, 굉장한 혼선이 일게 되지요. 10. 보십시오, '토리코스 출신 만티아스의 아들 만티테오스'가 판관으로 임명된다면, 우리가 어떻게 해야 하겠습니까? 둘 다 가야 하나요? 당신 혹은 나, 둘 중 누구를 부르는지 분명히 구분되냐고요? 제우스의 이름으로, 도시가 의원, 법무장관,18 또 그 외 직무 등에 임직할 공직자를 추첨으로 뽑는다고 칩시다. 우리 둘 중 누가 지명되었는지 어떻게 가려낼 수 있습니까? 많은 다른 물건에도 달듯이, 청동 명판(名板)19에도 표식을 넣지 않는다면 말이에요. 그렇게 표식을 넣는다 해도, 여전히 많은 이들이 그 표식이 둘 중 누구를 가리키는 것인지 몰라요. 이 사람은 자기가, 저는 제가 뽑힌 것이라고 주장할 거예요.

11. 그래서 우리는 법정으로 호소하게 돼요. 도시는 우리를 위해서 이 같은 경우 각각에 대해 재판을 열고, 우리는 모든 이가 다 같이 평등하게 누리는 권리, 다시 말하면, 추첨으로 뽑힌 공직을 수행하는 권리를 박탈당하게 되고, 서로 욕하고 싸우다가, 말 잘하는 이가 이기게 되겠지요. 그렇다면, 어느 쪽이 우리에게 더 나은 것일까요? 현재의 질곡을 털어 버리는 것일까요, 아니면 새로운 적의를 유발하면서 서로 욕을 해대는 것일까요? 이런 상황은, 어떤 자리를 차지하려고 할

---

18 *thesmothetes*. 법무장관은 9명 장관(*archon*) 가운데 6명이다.
19 *chalkion*. 작은 청동판으로, 법관으로 추첨된 이들에게 선출되었다는 징표로 준다.

때 혹은 어떤 이익을 구하려 할 때, 부득이 발생하는 거예요. 모든 상황을 고려해야 하므로, 이런 점도 여러분 생각해 보십시오. 12. 우리 둘 중 한 명이 장관직에 선출되었는데, 다른 이가 마치 자기가 추첨된 것처럼, 자기에게 그 직을 넘기라고 상대를 설득하는 경우 말이에요. 이것은 2개의 명판을 가지고 추첨에 임하는 것과 같은 것 아니겠습니까? 법에 의해 사형에 상응하는 맹랑한 짓거리를 우리가 제재받지 않고 해도 되는 건가요? 아니, 실로 우리가 그런 짓거리를 해서는 안 되겠지요. 그렇게 제가 알고 있고, 적어도 제 입장에서는 그렇다는 말이에요. 그러나 어떤 이들에게는, 피할 수 있음에도, 그 같은 처벌에 노출될 수 있는 상황에 있다는 것 자체가 좋은 것이 아니죠.

13. 어쩔 수 없는 것이라 할 수도 있겠습니다만, 이런 것들은 도시에 해를 끼칩니다. 제 개인적으로는 어떤 피해를 보느냐고요? 실로 보십시오, 제가 당하는 피해가 얼마나 심각한지, 그리고 제가 무엇을 말씀드리고자 하는지를 살펴 주십시오. 이 피해는 여러분이 지금까지 들으신 것보다 훨씬 더 심각한 것이에요. 여러분 모두 알고 있듯이, 이 사람은 그전부터 메네클레스와 그 일당들, 지금은 또 메네클레스보다 더 나은 구석이라고는 없는 이들과 어울리고 있으며, 그 같은 것을 흠모하고 또 자신이 영악한 이로 비치기를 원해요. 제우스의 이름으로, 사실 그런 것 같기도 해요. 14. 세월이 흐르면서 이 사람이 다소간 이들이 하는 짓거리, 다시 말하면 공소,[20] 밀고,[21] 현장적

---

20 *graphe*(복수형 *graphai*). 이때 공소란 요즘과 달리 검사가 아니라 개인이 고소하는 것이나, 그 사안의 위중함에 비추어 고소하는 이가 위험부담을 지고 공탁금을

시, 22 구인(拘引) 23 등에 발을 넣게 된다면, 또 이런 문제로 이 사람 자신이 공적으로 벌금을 물어야 한다면 말이에요. 사람이 살다 보면 별일이 다 생기고, 도를 넘는 경우 가장 영악한 이들까지 어떻게 제어할 수 있는가를 여러분이 익히 알고 있는 터에, 어떻게 제가 아닌 이 사람의 이름이 기재된 것이라는 보장이 있습니까? 제우스의 이름으로, 둘 중 누가 채무를 진 것인지 세상 사람이 다 안다고 말할 수도 있죠. 그건 좋아요. 15. 그러나 다른 가능성도 아주 농후한 것이, 세월이 가고 채무 변제가 안 된 경우를 생각해 보세요. 이 사람의 자식들이 도시에 대한 채무자로 등재되면, 그게 제 자식이 아니라는 보장이 있습니까? 부친 이름, 부족 명칭, 그 외 모든 명칭이 똑같은 마당에 말이죠. 또 누가 이 사람에 대해 명도(明渡) 소송24을 제기하고, 저는 그와 전혀 무관하다고 하면서, 승소하여 채무자 명단을 작성하는데, 그것이 이 사람 아니면 저, 누구란 말입니까?

16. 이 사람이 무슨 특별세25를 안 낸다면, 어쩌지요? 무슨 좋지 않은 문제가 생기거나, 이 사람 이름으로 나쁜 소문이 돌면, 어쩝니까? 세상 많은 사람들 가운데 우리 둘 중 누가 연루된 것인지 알겠습

건다. 법정에서 5분의 1 지지표도 얻지 못하면 공탁금은 몰수된다.
21 *phasis* (복수형 *phaseis*).
22 *endeixis* (복수형 *endeixeis*).
23 *apagoge* (복수형 *apagoai*).
24 불법으로 타인의 재산을 점유하고, 법정기한 내에 반환하지 않을 때, 재판 판결을 실행하기 위해서 집 등을 비워달라고 벌이는 소송. 명도소송 관련해서는 참조, Demosthenes, 31; 32 (오네토르에 반대하는 명도소송 1, 2).
25 *eisphora*.

니까? 같은 이름의 만티테오스가 둘인 데다가, 부친 이름도 같으니까요. 또 이 사람이 군복무 해야 할 때 무창(舞唱)에 참여해서, 군역 회피26 혐의 피의자로 재판에 계류될 수도 있잖습니까? 실로, 아테나이에 있었던 분들은 모두 아시겠습니다만, 다른 이들이 타미나이27로 갔을 때, 이 사람은 여기 남아서 헌주(獻酒)28 축제에 참가하고, 또 디오니시아 제전에서 무창(舞唱)에 참여했어요. 17. 에우보이아에서 병사들이 돌아왔을 때, 이 사람이 탈영29으로 고발당했지요. 당시 저는 제 부족의 연대장30으로 있었는데, 본인 이름이 같을 뿐 아니라 부친 이름도 같은 바람에, 부득불 이 사람을 두고 한 고발에 제가 연루된 거예요. 재판관들에게 지불할 돈만 가용할 수 있었더라면, 제가 이들을 재판에 회부했을 겁니다. 이러한 일들이 서류함이 밀봉되기 전에 일어났더라면, 제가 여러분에게 증인들을 소개할 수 있었을 텐데요.

---

26 *astrateia*.
27 Tamynai. 타미나이는 에우보이아섬의 한 도시이다. 기원전 350~349년 에우보이아의 참주 플루타르코스가 아테나이에 도움을 청했으나, 후에 아테나이와 포키스에게 등을 돌렸다. 당시 데모스테네스는 아테나이 병력을 분산하지 말고, 플루타르코스를 돕기보다 올린토스 원정에 집중하기를 원했으나, 병사로 동참했다. 타미나이는 이때 요새화되었고, Demosthenes, 21.162에도 언급된다. 당시의 정황 관련하여 Demosthenes, 21.110, 132 참조.
28 *choes*〔술 등의 음료 혹은 헌주(獻酒)〕. 안테스테리아 축제(집안 의식) 둘째 날 주신(酒神) 디오니소스 신을 기리는 행사이다.
29 *lipotaxion*. 이때 '탈영'은 바로 위(§16)에 나오는 '*astrateia*(군역회피)'와 호환적 의미로 쓰였다.
30 *taxiarchos*.

18. 그건 그렇다 쳐요. 그러나 이방인 혐의로 고발된다면 어떻게 되겠습니까? 그리고 이 사람이 많은 이들과 불화하고, 또 제 아버지가 부득이 이 사람을 아들로 받아들이게 된 과정은 비밀이 아니에요. 여러분으로서는, 제 아버지가 이 사람을 아들로 받아들이려 하지 않았으나, 이 사람의 어머니가 한 맹세가 사실일 것이라고 믿었어요. 그러나 이 사람이 아들로 들어서는 과정에서 이같이 무리수를 둠으로써 혐오스런 존재가 되면서, 언젠가 다시 제 아버지의 말이 진실했던 것이라는 생각이 여러분에게 들 때가 있을 것입니다. 또 이 사람이 주변인들을 위해서 저지른 위증죄로 유죄 선고를 눈앞에 두고, 재판에 궐석한다면 어떻게 되겠습니까? 제 온 생애를 통틀어서 이 사람과 함께 명예와 짓거리를 공유하는 것이 여러분에게는 하찮은 일로 보이십니까?

19. 그러니 제가 여러분 앞에 진술한 사안과 관련한 저의 염려가 공연한 것이 아니라는 점을 여러분이 유념해 주십시오. 이 사람은 이미 몇 가지 공소에 연루되어, 아테나이인 여러분, 피고가 되어 있는데, 저와는 전혀 무관한 일인데도, 그 오명이 그뿐 아니라 저에게도 같이 따라 다닙니다. 또 여러분이 저를 공직에 선출했는데, 이 사람이 자기 거라고 나선 적도 있었고, 그 같은 많은 불편한 일들이 이름 때문에 제게 발생했습니다. 그 각각을 상세하게 여러분에게 소개하겠습니다.

증언들

20. 보십시오, 아테나이인 여러분, 무슨 일이 일어나고, 거기서 어떤 질곡이 파생되는지 말이죠. 그런데 아무런 질곡이 따르지 않는다 해도, 저희 둘이서 같은 이름을 갖는 것이 전적으로 불가능한 일이 아니라 하더라도, 제 아버지가 부득이 그를 아들로 인정한 마당에, 이 사람이 그것을 빌미로 제 재산까지 공유하려고 대드는 것, 그리고 제 아버지가 자의로 어떤 외부의 억압도 받지 않은 가운데 제게 부여한 이름을 제가 빼앗긴다는 것은 정말로 옳지 못합니다. 저로서는 그것은 아니라고 봅니다.

증언

21. 경청해 주십시오, 아테나이인 여러분, 저는 언제나 만티테오스라는 이름으로 불렸습니다. 그러나 제 아버지가 부득이한 상황에 몰려 이 사람을 형제단 구성원[31]으로 입적할 때 보이오토스라는 이름으로 올렸어요. 저는 여러분 앞에서 기꺼이 이 사람에게 물어보고 싶습니다. "만일 제 아버지가 죽지 않았다면, 당신이 구민(區民)[32] 앞에서 어떻게 했을 것 같습니까? 보이오토스란 이름으로 자신을 입적했을 것 아닌가요?"라고요. 입적해 달라고 고소까지 해 놓고는, 제

---

31 *phrateres.*
32 *demotai.* 구(區 · *demos*)의 성원들.

아버지가 당신을 등록하지 못하도록 방해한다는 것은 말이 안 되니까요. 그러니, 그대로 됐다면, 아버지는 당신을 형제단에 올린 것과 같은 이름으로 구민 명부에도 올렸을 거란 말이죠. 천지신명의 이름으로, 어처구니없는 일이죠. 이 사람이, 한편으로 만티아스가 자기 부친이라고 하고, 다른 한편으로는 그 부친이 생전에 한 행위를 감히 지우려 하니 말이요.

22. 게다가 이 사람이 감히 중재인 앞에서 뻔뻔하기 짝이 없는 말을 했어요. 제 아버지가, 저를 위해서도 한 것같이, 이 사람이 태어난 지 10일째 기념행사를 했고, 그때 이 이름(만티테오스)을 지어 주었다는 겁니다. 그러고는 제 아버지가 알고 지낸 것으로 전혀 알려지지 않는 이들을 증인으로 내세웠어요. 그런데 여러분도 모르는 것이 아니라고 제가 보는 것은, 정작 자기 자식이 아니라고 생각하는 아이를 두고 10일째 기념행사를 치르는 이는 아무도 없을 것이라는 사실이죠. 또 그 같은 행사를 치르면서 자기 자식으로서의 애정을 표방한 사람이 나중에 그 아이를 자기 자식이 아니라고 부인하는 그 같은 경우도 없을 것이란 말이에요. 23. 설혹 제 아버지가 이들(고소인 두 형제)의 모친과 불화했다고 해도, 제 아버지가 이들을 실로 자기 자식이라고 여겼다면, 이들까지 미워하진 않았겠죠. 남편과 아내는 서로 다투다가도 아이들을 위해서 화해하는 법이지, 서로의 앙금 때문에 같이 낳은 자식들까지 증오하진 않거든요. 이 사람이 이 같은 변명을 하는 경우, 그가 거짓말하고 있음을 여러분이 알 수 있는 것은 이런 사실뿐 아니에요. 우리와 같은 집안이라고 주장하기 전에, 이 사람은 히포톤티스33 부족으로 가서 그곳 아이들과 어울려 무창(舞唱)에 참

여하곤 했어요. 24. 이들의 모친이 주장하듯이, 그녀가 제 아버지에 의해 학대당했고, 또 그 아들의 출생 10일째 기념행사를 했으나 나중에 (화자의 아버지가) 자기 자식이 아니라고 부인한 것이 사실이라면, 그런 사실을 알고 있는 상황에서도 그녀가 이 사람을 그 (히포톤티스) 부족으로 보낸 사실이 일리가 있다고 생각하시는 분이 혹 여러분 가운데 있습니까? 저로서는 그런 이는 아무도 없다고 봅니다. 당신(상대소송인 보이오토스)이 아카만티스 부족에서 자랄 수 있었듯이, 그 부족이 당신에게 이름을 부여한 것이 사실인 것 같소. 제 진술이 사실임을 증명하기 위해, 관련 사실을 알고 있는 같은 부족의 성원을 여러분에게 증인으로 소개하겠습니다.

증인들

25. 실로 이 사람 모친의 맹세, 그리고 그녀에게 맹세하도록 제안한 제 아버지의 어리석음 때문에, 이 사람이 아버지를 얻고 또 히포톤티스 아닌 아카만티스 부족 출신으로 입적된 사실이 분명한데, 그런데도 이 사람은 여기에 만족하지 않고, 돈을 노리고, 그전에 악의적이고 터무니없이 저에 대해 소 제기한 것 외에 다시 저를 상대로 두세 개 소송을 제기했어요. 제 생각에, 제 아버지가 어떻게 사업을 경영했는지 여러분 모두가 아실 것 같습니다만, 26. 이 문제는 일단 접어

---

33 히포톤티스는 아티카 10개 부족 가운데 하나이다. 보이오토스의 모친 플랑곤이 이곳 출신이다.

두겠습니다. 그러나 이들 모친의 맹세가 참이라면, 이 사람은 이런 소송들을 통해 자신이 음해자라는 사실을 현장범으로 증명했습니다. 제 아버지가 제 어머니와 합법적으로 결혼한 후, 당신 모친 되는 다른 여인을 두고 두 가족을 부양할 만큼 흥청망청했다면, 그 같은 이가 어떻게 유증할 돈을 남겨 둘 수가 있었겠습니까?

27. 그래서 제가 아는 한, 아테나이인 여러분, 이 보이오토스는 아무런 정당한 주장을 할 게 없어요. 다만, 이 사람이 언제나 외고 다니는 변명으로, 제 아버지가 제 말에 넘어가서 이 사람을 홀대했지만, 사실은 이 사람이 저보다 더 손위라 부계 조부의 이름을 가질 권리가 있다는 겁니다. 이와 관련하여 여러분이 몇 마디 들어 두시면 좋을 것 같습니다. 제가 기억하는바, 이 사람이 제 가족이 되기 전부터, 어떤 다른 이를 보듯이, 그를 보았는데, 저보다 나이가 어리게, 그것도 훨씬 더 어린 것으로 여겼어요. 적어도 겉모양으로는 그렇게 보였거든요. 제가 이런 주장을 고집하는 것은 아니에요. 그러면 어리석은 소치가 될 테니까요. 28. 그러나 누구라도 이 보이오토스에게 이렇게 물을 수는 있겠죠. "당신이 히포톤티스 부족의 무창에 참여할 권리가 있다고 여기고, 동시에 제 아버지의 아들이라고 주장하지 않았을 때, 당신은 어떤 이름을 가져야 된다고 생각했을 것 같소? 만일 만티테오스라고 한다면, 당신이 나보다 더 손위라는 사실에 근거하여 그런 주장을 할 수는 없는 것이오. 당신이 내 부족에 속하지도 않는다고 여겼는데, 어떻게 내 할아버지와 연관이 있다고 할 수 있단 말이오?"라고요.

29. 더구나, 아테나이인 여러분, 여러분 가운데 아무도 우리 나이가 몇 살인지 알지 못해요. 저는 제가 더 많다고 하고, 이 사람은 자

기가 더 손위라고 주장하고 있으니까요. 그러나 여러분 모두 어떻게 나이를 올바르게 계산하는지를 잘 알고 있습니다. 그게 무엇이냐고 요? 이들(피고인 보이오토스와 그 형제)은 제 아버지가 이들을 아들로 인정한 때부터 제 아버지의 아들로 간주되어야 한다는 것이죠. 그렇 다면, 제 아버지가 저를 만티테오스란 이름으로 구민 성원으로 입적 한 것이, 이 사람을 형제단 성원으로 입적한 것보다 더 이르거든요. 그러니 제가 이 사람보다 나이가 더 많기 때문만이 아니라, 이치로 보 아서도 제가 당연히 손위로 만티테오스란 이름을 가져야 하는 것이지 요. 그렇잖아요.

30. 누가 당신에게 이렇게 묻는다고 해 봅시다. "보이오토스 씨, 말해 보시죠. 어떻게 당신이 지금 아카만티스 부족 성원, 그리고 토 리코스 구민, 그리고 만티아스의 아들이 되었고, 또 그가 남긴 재산 일부를 상속받게 되었소?" 당신은 다음과 같은 대답밖에는 할 게 없어 요. "살아생전에 만티아스가 저도 자신의 아들로 인정했어요"라고요. 누가 당신에게 "그에 대한 어떤 증거 혹은 증언을 가지고 있소?"라고 묻는다면, 당신은 "그이가 저를 형제단원으로 입적시켰어요"라고 대 답하겠지요. 그러면 어떤 이름으로 입적한 것인가 하고 물으면, 당신 은 "보이오토스"라고 대답하겠지요. 그 이름으로 당신이 입적되었으 니까요. 31. 그 이름으로 당신이 도시에 소속되고 제 아버지의 유산 에 대한 상속권을 가지게 되었으면서, 그 이름을 버리고 다른 이름을 갖는다는 것은 터무니없는 일 아니요? 생각해 보시오, 내 아버지가 다시 살아나서 당신을 아들로 인정했을 때 붙였던 이름을 그대로 갖 도록 하고, 그렇지 않으면 다른 아버지를 가진 것이라고 말하라고 요

구한다면, 그 요구가 정당한 것 같지 않소? 그 같은 요구를 내가 당신에게 하는 거요. 다른 아버지를 얻든가, 아니면 그이가 당신에게 준 이름을 갖든가 하시오.

32. 혹여, 제우스의 이름으로, 이 이름(만티테오스)이 무례와 조롱에 의해 당신에게 주어진 것이라고 말할 수도 있겠지요. 그러나, 제 아버지가 아직 이들을 아들로 받아들이지 않았을 때, 이들이 자주 말하기를, 이들 모친의 친척들은 제 아버지의 친척보다 훨씬 더 좋은 사람들이라고 했어요. 이 사람 모친의 형제 이름이 보이오토스였다고 해요. 제 아버지가 부득불 이들을 호적에 올려야 했을 때, 저는 이미 만티테오스란 이름으로 입적 완료된 상태에 있었으며, 아버지가 이 사람을 보이오토스, 이 사람의 형제를 팜필로스란 이름으로 입적시킨 거예요. 어떤 아테나이인이 두 아들에게 같은 이름을 붙이는 사람이 있는지, 당신이 말해 보시오. 한 사람이라도 당신이 댈 수 있다면, 내 아버지가 당신을 조롱하기 위해 그 같은 이름을 주었다는 사실을 내가 인정할 터이오. 33. 그러나 당신은 내 아버지를 강제하여 아들로 인정하게 해 놓고, 그의 총애를 받을 수 있는 길을 아예 찾으려 하지 않으며, 자식이 그 부모에게 해야 하는 도리를 지키지 않았으므로, 그냥 조롱 정도가 아니라 죽어 마땅한 것이오. 자신이 원하여 인정한 자식들로부터 부모를 보호하는 법이 유효한데, 강요당하여 부득불 인정한 자식의 경우에는 같은 법이 효력을 갖지 못한다면, 언어도단이라 할 수 있겠지요.

34. 고약한 보이오토스 씨, 제발 그 같은 짓거리를 멈추도록 하시오. 실로 그렇게 하고 싶지 않다면, 제우스의 이름으로, 이렇게라도

하시구려. 당신 자신에게 분란의 소지를 만들지 말고, 나를 음해하는 짓거리를 멈추고, 도시, 재산, 부친 등 이미 얻은 자산에 감사하도록 하시오. 아무도 이런 것들을 당신에게서 빼앗지 않을 것이며, 나도 물론 그럴 것이오. 당신 스스로 내 형제라고 주장하듯이, 당신이 실제로 형제같이 처신한다면, 우리가 한집안이라는 사실이 입증될 것이오. 그러나 당신이 나를 음해하고 법정에 회부하고 질시하고 욕하면, 남의 집에 들어와서 당신 것이 아닌 것을 자기 것이라 참칭(僭稱)하고 있는 것으로 비치게 된다오.

35. 당신이 내 아버지의 아들인데 그가 인정을 안 했다 해도, 그것은 내 잘못이 아니오. 누가 내 아버지 아들들인지 나는 알 수 있는 처지에 있지 않고, 내가 누구를 내 형제로 여겨야 하는지를 아버지가 나한테 일러 주어야 하는 것이오. 그가 당신을 인정하지 않는다면, 나도 당신을 집안사람으로 여길 수가 없어요. 지금은 그가 그렇게 했으므로, 나도 당신을 받아들이는 것이오. 그 수용의 증거가 무엇이냐고요? 내 아버지가 돌아가신 다음, 유산에서 당신이 자기 몫을 찾아갔고, 제례34와 세속35 행사에 참가하며, 아무도 당신을 방해하는 이가 없소. 이 사람(보이오토스)이 더 무엇을 원하는 걸까요? 만일 이 사람이 피해 보았다고 울고 한탄하고 저를 비난한다면, 그 말을 여러분이 믿지 마십시오. 지금 분쟁 현안이 이런 사안과 관련한 것이 아니므로, 그런 것을 거론하는 것은 옳지 않아요. 여러분이 유념하셔야 하

---

34 *hiera*.
35 *hosia*.

는 것은, 이 사람이 보이오토스란 이름으로도 얼마든지 자기 입장을 변호할 수 있다는 겁니다. 왜 당신(보이오토스)은 그렇게 싸우지 못해 안달이오? 36. 그러지 마시오. 우리에게 이렇듯 적의를 품지 마시오. 나는 당신을 적대시하지 않소. 지금도 여전히, 당신이 놓치는 것이 있을까 하여, 정작 당신을 위하여 말하는바, 우리가 같은 이름을 쓰면 안 된다는 점을 주장하는 것이오. 다른 문제가 없다 하더라도, 만티아스의 아들 만티테오스가 두 명이 있다면, 누군가 이 이름을 들으면 부득이 둘 중 누구를 지칭하는 것인지 물어야 할 거요. 대답하는 이가 당신을 가리키려 한다면, 이렇게 대답해야 할 거요. "그 부친이 부득이하게 아들로 인정한 그이 말이요." 이런 상황을 당신이 어떻게 원한단 말이요?

제 아버지가 제게 만티테오스, 이 사람에게 보이오토스란 이름을 붙였던 사실 관련하여, 두 개 증언을 들고 저를 위해 읽어 주십시오.

증언들

37. 그래서 제 소견에, 아테나이인 여러분, 제가 진술한 바에 따라 여러분이 판결 내린다면, 여러분이 한 맹세를 지키는 것이 될 뿐만 아니라, 이 사람 자신이 만티테오스가 아니라 당연히 보이오토스란 이름으로 불려야 한다는 점을 스스로 인정했음을 여러분에게 증명하겠습니다. 최근에 보이오토스를 상대로 다른 소를 제기하였는데, 처음에 피고를 토리코스 출신 만티테오스의 아들 보이오토스라는 이름으로 했는데, 이 사람이 수용하고 소송 상대방으로 나타나서는 보이오

토스의 이름으로 재판 연기를 신청했습니다. 그런데 나중에 패소를 면할 길이 없음을 알고는, 중재인으로 하여금 궐석 판정을 내리도록 내버려두고는, 신들의 이름으로, 무슨 짓거리를 했는지 보십시오. 38. 궐석 판정을 받은 사건을 중지시키는 항변서 제출 시, 자기 이름을 보이오토스라고 했습니다. 이 사람 자신이 실로 보이오토스라는 이름과 무관하다면, 처음부터 제가 보이오토스를 대상으로 소 제기한 사건은 이 사람 자신은 관여하지 말고 내버려두어야 하는 것이고, 이후에도 그 같은 이름으로 궐석재판을 중지시켜서는 안 되는 것이죠. 이렇게 이 사람 자신이 바로 보이오토스라는 사실을 스스로 인정한 마당에, 맹세하고 재판관으로 임한 여러분이 어떤 다른 판결을 내리도록 이 사람이 요구할 수 있단 말입니까?

이와 관련한 제 진술이 진실임을 증명하기 위해, 재판 재개를 위한 항변서와 고소장을 들고 저를 위해 읽어 주십시오.

항변서,[36] 고소장

39. 아이들은 원하는 이름을 가질 수 있다고 규정한 법을 이 사람이 우리에게 제시할 수 있다면, 이 사람이 요구하는 판결을 여러분은 지금 당당하게 내릴 수 있습니다. 그러나, 저처럼 여러분 모두가 잘 알고 있는 이 법이 부모에게, 원하는 대로, 처음 이름을 짓는 권한뿐 아니라, 공시를 통해 그 이름을 취소 폐기하는 권한을 부여하고 있습니

---

36 *enstasis.*

다. 그 같은 합법적 권한을 가진 제 아버지가 이 사람을 보이오토스, 저를 만티테오스라고 이름 붙였던 사실을 제가 증명한 것이라면, 여러분이 어떻게 저의 진술과 다르게 판결 내릴 수 있는 것이겠습니까? 40. 그러나 법 규정이 존재하지 않는 경우와 관련하여, 여러분은 가장 공정하다고 판단되는 데 따라 판결하기로 맹세했습니다. 그러니 이런 상황과 관련한 법 규정이 없다고 해도, 여러분은 저의 입장에 편승하여 판결을 내리셔야 할 것 같습니다. 두 자식에게 같은 이름을 붙여 준 분이 여러분 가운데 누가 있겠습니까? 아직 자식이 없는 분도 앞으로 그렇게 하실 분이 있습니까? 41. 단연코 아무도 없습니다. 여러분 자식들을 위해 올바르다고 여기시는 것, 그 같은 공정함에 따라 우리를 위해서도 판결 내려주십시오. 가장 공정한 판단, 법조문, 맹세, 그리고 이 사람 자신의 시인 등에 기초하여, 저로서는 사리에 맞게, 아테나이인 여러분, 여러분께 부탁드리고, 당당히 요구합니다. 반면, 이 사람은 사리에 맞지도 않을뿐더러, 관습에도 어긋나는 것들을 관철시키려 하고 있습니다.

40

모친의 지참금 관련하여
보이오토스에 반대하여 2

해제

이 변론의 소송 쌍방은 앞의 〈이름 관련하여 보이오토스에 반대하여 1〉[1]에서와 같이, 한편은 만티아스의 아들인 원래의 만티테오스이고, 다른 한편은 후에 친자로 인정된 보이오토스(자칭 만티테오스)와 팜필로스이다.

만티아스가 죽은 후 세 아들 간에 유산을 둘러싼 분쟁이 일었다. 원래의 만티테오스는 만티아스의 첫 번째 합법적 아내인 자신의 모친[2]의 지참금을 되찾으려 했다. 그런데 소송상대인 이복의 다른 두 아들은 자신들의 모친도 지참금을 가지고 왔다고 주장했다. 중재가 이루어져, 원래의 만티테오스가 승소했다. 그러자 보이오토스는 이름 관련하여 항변을 제기했다. 여기서 보이오토스가 승소하고, 만티테오스는 다시 법정 분쟁에 연루되었고, 보이오토스 측에서도

---

1   Demosthenes, 39.

2   아테나이 여인으로 고명한 가문의 폴리아라토스의 딸이다. 그녀의 첫 결혼에서 시아버지는 유명한 정치가 클레온이었다. 만티아스와는 두 번째 결혼하여 만티테오스를 얻었다.

자기 모친의 지참금에 대한 몫을 요구했다.

이 변론은 원래의 만티테오스가 자신이 제소한 재판에서 발표한 것이다. 그 시기는 앞의 변론, 〈이름 관련하여 보이오토스에 반대하여 1〉와 같은 연대인 기원전 345년인 것으로 간주된다. 문장의 형식이나 내용으로 보아 위작이라는 의혹이 제기되었다.

1. 세상에서 가장 비참한 것은, 재판관 여러분, 말로는 형제라고 부르면서도, 실제로는 자신을 적으로 보는 이들로부터 많은 황당한 일을 당하면서 법정으로 오게 되는 것입니다. 지금의 저처럼 말이죠. 2. 애초에 제게 불행한 일 한 가지만 있었던 게 아니었어요. 먼저 이들의 모친 플란곤이 기만과 명백한 위증으로 제 아버지로 하여금 이들을 자식으로 인정하게 했고, 그래서 제가 유산 3분의 2를 빼앗기게 되었는데, 거기에 더하여, 이들에 의해 제 아버지의 집에서 제가 쫓겨나게 된 겁니다. 제가 태어나고 자랐으며, 이들이 저의 아버지에게서뿐만 아니라, 그 사후에는 저에 의해서도 함께 살도록 양해받은 그 집 말이에요. 3. 또 저는 제 어머니의 지참금도 빼앗기게 생겼는데, 그 때문에 이 법정에 호소하게 된 것입니다. 저는 이들이 제게 제기한 모든 재판에서 그들의 요구를 수용했으나, 다만 지금 이 재판 때문에 이들이 저를 무고하면서 시답잖은 반소를 제기했어요, 그 내용에 대해서는 여러분에게 아주 분명히 밝혀질 것입니다만, 11년이 지나도록 제가 해결책을 구하지 못하여 마침내 여러분께 도움을 청하기에 이르렀습니다.

4. 제가 여러분 모두에게 청컨대, 재판관 여러분, 제가 제 능력이 닿는 대로 말씀드릴 테니, 여러분은 호의를 가지고 경청해 주십시오. 그래서 제가 심히 억울하다고 여러분이 여기시면, 제 것을 되찾으려는 저에게 연민을 베풀어 주십시오. 특히 이것은 제 딸의 지참금에 관한 것입니다. 저는 불과 18세가 되었을 때 제 아버지의 뜻을 따라서 혼인하게 되었고, 이제 혼인 적령에 달한 딸 하나를 두고 있거든요. 5. 여러 가지 면에서 여러분은 억울한 저를 당연히 도와주셔야 하고,

이들에 대해 마땅히 분노하셔야 할 것 같습니다. 천지신명의 이름으로, 이들이 공정하게만 했더라면 이곳 법정으로 올 필요가 전혀 없었을 텐데, 뻔뻔하게도 제 아버지 관련하여 옳지 못한 행위를 한 것이라거나, 이들이 그(아버지)에 대해 행한 짓거리를 여러분이 반추하게 하며, 저로 하여금 부득이 이들을 제소하도록 만들었습니다. 상황이 이 지경에 이른 것은 제가 아니라 이들 때문이라는 사실을, 가능한 한 간략하게 그 자초지종을 여러분께 말씀드리겠습니다.

6. 제 어머니는, 재판관 여러분, 콜라르고스3 출신 폴리아라토스의 딸이며, 메넥세노스, 바틸로스, 페리안드로스의 누이입니다. 그녀의 부친은 그녀를 클레온4의 아들 클레오메돈에게 출가시켰는데, 지참금으로 1탈란톤을 들려 주었어요. 처음에 그녀는 그의 아내가 되어 동거하면서 딸 셋과 클레온이라는 아들 하나를 낳았지요. 그 남편이 죽자 그녀는 지참금을 받아 가지고 그 집을 나왔답니다. 7. 그녀의 형제 중 페리안드로스는 아직 어렸으므로 논외로 하고, 메넥세노스와 바틸로스가 다시 지참금 1탈란톤을 붙여서 그녀를 출가시켰고, 제 아버지의 아내가 되어 동거하게 되었습니다. 그들 사이에서 저와 저보다 어린 남동생이 났는데, 그는 어릴 때 죽었습니다.

제 진술이 사실임을 증명하기 위해, 먼저 이런 사실들을 아는 증인들을 소개하겠습니다.

---

3 콜라르고스는 아카만티스 부족에 속하는 구(區 · *demos*)이다.
4 만티테오스 모친은 첫 결혼에서 사돈이 아테나이 고명한 정치가이자 페리클레스의 정적이던 클레온이었다.

증인들

8. 그런데 제 어머니와 혼인한 제 아버지는 그 아내를 자신의 집에 거하게 했고, 저를 양육하면서 제게 부정(父情)을 쏟았어요. 여러분이 모두 여러분 자식들에게 쏟아부은 그런 정 말이지요. 그런데 제 아버지가 이들의 어머니 플란곤과 모종의 관계를 맺게 되었습니다. 저로서는 그 관계가 어떤 성격의 것인지를 말할 수 있는 입장이 물론 아닙니다. 9. 그러나 그는 감정에만 사로잡혀 있었던 것은 아니었어요. 제 어머니가 죽자, 아버지는 그녀(플란곤)가 합법적 아내로서 집에 들어올 만한 자격이 있다고는 여기지 않았고, 또 그녀의 자식들을 자기 자식으로 여기지도 않았습니다. 지난 세월을 통틀어, 여러분 가운데서도 다수가 아시듯이, 이들은 제 아버지의 자식으로 인정받은 것이 아니었어요. 그런데 보이오토스가 나이가 들자, 공갈단 모임과 내왕을 했는데, 그 두목들이 므네시클레스, 그리고 니노스[5]를 유죄 선고 받도록 한 저 메네클레스였어요. 그(보이오토스)가 이들과 짜고서 제 아버지에게 소를 제기하고 10. 자기가 그 아들이라고 주장했답니다. 이 문제 관련하여 여러 번 회합이 있었고, 제 아버지는 이들이 자기 자식이라고는 절대 여기지 않는다고 밝혔습니다. 그러자 마침내 플란곤은, 재판관 여러분, 메네클레스와 짜고서 제 아버지를 함정에 빠뜨렸고, 세상 사람들 가운데서 가장 엄청나고 끔찍한 것으로 간주되는 맹세로서 제 아버지를 속였습니다. 제 아버지에게 약속하기를,

---

5 참조, Demosthenes, 39. 2. 사적 중재와 공적 중재 제도에 관하여.

30므나를 받으면, 그녀의 형제들이 그녀의 아들들을 입양하도록 할 것이고, 또, 만일 제 아버지가 중재인6 앞으로 그녀를 불러 그녀의 아들을 제 아버지의 자식으로 하자는 제안7을 한다면, 그녀는 그런 제안에 응하지 않을 것이라고 했답니다.

11. 이렇게 동의가 이루어졌는데, 왜 이렇게 장황한 이야기를 여러분에게 거론하는 것이겠습니까? 플란곤이 동의한 바를 다 어기고, 제안을 받아들이고, 델피니온8에서 먼저 한 것과 반대되는 다른 맹세를 했던 거예요. 여러분 가운데 다수가 이 사실을 알고 있지요. 이 사건이 널리 회자됐거든요. 그래서 제 아버지는 자신이 한 제안 때문에 부득이 중재인의 판정을 받아들이긴 했으나, 그 같은 사태 추이에 분노하여 괘씸하다는 마음을 품고는 이들을 자신의 집으로 들여놓지 않았습니다. 다만 어쩔 수 없이 이들을 형제단에 소개하고, 이 사람(피고)을 보이오토스, 다른 이를 팜필로스라는 이름으로 입적시켰어요. 12. 저는 당시 18세였는데, 아버지가 살아생전에 제가 아들 낳는 것을 보고 싶어 해서, 제가 에우페모스의 딸과 혼인하도록 청했습니다. 저로서는, 재판관 여러분, 전에도 그랬지만 당시에는 특히나, 이들이 송사를 제기하여 아버지를 괴롭히기 시작하고 또 말썽을 일으켰으므로, 나름 결심했지요. 그들과 달리 저라도 아버지를 흡족하게 할 수 있는 것이라면 무엇이든 기쁘게 해드려야 하겠다는 생각으로 그의

---

6 중재인 관련 언급은 참조, Demosthenes, 39. 22.

7 *proklesis*.

8 델피니온 재판소는 아폴론 델피니오스 신전에 있다. 참조, Demosthenes, 23. 74.

청을 받아들였습니다.

13. 이렇게 제가 혼인하고, 제게 딸이 태어나는 것을 보고는 몇 해 넘기지 못하고 아버지가 죽었어요. 제 아버지 생전에, 재판관 여러분, 저는 의무로서 아버지에게 거역하지 않았으며, 그 사후에도 저는 이들을 집으로 들어오게 하고, 온갖 재산에서 몫을 분배해 주었습니다. 이들이 어떻게 제 형제가 되었는지에 대해 여러분 대부분이 잘 알고 있으므로, 이들을 제 형제로 생각한 것은 아니었지만, 제 아버지가 이들에게 속아서 벌어진 일이므로, 저로서는 여러분의 법을 지키는 것이 도리라고 여겼기 때문이었지요. 14. 그런데 제가 이들을 집으로 들여놓은 다음, 상속재산 분배에 대해 우리가 논의하게 되었는데, 제가 제 어머니 지참금은 저의 몫으로 돌아와야 한다고 했어요. 그랬더니 이들이 반대하면서, 자기네 모친도 그 같은 몫의 지참금9을 받을 것이 있다고 주장했어요. 이런 상황에서, 임석한 친구들의 조언에 따라, 우리는 나머지 재산을 분배했으나, 제 아버지의 집과 하인10들을 그대로 두었어요. 15. 지참금 관련 권리를 입증하는 쪽이 그 집의 액면가에서 그것을 반환받도록 하려던 것이었지요. 반면, 하인은 공동재산으로 두었습니다. 보이오토스와 팜필로스가 상속분을 차지하려 하면, 이들 하인들을 심문에 붙이거나 다른 어떤 방법으로 정보를 얻어낼 수 있도록 말이에요. 제 진술이 사실임을 다음 증언들을 통해 여러분이 아실 수 있겠습니다.

---

9 이 글 §20에는 이 액수가 100므나가 넘는 것으로 나온다.
10 *paidai* (단수형 *pais*).

증언들

16. 이런 일이 있은 다음, 이들이 자신의 요구를 관철하기 위해 저를 상대로 고소했고, 저는 제 어머니 지참금을 찾기 위해 이들을 고소했습니다. 처음에 우리는 헤르키아[11] 출신 솔론을 중재인으로 세워 우리가 서로 맞고소한 사건을 판정하도록 맡겼어요. 그런데 이들이 나타나지 않았고, 심리를 회피한 가운데 상당한 세월이 흘렀지요. 그러다가 솔론이 죽어 버렸답니다. 그런 다음 이들이 다시 저를 고소했고, 저도 이들에 대해 고소하면서, 보이오토스를 상대소송인 대표로 하여 고소장에 그의 이름을 적었습니다. 그 이름은 제 아버지가 그에게 지어 준 것이었어요. 17. 이들이 저를 고소한 재판에서 보이오토스가 출석하여 다투었는데요, 그가 자기네 측 주장을 증명할 수 없었으므로 중재인이 제게 승소 판정을 내리게 되었습니다. 보이오토스도 스스로 근거 없이 고소한 줄 알고 있으므로, 재판소[12]에 항소[13]하지 않았고, 지금도 이 사건 관련해서는 어떤 소도 제기하지 않았어요. 그러나 다른 문제 관련하여 제소함으로써, 그 같은 비난들을 통해 이 사건 재판을 무위로 돌리려는 심산이었지요. 제 어머니 지참금 관련하여 제기한 소에서, 중재인이 그에 대해 결석 패소 판정한 바 있습니다.

---

11 이이게이스 부족에 속하는 구(區 · *demos*).

12 *dikasterion*

13 *epheken*.

192

18. 그런데 그때 자신의 입장을 밝히기 위해 출석하지 않았던 이 사람이, 재판관 여러분, 지금 와서는 중재인이 자기에게 패소 판정한 것이 아니라고 주장합니다. 자기는 보이오토스가 아니라 만티테오스이기 때문이라는 거예요.14 이렇듯, 이 사람이 제 이름을 자기 것이라고 우기면서, 실제로 제 어머니의 것인 지참금을 빼앗아 가려 하고 있어요. 누구라도 이런 경우 어떻게 할 것인지, 저로서는 알 수 없었어요. 그래서 '만티테오스를 비난하여'15라는 건으로 새로운 소를 제기하게 되었고, 11년이 지난 지금 여러분에게 도움을 청하게 된 것입니다. 이런 사실 관련해서도 제가 진실을 말씀드렸음을 증명하는 증언들을 여러분에게 읽어드리게 되겠습니다.

증언들

19. 그러니, 재판관 여러분, 제 어머니는 그녀 형제들이 그녀를 제 아버지에게 출가시킬 때, 법 규정에 따라 내주었던 지참금 1탈란톤을 가져왔던 사실, 아버지가 죽은 후 제가, 여러분에게 말씀드린 그 같은 상황에서, 이들을 집으로 들여놓았던 사실, 또 이들이 저를 상대

---

14 이러한 언급에서 이름을 둘러싼 재판에서 보이오토스에게 유리한 판결이 나와서, 그가 만티테오스라는 이름을 갖는 권리를 인정받았음을 추정할 수 있다. 다만, 상대소송인은 여기서 보이오토스라는 이름을 계속 사용하고 있다. 이 문제가 Demosthenes, 39의 주제이다.

15 이름을 둘러싼 재판에서 보이오토스가 만티테오스란 이름을 사용하는 데 유리한 판결이 난 사실을 미루어 알 수 있다.

로 제기한 모든 소송에서 제가 무죄 방면된 사실 등, 이 모든 사실이 증언을 통해 증명되었습니다. 이제 지참금 관련 법조문을 들고 읽어 주십시오.

법

20. 법 규정은 이러합니다. 보이오토스, 만티테오스, 혹은 무슨 다른 이름이라도 되는대로 원하는 대로 불리는 이 사람은 아무런 정당하고 진실한 논변을 제공할 수 있는 입장이 아니에요. 다만, 그 뻔뻔함과 무모함에 의지하고 있을 뿐이지요. 그래서 모든 질곡의 원인을 제 탓으로 돌리려고 그가 다음과 같은 주장을 펼 것 같습니다. 플란콘의 부친 팜필로스의 재산이 몰수되었을 때, 그 잔여금16을 제 아버지가 의회로부터 수취했다는 거예요. 그래서 그(자신이 만티테오스라고 주장하는 보이오토스)는 자기 어머니가 100므나 이상의 돈을 이 집에 들여온 것이고, 제 어머니는 지참금 없이 혼인한 것이라고 주장하는 것이죠. 21. 그러나 이런 주장은, 재판관 여러분, 사실을 증명할 아무런 증거가 없고, 또 그도 자신의 진술에 일말의 진실도 없다는 사실을 알면서 하는 겁니다. 그렇지만 그가 그렇게 하는 것은, 여러분 법정에서 죄를 자백한 사람은 결코 방면된 적이 없으나, 거짓말하고 그

---

16 몰수된 재산이 경매되어 들어온 수익이 채무금보다 더 많은 경우, 그 잔여금은 채무자에게 되돌아간다. 보이오토스는 이 잔여금이 만티테오스(보이오토스)에게 돌아갔다고 주장한다.

럴듯한 말을 늘어놓아 여러분을 미혹한 사람들은 처벌을 피하곤 했다는 사실 때문이지요. 그러니 여러분이 그의 말에 속아 넘어가지 않도록 하자면, 이 사건 관련해서도 제가 간략하게나마 전말을 소개하는 것이 더 좋을 것 같습니다.

22. 제 어머니가 지참금을 들여오지 않았는데, 그 모친은 가져왔다고 행여 그가 말한다면, 거짓말하고 있음을 여러분이 명심하십시오. 먼저 말씀드릴 것은, 이 사람의 외조부 팜필로스는 공금 5탈란톤 채무를 진 채 죽었고, 그의 모든 재산이 목록에 올라 경매에 부쳐졌는데, 그 자식들에게 돌아갈 잉여 잔금은 고사하고 빚조차 다 가리지 못해서, 지금도 여전히 그는 공금 채무자로 기재되어 있습니다. 그런데 어떻게 제 아버지가 팜필로스의 재산에서 돈을 받을 수 있습니까? 그이가 도시에 진 빚도 다 갚을 능력이 없는 것으로 드러난 마당에 말이죠. 23. 더구나, 재판관 여러분, 유념하실 것은 이들이 주장하는 것처럼 행여 잔여금이 생겼다 한들, 그 돈은 제 아버지가 아니라, 팜필로스의 아들들, 보이오토스, 헤딜로스, 에우티데모스 등이 가져갔겠지요. 여러분도 주지하듯이, 이들은 남의 것도 수단과 방법을 가리지 않고 갈취하는 데 능한 이들인데, 그들의 것을 제 아버지가 받아 챙겨 가도록 가만두었겠습니까?

24. 제 소견에, 이들의 모친이 지참금을 들여오지 않았고, 이 점과 관련하여 이들이 거짓말하고 있음을 여러분이 이해하셨을 것 같습니다. 이제 제 어머니가 지참금을 들여온 사실을 여러분께 용이하게 증명하겠습니다. 무엇보다 먼저 그녀는 여러분으로부터 존경을 받았고 거부였던 플루타르코스의 딸이었기 때문입니다. 그다음 그녀의 자매

가 카브리아스[17]의 인척인 에릭시마코스와 혼인했는데, 그 같은 양의 지참금을 가지고 갔습니다. 25. 그 밖에도, 여러분이 아시듯이, 제 어머니의 첫 번째 남편은 클레오메돈이었는데, 그이의 부친은 클레온으로, 여러분 선조 때 장군으로 봉직했고, 필로스[18]에서는 많은 라케다이몬인을 생포한 적이 있어서, 도시에서는 다른 누구보다 각별한 명예를 누렸다고 합니다. 그러니 그 아들이 지참금 없이 부인을 맞을리가 없는 것이고, 또 메넥세노스와 바틸로스[19]도 거부였고, 클레오메돈이 죽은 후 지참금을 돌려받은 사실이 있는데, 그 누이를 위해 지참금을 제공하지 않았다는 것도 논리에 맞지 않는 것이지요. 오히려, 당사자들은 물론 다른 친척들도 증언했듯이, 웃돈을 더 얹어서 제 아버지에게 출가시켰다고 보는 것이 타당한 것이라 하겠습니다.

26. 그 밖에도, 여러분 이런 점들을 생각해 보십시오, 제 어머니가 합법적 부인이 아니고 지참금을 들여오지 않았고, 이들 모친이 들여온 것이라면, 왜 제 아버지가 저를 아들로 인정하고 양육한 반면, 이들 두 사람에 대해서는 자신의 아들이 아니라고 말하곤 했겠습니까? 제우스의 이름으로, 저와 제 어머니를 선호하여 자신들이 홀대받은 것이라고 이들이 주장할 수도 있겠습니다. 27. 그러나 제 어머니는 제가 어릴 때 죽었고, 이들의 모친 플란곤은 매력을 갖춘 여인으로, 그전은 물론 그 후에도 아버지와 관계를 유지했어요. 그러니 당시 줄곧 내연

---

17 기원전 4세기 전반 아테나이 장군으로 라케다이몬인에게 승리하여 명성을 얻었다.
18 기원전 425년 사건으로, 필로스는 펠로폰네소스반도 서쪽 연안에 있다. 참조, Thucydides. 4. 3 이후.
19 화자인 만티테오스 모친의 형제(숙부)들이다.

관계에 있던 산 여인을 위해 죽은 여인의 아들을 홀대할 가능성이 훨씬 더 많은 것이죠. 저와 죽은 제 어머니를 위해, 살아서 자신과 관계를 유지하고 있는 여인의 아들을 인정하지 않으려 하기보다는 말입니다.

28. 그런데도 이 사람(소송상대)은 극도의 무모함으로, 제 아버지가 그를 위해 생후 10일째[20] 의식을 치렀다는 말까지 했어요. 이런 발언과 관련하여, 그는 티모크라테스와 프로마코스의 증언들만 제출했는데, 이들은 제 아버지와 아무 관계가 없고 그 친구들도 아니었답니다. 그들이 제출한 증언은 너무나 분명하게 조작된 것으로서, 보이오토스가 소송을 통해 제 아버지의 뜻을 거슬러서 자신을 아들로 인정하도록 한 사실을 여러분 모두가 알고 있는 판에, 참관인[21]인 단 두 사람이 제 아버지가 이 사람(보이오토스)을 위해 10일째 의식을 치렀다고 증언하고 있는 겁니다. 29. 여러분 가운데 이 말을 믿는 분이 있습니까? 또 말이 안 되는 것이, 이 사람이 어렸을 때 제 아버지가 그를 아들로 인정했으나, 성인이 되어 자신의 어머니와 불화하면서 인정하지 않게 된 것이라고 하는 것이에요. 통상 아내와 남편이 다툰다 해도, 오히려 아이들을 위해서 화해하게 되는 것이고, 또 서로의 앙금 때문에 아이들을 미워하지는 않아요. 그런데도 그 같은 발언을 한다

---

20 생후 10일 째 집안사람들이 모이고, 부친이 자기 아이라는 사실을 공식적으로 인정한다. 이런 절차는 훗날 가족 성원으로서, 또 시민으로서 자격을 얻는 데 법적 근거가 된다.

21 *kletores*(참관인). 통상 제안서, 혹은 원고가 피고에 소 제기할 때 소환장에는 소송 쌍방의 이름, 혐의, 해당 관활 관청과 함께 참관인 2명의 이름을 기재한다. 이 참관인 앞에서 제안서가 전달되며, 이들이 그런 사실의 증인이 된다.

면, 그 뻔뻔함을 여러분은 용납하지 마십시오.

30. 또 중재인이 저의 손을 들어 준 재판에 대해서도 그가 언급하면서, 자신이 준비가 덜 돼 있었던 것이라고 주장할 수도 있어요. 그러나 여러분이 유념하실 것은, 첫째, 그에게 주어진 준비 기간이 적지 않았습니다. 많은 햇수가 흘렀고, 그런 다음 이 사람이 고소인으로 나섰던 겁니다. 그러니 이 사람이 준비 안 된 저를 상대한 것이지 제가 준비 안 된 이 사람을 상대한 것이 아니라는 것이 훨씬 더 논리적이죠.

31. 더욱이, 이런 과정에 관여한 모든 이들이 여러분 앞에 증언한바, 중재인이 저를 방면할 때, 보이오토스가 임석했음에도, 더는 재판소[22]에 소를 제기[23]하지 않았고 그 처분을 받아들였습니다. 제가 이상하다고 여기는 점은, 다른 이들의 경우 부당한 지경에 처했다고 여기면, 소액을 두고 다투는 경우에도 여러분 법정으로 소를 제기하는 법인데, 이 사람은 1탈란톤에 달하는 지참금 소송에서, 그 자신의 주장에 따르면, 부당하게 패소했는데도, (중재인의) 결정에 승복했다고 하는 것이죠.

32. 행여, 제우스의 이름으로, 그가 얌전한 사람이라 제소하는 일을 싫어한 것일까요? 아무쪼록, 재판관 여러분, 그런 사람이었으면 하는 것이 저의 바람입니다. 지금 여러분은 너무나 온유하고 정이 많아서, 30인 참주의 아들들에 대해서도 도시를 떠나라고 요구하지 않습니다. 그러니 이 사람은 저를 음해하기 위해, 이 모든 음모의 주범

---

22 *dikasterion.*
23 *epheken.*

인 메네클레스와 공모하여, 싸움이 일도록 사주하고 옥신각신 말다툼과 욕설이 폭력으로 번진 가운데, 스스로 자기 머리에 상처를 내고는, 오히려 제가 살해 의도로 가해했다고 주장하며 저를 아레오파고스 의회 앞에 고소했습니다. 저를 도시에서 추방하려는 의도로 말이죠. 33. 이들이 먼저 의사인 에우티디코스에게로 가서 보이오토스의 머리에 상처를 내주도록 요구했던 것인데, 에우티디코스가 이런 사실을 아레오파고스 법정에서 밝히지 않았더라면, 저에 대한 이들의 흉계가 적중했을 뻔했지요. 여러분에게 극도의 잘못을 범한 사람에 대해 여러분이 가해하려 하지 않듯이, 저도 그에게 아무런 해를 끼치지 않았는데도 말이에요.

제가 그를 음해한 것으로 간주되어서는 안 된다는 점과 관련하여, 저를 위해 증언들을 읽어 주십시오.

증언들

34. 그가 저를 상대로 이런 야심 차고 황당한 소송을 제기한 것은 소박한 사람이 아니라 음모자, 악당으로서입니다. 그 후, 증언에 의해 여러분에게 밝혀졌듯이, 제 아버지가 죽고 난 다음 이 사람은 제 아버지가 지어 준 보이오토스라는 이름 대신, 구민 명부에 자신을 만티테오스라는 이름으로 등재하고는, 같은 아버지와 제가 등재된 같은 구의 이름으로, 제가 이 사람을 고소한 것과 같은 사안에 대한 재심을 청구했을 뿐 아니라, 여러분이 저를 연대장[24]으로 선출했을 때, 뜬금없이 이 사람이 직접 법정으로 나와서 자격심사를 받겠다고 했어

요. 그런데 명도소송25에서 그에게 불리한 판결이 났을 때는, 자신이 아니라 제가 재판을 받았던 것이라고 했어요. 35. 간략하게 말하자면, 이 사람이 제게 너무나 큰 손해를 끼쳤으므로, 부득이 제 이름으로 인해 발생한 손해에 대해 그를 법정으로 소환하지 않을 수 없게 되었습니다. 저는, 재판관 여러분, 이 사람으로부터 돈을 받아 내려는 것이 아닙니다. 다만, 이 문제로 제가 억울한 처지에 몰리고 큰 불이익을 본 것으로 드러난다면, 이 사람이 (만티테오스가 아니라) 제 아버지가 이름 지어 준 대로, 보이오토스로 행세하도록 조치하려는 것입니다. 저의 진술이 사실임을 증명하기 위해, 청컨대, 이 사안 관련 증언들을 들고 저를 위해 소개해 주십시오.

증언들

36. 그 외에도, 제가 군역(軍役)에 복무하여 아메이니아스와 함께 용병을 모으고 있을 때, 다른 곳으로부터 자금이 원활하게 공급되었고, 미틸레네에서는 여러분의 특별대우 이방인26 아폴로니데스와 우리 도시에 우호적인 친구들로부터 300포카이아 스타테르27를 거두어

---

24 taxiarchos. 연대장 혹은 그보다 상위인 여단장급으로 이해할 수 있겠다.
25 dike exoules.
26 proxenos(특별대우 이방인). '프록세노스'는 '특별대우 이방인'으로 아테나이와 자국 간 관계를 연결하고 도움으로써 아테나이에서 특별한 대우를 받는 외국인의 지위를 획득한 이들로, 지금의 영사와 같은 역할을 했다.
27 소아시아 도시 포카이아에서 쓰이던 화폐(스타테르). 스타테르는 금(4분의 3)과 은(4분의 1)을 합금한 호박으로 주조한 화폐이다.

들인 적이 있습니다. 그 돈은 여러분과 그들(미틸레네인)에게 다 같이 이득이 되는 방향으로 일을 추진하기 위해 제가 병사들에게 지급했습니다. 37. 그런데 이 사람은 그 돈이 여러분 모두에게, 그리고 개인적으로 저의 적이기도 한 미틸레네 참주 캄미스에게 봉사하는 그 도시 미틸레네인들로부터 제 아버지가 채권으로 가진 빚을 거두어들인 것이라고 주장하면서 제게 소를 제기했습니다.

그러나 제 아버지는 미틸레네인이 그에게 내리기로 표결한 상을 받은 일이 있을 뿐, 미틸레네에게 무슨 채권을 가진 것이 없었다는 사실을 증명하기 위해, 제가 여러분에게 우호적인 친구들의 증언을 소개하겠습니다.

증언

38. 저로서는, 재판관 여러분, 저는 물론 여러분 가운데 일부에 대해서도 보이오토스가 범한 다른 많은 황당한 행위를 제가 거론할 수도 있겠습니다만, 생략하겠습니다. 물시계의 물이 얼마 남지 않았으니까요. 다만, 그렇다 하더라도, 제 소견에, 저에 대해 추방의 위험을 담은 소를 제기하고, 저와 전혀 무관한 혐의를 제게 덮어씌운 사람은 준비되지 않은 상태로 중재인 앞에 출석할 사람이 아니라는 점이 여러분 앞에 확실하게 증명된 것 같습니다. 그러니, 그가 그 같은 변명을 늘어놓으려 하면, 여러분은 그런 것을 용납해서는 안 된다고 저는 봅니다. 39. 또, 만일 그가 우리들 사이에 개재한 모든 사안을 티모테오스의 아들 코논28의 중재에 맡기려 했으나 제가 거부했다고 주

장한다면, 그가 여러분을 속이려 한다는 점을 유념하십시오. 저로서는, 최종 판결이 나지 않은 사안들 관련하여, 코논과 이 사람이 원하는 다른 공정한 중재인 누구에게라도 위임하려는 입장에 있습니다. 그러나 중재인이 저에게 승소 판정한 사안과 관련하여 다시 판결에 호소하는 것은 옳지 않다고 여길 뿐입니다. 그 판결도 제 상대소송인 보이오토스가 3번이나 임석하여 다투었고, 증인들이 여러분 앞에서 밝혔듯이, 이 사람이 승복했던 것이었으니까요. 40. 법 규정에 따라 이루어진 판결에 제가 승복하지 않고, 같은 사안을 또 다른 중재인에게 위임한다면, 우리 분쟁이 어떻게 종국에 이를 수 있겠습니까? 더구나 제가 아주 잘 알고 있는 사실로서, 다른 이들의 경우 중재인들의 판정에 너무 큰 비중을 두는 것이 부적합하다 하더라도, 세상 사람들 가운데 이 사람(보이오토스)만큼은 최대로 득을 본 측면이 있습니다.

41. 보십시오, 누가 이 사람을 상대로 '이방인의 시민 참칭의 공소'[29]를 제기했다고 가정합시다. 제 아버지가 그를 자신의 아들로 인정하지 않았다는 이유로 말이죠. 그런 경우, 그가 할 수 있는 유일한 항변은, 이들 모친의 맹세와 중재인들의 판정 때문에, 제 아버지가 부득이 그 판정에 따를 수밖에 없었다는 것 외에 다른 것이 있겠습니까? 42. 그러니, 이 사람이 중재인의 판정에 따라 여러분 도시의 시민이 되고, 제 상속재산을 나누어 가졌으며, 그에 상응하는 모든 것을 차

---

28 그 같은 이름을 가진 고명한 아테나이 장군 코논의 손자.

29 *graphe xenias*(*xenias grapsaito*). '이방인의 시민 참칭의 (공) 소'는 이방인이 아테나이 시민 혹은 각 데모스(區)의 병역 목록에 이름을 등재한 혐의를 고발하는 것이다. 데모스테네스 시기에 이 재판은 법무장관(*thesmothetai*)이 관할했다.

지한 마당에, 그가 임석하여 반론을 폈고, 또 그 판정에 승복함으로써 제가 승소한 사건에 대해 다시 제소하려는 데 대해, 여러분이 다소간 그 정당성을 인정한다면, 참으로 황당한 일이 될 것 같습니다. 마치 그에게 이득이 되면 판정이 유효하고, 그렇지 않으면, 그의 의견이 법에 따라 이루어진 판정보다 더 우세한 것같이 말이죠. 43. 이 사람은 이렇듯 노련한 책략가라, 이번 중재의 제안도 저와의 분쟁을 끝내려는 것이 아닙니다. 오히려 앞서 11년 동안이나 뻔뻔한 짓거리를 이어온 것처럼, 지금도 중재인이 저에게 유리하게 내린 판정을 무효로 돌리면서 다시 저에 대한 음해를 시작하기 위해, 당면한 재판을 회피하려는 것이에요. 44. 이런 정황에 대한 아주 확실한 증거가 있어요. 법에 따라 제가 한 제안을 그가 받아들이지 않았던 것, 그리고 그 전에 크세니포스가 중재하려는 것을 못하도록 한 것 등입니다. 이름과 관련한 소송에서 이 사람 자신이 크세니포스를 천거했고 제가 그것을 수용했는데도 말이죠. 증언과 제안으로부터, 이 사안과 관련해서도 제 진술이 사실임을 여러분은 아시게 되겠습니다.

증언, 제안

45. 이렇게 보이오토스가 이 제안을 받아들이지 않았고, 오히려 저를 함정에 빠뜨리고, 가능한 한 재판이 오래 지연되도록 하려 했어요. 그리고 지금은, 제가 알고 있는 한, 그가 저뿐만 아니라 제 아버지도 비난하려 하고 있어요. 저를 선호하여 여러 가지로 그를 홀대했다는 것이죠. 그러나 청컨대, 재판관 여러분, 여러분 자신이 자식들

에 의해 비난받는 것이 부적절하다고 여기신다면, 이 사람도 자신의 부친에 대해 비난하도록 허용하지 마십시오. 46. 과두정체하에서 여러분 동향인을 재판도 없이 처형한 이들과 화해 협약을 맺은 다음, 여러분은, 훌륭한30 이들이 마땅히 해야 하는 도리로서, 스스로 그 협약을 준수하고 있는 터에, 제 아버지 살아생전에 화해하고, 원래 아무런 권리도 없던 것들에 대해 많은 혜택을 누렸으면서, 지금 와서 이 사람이 죽은 자신의 부친의 잘못을 들추고 비난하도록 내버려두는 것은 실로 어불성설이라 하겠습니다.

47. 절대로, 재판관 여러분, 그러지 마시고, 오히려 이 사람으로 하여금 그렇게 하지 못하도록 해 주십시오. 이 사람이 여러분을 무시하고 제 아버지에 대한 비난을 계속하면, 그 스스로가 제 아버지의 자식이 아니라는 사실을 증명한다는 사실을 여러분은 유념하십시오. 생자(生子)는 부친 살아생전에 싸워도, 죽고 난 다음에는 좋은 말을 하는 법입니다. 그러나 아들이라고 불리지만 친자가 아닌 이들은, 그 부친이 살아생전에 툭하면 다투고, 죽고 난 다음에는 그를 비난하는 데 거침이 없습니다. 48. 그 밖에도 여러분이 유념하실 것은, 이 사람이, 제 아버지의 실수 때문에 시민이 된 순간부터, 이 사람 자신에 대해서 제 아버지가 범했을 수도 있는 실수를 비난하는 것이 이치에 닿지 않는다는 사실입니다. 저로서는, 이들의 모친 때문에, 제 상속 재산의 3분의 2를 빼앗겼으나, 여러분 앞에서 그녀를 비방하기가 안쓰럽습니다. 그러나 이 사람은 자기 아버지가 되도록 강요한 이를

---

30 *kaloi kagathoi.*

49. 여러분 앞에서 헐뜯는 데 주저하지 않습니다. 타인의 죽은 부친들을 비방하지 못하도록 금하는 법이 있는데도, 다른 사람이 아버지를 비방하면 분노해야 할 판인데도, 스스로 그 아들이라고 주장하는 사람이 나서서 비방할 만큼 뻔뻔한 것이죠.

50. 제 소견에, 재판관 여러분, 그가 달리 할 말이 없으므로, 저에 대해 악담하고 모욕을 주려고, 장황한 이야기를 늘어놓을 것 같습니다. 제가 아버지 집에서 어떻게 자랐고 교육받았고 혼인하게 되었는지에 대해 말이지요. 이 사람은 그런 혜택을 누리지 못했거든요. 여기서 여러분이 유념하실 것은, 제 어머니가 죽었을 때 저는 아직 어린 아이였는데, 어머니 지참금에서 나오는 수익31은 제 양육과 교육의 비용으로 충분했어요. 51. 반면, 이들의 어머니 플란곤은 그녀 자신의 집에서 이들(보이오토스 등 그녀의 아들)과 많은 여성 시종들32을 먹여 살리고, 사치스럽게 살았는데, 그녀에 대한 제 아버지의 애정을 호기로, 이 모든 비용을 제 아버지가 지불하도록 하여 막대한 비용을 부담하도록 했죠. 그러니 제 아버지 재산에서 그녀가 끌어다 쓴 것은 제가 쓴 것보다 훨씬 더 많으므로, 이들이 저에 대해서가 아니라 제가 이들에 대해 소를 제기하는 것이 훨씬 더 타당하다고 할 수 있어요. 52. 다른 모든 것에 더하여, 제 아버지와 함께 제가 광산 관련 재산을 구매하기 위해 은행업자 블레파이오스로부터 20므나를 빌렸습니다.

---

31 모친의 지참금은 그 아들이 물려받는다. 성인이 될 때까지 부친 등 보호자가 관리하고 있다가, 성인이 되면 아들이 관할한다.

32 *therapainai.*

그런데 제 아버지가 죽자, 저는 이 광산을 이들과 공유했고, 빌린 돈은 제가 혼자 갚아야 했어요. 저는 또 제 아버지 장례를 위해서 토리코스 출신 리시스트라토스에게서 1천 드라크메를 빌렸고, 저 혼자서 그 빚을 갚았습니다. 이런 사안에 관한 제 진술이 사실임은 다음 증언들로부터 여러분이 아시게 되겠습니다.

증언들

53. 이렇듯, 여러 측면에서 제가 불이익을 당한 것이 명백한데도, 이 사람이 지금 자신이 난리를 치고 손해 보았다고 하면서 제 어머니 지참금까지 빼앗아 가야 하겠습니까? 그러나 여러분은, 재판관 여러분, 제우스와 신들의 이름으로, 이 사람의 아우성에 겁먹지 마십시오. 게다가 아주아주 막돼먹고 당돌하며, 이렇듯 파렴치한 사람이라, 당해 사안과 관련하여 증언을 제시하지 못하고, 그냥 여러분이 잘 알고 있는 것이라고만 둘러대는 겁니다. 이런 변명은, 재판관 여러분, 실속 없이 말하는 이들이 모두 구사하는 수법이죠. 54. 이 사람이 무슨 그 같은 장난을 치려 하면, 여러분이 내버려두지 말고 견제하고 증거를 내놓도록 하십시오. 여러분 각각이 모르는 것은 옆 사람이 아는지를 묻지 마시고, 보이오토스로 하여금 그 발언의 사실 여부를 분명히 증명하도록 하십시오. 정당한 논거를 대지 못하면서 여러분이 알고 있는 사안이라고 둘러대지 못하도록, 또 진실을 왜곡하지 못하도록 하십시오. 더구나 저로서는, 재판관 여러분, 제 아버지가 이들을 부득이 입양한 사실을 여러분이 모두 주지하고 있지만, 그럼

에도 이들을 상대로 소를 제기했고, 자신의 증언에 책임질 증인들을 대동했습니다.

55. 그런데 소송 양측이 같은 위험부담을 안고 있는 것은 아니라 하겠습니다. 저로서는, 여러분이 이들에 의해 현혹된다면, 지참금 소송을 다시 제기하는 길이 막히게 됩니다. 그러나, 이들의 입장에서는, 중재인이 저에게 유리하도록 잘못 판정 내린 것이라고 주장한다면, 지난날 이들이 여러분의 법정에 제소할 권한을 가졌던 것같이, 지금도, 이들이 원한다면, 여러분의 법정에 호소하여 제게서 이들이 말하는 권리를 찾아갈 수 있는 기회를 다시 갖게 됩니다. 56. 저로서는, 그런 상황이 일어나지 않기를 바라지만, 여러분이 저를 질곡으로 몰아넣는다면, 아버지로서 제 딸에게 지참금을 줄 방법이 없어요. 여러분이 그녀의 몸집을 보신다면, 딸이 아니라 제 누이같이 여길 만큼 장성해 있습니다. 반면, 이들로 말하자면, 여러분이 저를 손을 들어 준다 해도, 그 재산에 축날 것이 없고, 저 자신의 것을 저에게 돌려주는 것일 뿐입니다. 동의에 의해 우리가 지참금 조로 유보했으나, 이들이 스스로 전유하고 살던 그 가옥부터 말이죠. 57. 혼인 적령기의 딸을 가진 저로서는, 방종한 생활을 영위할 뿐만 아니라, 이들 같은 부류의 패거리를 집으로 끌어들이는 그 같은 사람들과 같이 살고 싶은 마음이 없습니다. 제우스의 이름을 걸고, 이들과 같은 집에 동거하는 것이 안전하지도 않다고 저는 봅니다. 이들이 공개적으로 음모를 꾸미고 아레오파고스33 앞으로 제소하는 마당에, 이들이 독살이나

---

33 참조, 이 변론 §32.

그 같은 몹쓸 짓을 못 할 것이 뭐가 있을 것이라 여러분은 보십니까?

58. 지금 제가 겪고 있는 상황들을 포함하여 모든 다른 것을 제쳐 놓고라도, 이들은 극도의 무모함으로, 크리톤의 증언을 빌미로 삼아, 가옥의 3분의 1을 저에게서 매수했다고 주장하고 있습니다. 이런 주장이 거짓이라는 점을 여러분은 쉽게 아실 수 있습니다. 우선 크리톤은 다른 누구의 집을 사들일 만큼 경제적으로 여유 있는 사람이 아닙니다. 오히려 사치스럽고도 분에 넘치게 돈을 쓰고 다녀서, 자기 것은 물론 남의 재물까지 끌어대 쓰고 다녀요. 더구나 그는 지금 이 사람을 위한 증인이 아니라 저의 소송상대입니다. 실제 증인들은 소송 현안과 어떤 이해관계도 없는 이들이지만, 기소된 현안에 연루되어 공모하는 이들은 상대소송인이라는 사실을 여러분 가운데 모르는 사람이 누가 있습니까? 59. 크리톤의 경우가 후자에 해당합니다. 그 밖에도, 재판관 여러분, 여러분과 다른 아테나이인은 아주 수가 많지만, 아무도 이 사람을 위해 증인으로 나설 이가 없어요. 티모크라테스 한 사람을 제외하고는 말이죠. 그(티모크라테스)가 '신의 한 수'[34] 같이 나타나서, 보이오토스가 태어난 지 열흘째 되는 날 제 아버지가 하례를 치렀다고 말하는데, 그와 보이오토스는 동갑내기예요. 그리고 이들에게 유리한 모든 사실을 분명하게 다 알고 있다고 잘라 증언한 바 있고, 또 지금에 와서는, 제가 크리톤에게 집을 팔 때 혼자서 임석했다고 증언하고 있습니다. 여러분 가운데 누가 이런 말을 믿는 분이 있습니까? 더구나 이 소송은 제가 집을 크리톤에게 팔았느냐 여

---

34 *apo mechane* (*deus ex mechina*).

부에 관한 것이 아니라 지참금과 관련한 것으로서, 제 어머니가 제 아버지에게 지참금을 주었고, 법 규정에 따라, 제가 그것을 돌려받아야 한다는 것입니다.

60. 이렇게, 증언과 증거들을 통해 제가 여러분 앞에 증명했듯이, 제 어머니의 지참금은 1탈란톤이었고, 그것을 제 아버지가 물려준 상속분에서 제가 취한 적이 없으며, 가옥이 지참금 조로 유보되어 상속 재산 분배에서 제외된 바 있습니다. 그러니 여러분이 제 소송상대에게 제 진술이 거짓말이라는 것, 혹은 제가 지참금을 취할 자격이 없다는 것을 증명하라고 요구하셔야 합니다. 이런 점들이 지금 여러분이 판결해야 하는 현안인 것이죠. 61. 그래도 이 사람이 소송 사건과 관련하여 설득력 있는 증인들이나 다른 증거를 여전히 내놓지 못한 채, 사안에 적중한 말은 하지 않고, 일탈하여 실속 없는 헛소리나 하면서 고함치고 현안에 무관한 일에 대해 불평을 늘어놓는다면, 제우스와 신들의 이름으로, 그 같은 짓거리를 못하도록 여러분이 제지하시고, 저의 권리를 보호해 주십시오. 제가 여러분께 드린 모든 진술에 근거하여, 제 어머니의 지참금이 제 딸에게 가도록 여러분이 판결하는 것이 훨씬 더 공정하다는 사실을 유념해 주십시오. 플란곤과 그 아들들이, 다른 모든 것에 더하여, 지참금 조로 유보하여 분배하지 않은 가옥까지 불법으로 우리들에게서 빼앗아 가도록 내버려두는 것보다는 말이죠.

41

지참금 관련하여 스푸디아스에 반대하여

해제

이 변론은 아테나이인 폴로에욱토스의 두 딸의 남편들 간 맞고소에서 발표된 것으로, 지참금 지급과 또 다른 재산과 관련한 분쟁이다. 지참금 이외의 문제도 관련되므로, 보편적인 금전 관련 분쟁의 법정소송[1]으로 진행되었다.

원문 및 고대 이래 전해오는 해제에 따르면, 폴리에욱토스는 맏딸을 이 변론 화자에게, 둘째 딸을 스푸디아스[2]에게 출가시켰다. 그는 두 딸에게 각각 지참금 40므나를 주었고, 자신이 죽은 후 두 딸이 유산을 공평하게 나눠 갖도록 조치했다. 맏딸의 배우자에 따르면, 지참금 40므나 중 30므나만 받았고, 나머지 10므나와 관련해서는, 폴리에욱토스가 약속한바, 한 가옥에 부쳐, 자신이 죽은 후 그 가옥은 유산분배에서 제외하고 맏딸 남편에게 주도록 했다. 그는 스푸디아스를 상대로 또 다른 재산과 관련하여 일정액을 지급하라고 제소했다. 그 근거는 폴리에욱토스의 아내가 죽은 후 발견된 집안 재산목록이었다.

스푸디아스도 자신이 받아야 할 돈이 있다고 맞고소한 것으로 보이며, 별도로 제소한 것으로 추정된다.

---

1 금전소송(dike argyrou), 임차소송(dike enoikiou) 등이다.
2 스푸디아스는 둘째 딸의 두 번째 남편이다.

1. 저와 여기 있는 스푸디아스는, 재판관 여러분, 폴리에욱토스의 딸인 두 자매와 각기 혼인했습니다. 폴리에욱토스는 아들 없이 죽었어요. 그래서 부득이 제가 유산 문제로 스푸디아스를 법정에 회부했지요. 제가 그와 합의하려 하고, 사안을 우리 친구들의 중재에 맡기려고 온갖 호의와 적극성을 내보이지 않았더라면, 제가 스스로를 탓했을 거예요. 조금 손해를 봐도 참는 것이지, 소송에 나서서 문제를 번거롭게 하다니 말이에요. 2. 그러나 지금, 아무리 관용과 연민을 베풀어도, 그럴수록 더욱더 이 사람이 저를 무시하는 겁니다. 더구나, 지금 이 법정에서도 우리는 서로 똑같은 위험에 노출된 것이 아닙니다. 이 사람은 자주 여러분 앞에 나서는지라, 이런 상황을 너끈히 견딜 수 있어요. 그래서 제가 염려하는 것은, 제가 경험이 부족하므로 저의 입장을 여러분에게 분명하게 피력할 수 없는 것이 아닌가 하는 것입니다. 그럼에도, 재판관 여러분, 제 발언을 경청해 주십시오.

3. 폴리에욱토스는 트리아3 출신인데, 여러분 가운데 몇 분은 이런 사실을 모르지 않을 것 같습니다. 그런데 그는 남아 자식이 없어, 아내의 형제인 레오크라테스를 양자로 들였어요. 그런데 (폴리에욱토스가) 레오크라테스의 누이에게서 낳은 딸이 둘 있었는데, 큰딸을 저에게 출가시키면서 지참금 40므나를 붙여 주었고, 작은딸은 레오크라테스에게 주었습니다. 4. 이런 상황에서 폴리에욱토스와 레오크라테스가 서로 불화하게 되었는데, 그 원인이 무엇인지는 제가 잘 몰라서 말

---

3   트리아는 엘레우시스 동쪽에 있는 구(區)이며, 엘레우시스 비의(祕儀) 행렬이 지나다니는 곳이다. 참조, Herodotos, 8. 65, 9. 17.

할 처지가 못 됩니다. 그러자 폴리에욱토스는 딸을 이혼시키고 여기 있는 스푸디아스에게 출가시켰지요. 그 후 레오크라테스는 부득이 폴리에욱토스와 스푸디아스를 법정에 소환했고, 그에 따라 이들은 전체 재산에 대한 회계보고서를 제출해야 했어요. 마침내 쌍방 간 합의가 이루어졌고, 그 조건은 레오크라테스가 재산에 기여한 만큼의 몫을 돌려받고 폴리에욱토스에게 적의를 품지 않으며, 또 어느 일방이 상대방에 대한 모든 요구 사항은 궁극적으로 말소한다는 것이었죠.

5. 도대체 무슨 이유로 여러분에게, 재판관 여러분, 제가 이런 이야기를 하는 것이겠습니까? 제가 제 아내의 지참금을 전액 지불받지 못하고, 1천 드라크메(10므나)를 더 받아야 했는데, 그것을 폴리에욱토스가 죽으면 받기로 했던 거예요. 그런데 레오크라테스가 폴리에욱토스의 상속인인 한, 저에게 있어 계약의 상대는 레오크라테스가 되는 겁니다. 그런데 레오크라테스가 그 집에서 나와 버렸고, 폴리에욱토스는 몸져눕게 되었으므로, 저는 10므나[4] 채권에 붙여 집을 담보로 잡았어요. 그런데 제가 집에서 세를 받아 챙기려는 것을 스푸디아스가 방해하는 겁니다. 6. 먼저, 폴리에욱토스가 40므나의 지참금을 붙여 그 딸을 제게 출가시킬 당시 임석했던 이들을 증인으로 제가 여러분에게 소개하겠습니다. 그다음 제가 1천 드라크메를 제외하고 나머지 금액만 받은 사실, 나아가 폴리에욱토스가 제게 채무를 지고 있음을 언제나 인정했던 사실, 레오크라테스를 보증인으로 소개한 사실, 그리고 그 임종 시, 제 아내의 지참금으로 1천 드라크메 채무가 있음을 표

---

4 10므나 = 1천 드라크메 (1므나 = 100드라크메).

시하는 저당석5을 집에 세우도록 지시한 사실을 증명하겠습니다.

저를 위해 증인들을 불러 주십시오.

증인들

7. 그런데 이런 사실은, 재판관 여러분, 제가 스푸디아스에게 두는 여러 가지 혐의 가운데 하나입니다. 이 사안과 관련하여 제가 여러분 앞에 진술하는 바에 대해, 법보다 더 확실하고 강한 논거를 어떻게 찾을 수 있겠습니까? 법에 따르면, 담보 잡힌 재물에 대해서는 본인 혹은 상속인 등, 그 누구라도 소 제기할 수 없도록 분명하게 금지하고 있으니까요. 그런데 스푸디아스가 나서서 이같이 법이 보장하는 권리에 대해 이의를 제기한 거예요. 8. 또 다른 것도 있어요, 재판관 여러분, 아리스토게네스의 증언에 의하면, 폴리에욱토스가 임종할 즈음, 2므나와 그에 따르는 이자를 자신에게 상환하지 않는다고 스푸디아스를 비난했답니다. 스푸디아스가 하인6 한 명을 폴리에욱토스로부터 샀는데 돈을 갚지 않았고, 공동 계좌로 등록하지도 않았다는 거예요. 또 1,800드라크메 채무도 있다고 하는데, 여기에 대해 이 사람이 어떤 변명을 둘러댈 수 있을지 저는 모르겠습니다. 9. 이 사람이 폴리에욱토스의 아내로부터 돈을 빌렸는데, 그녀가 죽으면서 이 사실을 적은 문서를 남겼고, 또 그녀의 형제들이 증인으로 이 모든 과정

---

5   *horoi*(단수형 *horos*).

6   *oiketes*.

214

에 임석했고, 또 우리 사이에 불미한 상황이 발생하지 않도록, 그녀에게 조목조목 확인했다고 해요. 그러니 황당하고도, 재판관 여러분, 무모한 짓거리죠. 저로서는 폴리에욱토스가 살아생전에 제가 그로부터 혹은 그 아내로부터 사들인 것은 모두 이자를 붙여서 상환했고, 지금 채무 상태에 있는 것은 모두 공동유산 목록에 올렸습니다. 10. 그런데 이 사람은 여러분의 법도, 폴리에욱토스의 유언도, 남겨진 문서도, 사실을 알고 있는 이들 등에 다 아랑곳하지 않고, 이 모든 것에 반하여, 저의 권리를 문제 삼아 법정에 회부했습니다.

자, 먼저 담보로 잡힌 재물 관련하여 피담보 채권자의 권리에 대해 제소를 금하는 법, 그다음에 남겨진 문서와 아리스토게네스의 증언을 저를 위해 들고 읽어 주십시오.

법, 문서, 증언

11. 이제 저는, 재판관 여러분, 제가 이들에게 붙이는 또 다른 혐의에 관해서도 여러분에게 상세하게 말씀드리려 합니다. 이들은 폴리에옥토스의 아내로부터 사발 하나를 빌려서, 이것을 다른 보석류와 함께 전당 잡혔는데, 그것을 되찾은 다음에도 공동유산 목록에 올리지 않았어요. 이것을 전당 잡았던 데모필로스가 여러분 앞에 이런 사실을 증언할 것입니다. 또 천막 하나를 가져갔는데, 이런 사실에 대해서도 일언반구 없고, 다른 물건들도 그런 것이 많습니다. 최근 제 아내가 자기 부친을 기려서 은 1므나를 내놓으면서 네메시아7 제례를 위해 쓰라고 했어요. 여기에도 이 사람(스푸디아스)은 한 푼 기

여하려 하지 않았지요. 이렇듯, 이 사람은 유산의 일부를 선취했으며 자기 몫의 유산을 차지하면서도, 채무를 상환하지 않았습니다. 이런 사실이 누락되지 않도록, 이 모든 사안에 대한 증언들을 들고 읽어 주십시오.

증언들

12. 아마도, 재판관 여러분, 스푸디아스가 이런 사실들을 반박할 수 있는 아무런 평계도 대지 못할 것 같습니다. 제아무리 달변이라고 해도 변명하지 못할 거예요. 그런데도 이 사람(스푸디아스)이 폴리에욱토스와 그 아내를 비난하면서, 그들이 제 말에 넘어가 모든 사안을 제게 유리하도록 처리했다는 거예요. 그래서, 제우스의 이름으로, 이 사람(스푸디아스) 자신이 여러 가지 큰 피해를 보게 되어 저를 법정으로 소환하게 되었다는 것이죠. 이 같은 주장은 이미 중재인 앞에서도 피력하려 했던 것이에요. 13. 그러나 저로서는, 재판관 여러분, 누구라도 이런 식으로 자신을 변론하는 것은 공정하지 못한 것이고, 또 자신의 죄가 분명히 증명되는 데도 오히려 적반하장으로 입지를 전도(顚倒)하여 고소인이 되어 남에게 혐의를 뒤집어씌우고 음해하는 것은 옳지 못하다고 봅니다. 만일 이 사람이 달리 피해 본 것이 있으면, 그저 그와 관련하여 구제받으면 되는 것이고, 현안과 관련한 것은 유

---

7   Nemesia (Nemeseia). 네메시아는 해마다 보에드로미온달(9월 중순~10월 중순) 5일째 거행하는 제례이다.

죄 선고 받아야 합니다. 어떻게 지금 제가, 여러분이 판결 내리게 될 현안을 제쳐놓고, 이 사람의 비방을 반박하고 있어야 하는 겁니까?

14. 그리고 이 사람의 비난이 사실이고 공정하다손 쳐도, 무슨 연고로 우리 친구들의 결정을 수용하지 않았는지, 저는 이해할 수 없어요. 우리를 중재하려고 수차 논의를 거듭했던 친구들 말입니다. 게다가, 이 모든 사건의 추이를 옆에서 목도하고, 당사자인 우리만큼 일의 진행과정을 잘 꿰고 있으며, 우리 둘 다의 친구들이며 객관성을 담보한 이들 아닌 다른 누가 이 사람과 저의 소명(疏明)에 대해 더 잘 판단할 수가 있겠습니까? 15. 그러나 이 같은 중재 절차가 이 사람에게는 별로 이득이 안 되는 것 같습니다. 이들에 의해 공개적으로 유죄로 판정받음으로써 문제를 해결하는 그런 방식 말이에요. 혹시라도, 재판관 여러분, 모든 사실을 꿰뚫고 있고 지금 위험을 감수하고 저를 위해 증언에 나선 친구들이, 당시에 맹세한 다음 이 사안에 대해 내린 결정이 다른 내용의 것이 아니었을까 생각하지는 말아 주십시오. 더욱이 이 같은 증언들이 전혀 없다 해도, 이들 사안과 관련하여 여러분이 어느 편의 주장이 진실인지를 어렵지 않게 판단할 수 있습니다.

16. 이 사람의 주장에 따르면, 가옥과 관련하여 폴리에욱토스가 1천 드라크메 채무에 가름하여 저당석을 세운 것은 저의 꾐에 넘어간 것이라 했답니다. 그러나, 스푸디아스 씨, 실로 내가 증인들로 하여금 나를 위해 위증(僞證)하도록 꾄 적은 없소. 그(폴리에욱토스)가 딸을 내게 출가시킬 때 임석하여, 내가 지참금 전액에 못 미치는 돈을 받은 사실을 목도하고, 또 그가 내게 빚진 사실을 인정하고, 레오크라테스에게 채무 청산하도록 위임하는 말을 들었고, 마침내 유언 작성 때도

임석했던 증인들 말이요. 이들에게 문제되는 것은 나를 위한답시고 실제로 있었던 일을 증언하지 않는다면, 위증으로 고소당할 위기에 처하게 되는 것이에요. 그러니 그런 이야기는 그만두도록 하고, 17. 이 문제에 대해서 어떻게 대답하시겠소? 당신이 여기 여러분에게 분명하게 해명하도록 하시오. 이 사람이 그렇게 하지 않으면, 모든 여러분이 이 사람에게 그렇게 하도록 요구하도록 하십시오. 폴리에욱토스가 유언으로 이런 지시를 내렸을 때, 이 사람(스푸디아스)의 아내가 임석했고, 그녀가 당연히 이 사람에게 자기 아버지 유언을 전달했을 것이라고 봐야 하겠지요. 특히 이 사람이 같은 몫의 유산을 받지 못하고 총체적으로 더 큰 불이익을 당했더라면 말이에요. 당시 이 사람도 그 자리에 소환되었으므로, 우리가 은밀하게 이들을 속여서 이런 짓거리를 했다고는 말할 수 없는 거예요. 다만, 이 사람도 소환되었으나, 다른 일이 있다고 하고 자기 아내만 있어도 된다고 했거든요. 그래 놓고는 무슨 할 말이 있나요?

18. 아리스토게네스가 이 사람에게 합의된 사항을 상세하게 전달했을 때도, 무슨 이의를 제기한 것 같지 않았어요. 그러고도 폴리에욱토스가 닷새를 더 살아 있었는데도, 이 사람은 화가 나서 집으로 찾아오거나 이의를 제기하지 않았고, 처음부터 모든 과정에 임석했던 그의 아내도 마찬가지였지요. 그러니 폴리에욱토스가 이런 사안에서 저에게 유리하게 조치한 것은 저의 말에 넘어간 것이 아니라, 당신네들 스스로가 그런 상황에 동의했던 거요. 이런 점을, 재판관 여러분, 분명하게 숙지하셔서, 혹여 이 사람이 지금에 와서 이 사안 관련하여 무슨 헐뜯는 말을 하더라도, 곧이듣지 마십시오.

먼저, 상황이 이와 같았음을 여러분이 확신하실 수 있도록, 증인들의 말을 들어 주십시오. 읽어 주시지요.

증인들

19. 그러니, 재판관 여러분, 1천 드라크메와 관련하여, 폴리에욱토스가 공정하게 저에게 집을 담보로 잡힌 사실과 채무가 존재한 사실을 증명함에 있어, 증언한 다른 증인들을 차치하고라도, 이 사람자신과 그 아내가 정황으로서 증인이 됩니다. 당시 이들이 그 같은 상황을 수용했고, 폴리에욱토스가 며칠이나 더 생존해 있었는데도 아무런 이의를 제기하지 않았고, 막 그런 소식을 전해 준 아리스토게네스에 대해서도 그랬어요. 이렇게 가옥이 합법적으로 저당 잡힌 것이라면, 법에 따라 스푸디아스를 무죄 방면할 수는 없다는 사실을 여러분이 유념해 주십시오. 20. 게다가 20므나를 아직 저에게 상환하지 않은 사실도 기억해 주십시오. 이 사안 관련해서는 가장 확실한 증인이 스푸디아스 자신입니다. 제우스의 이름으로, 이 사람이 지금 저의소송상대가 되어서 하는 말이 아니라, 스스로 공공연히 한 행위에 의해서 그러합니다. 부득이한 상황에서 하는 말은 증거로서의 효력을 갖지 못하는 것이니까요. 어떤 행위냐고요? 재판관 여러분. 이와 관련하여 여러분께서는 한층 더 주의를 기울여 주십시오. 저희(원고와스푸디아스)들 아내들의 모친이나, 그녀가 남긴 문서와 관련하여, 이들이 감히 폄훼하려 드는 경우, 여러분이 사실을 알고 있어야 이들이거짓말로 여러분을 속일 수 없을 것이기 때문입니다.

21. 이 문서는, 제가 조금 전에 말씀드렸듯이, 폴리에욱토스의 아내8가 적어 남긴 것입니다. 문서의 봉인은 이 사람의 아내와 제 아내가 확인한 것이었고, 그 봉인을 개봉한 것은 우리들이 임석한 자리였습니다. 그래서 사본을 뜨고 다시 봉인하여 아리스토게네스에게 맡겼지요. 22. 신들의 이름으로, 재판관 여러분, 다음의 사실, 청컨대, 다음의 사실을 알고 계셔야 합니다. 그 문서에는 하인의 몸값으로 2므나가 언급되어 있었어요. 그러니, 임종 시 폴리에욱토스만 채무 사실을 인정한 게 아니었어요. 또 1,800드라크메도 언급되어 있었는데요. 그런데 이 사람이 그것을 읽었는데, 그 기재 사항이 자기와 무관하거나 사실이 아닌 것이 있었다면, 왜 그 자리에서 바로 그런 점에 대해 항의하지 않았을까요? 왜 정확한 것도 아니고 진실도 아닌 문서를 다시 봉인해 두는 데 동참한 것일까요? 적힌 모든 내용에 동의하지 않는다면, 세상에 아무도 그렇게 하는 사람은 없을 거예요.

23. 그런데, 재판관 여러분, 스스로 일단 동의한 바가 있으며, 그래서 여러분이 아무런 증거도 갖지 않은 사안에 대해, 지금에 와서 다시 문제 삼을 수 있다면, 이것은 실로 황당한 일이죠. 그래서 여러분에게는 아무런 증거도 주어지는 게 없어요. 흔히 우리는 사실과 다르게 또 불공정하게 비난받으면, 가만히 참지 않고 바로 항의합니다. 그런데 그렇게 하지 않고 나중에 제소하면, 교활하고 사기성이 있는 사람으로 간주되는 거예요. 24. 스푸디아스는 적어도 저만큼은 이런 사실을 모르지 않고, 오히려 저보다 더 잘 알고 있다고 저는 봅니다.

---

8 원고와 스푸디아스의 아내들의 모친.

법정에 더 자주 들락거리니까요. 그렇지만 그는 스스로의 실제 행위와 모순되는 주장을 하면서 부끄러운 줄도 몰라요. 그런데, 여러분이 흔히 한 가지 꼼수를 간파하면, 그것을 다른 꼼수들의 가능성에 대한 증거로 유추 적용할 수 있습니다. 그러나 스푸디아스의 경우에는 모든 측면에서 사기성이 있음을 스스로 드러내고 있어요. 스푸디아스의 아내가 문서가 봉인되었던 사실을 인정했고, 이 문서가 스푸디아스에 의해 다시 봉인되어 보관되었던 사실에 대한 증언을 들고 읽어주십시오.

증언들

25. 이런 사실들이 이렇듯 확실히 증명되므로, 제 소견에, 더 많은 말이 필요할 것 같지 않습니다. 관련 법을 인용하고 또 제가 진술한 모든 것에 대한 증인들을 제시할 수 있으며, 또 저의 소송 상대방이 저의 주장에 편승하는 사실을 인정하는 마당에, 긴말이 무슨 필요가 있겠습니까? 그런데도, 만일 이 사람이 지참금 문제로 분통이 터지고 또 1천 드라크메 때문에 피해를 보았다고 말한다면, 그것은 거짓말이에요. 여러분에게 곧 명확히 드러날 것이듯이, 이 사람은, 이 돈에 대한 제 권리를 문제 삼는 가운데, 저보다 더 적은 돈이 아니라 더 많은 돈을 가져갔기 때문입니다. 26. 그런데, 이 사람의 말이 다 사실이라고 해도, 법이 어떤 선을 지키기 위해서 있는 것이라면, 제가 합의된 지참금을 받지 못하거나, 혹은 폴리에욱토스가 한쪽 딸에게 더 적은 지참금을 주고, 다른 딸에게 더 많이 주려 하는데, 그렇게 못 하

도록 방해받는 것은 옳지 않습니다. 스푸디아스 씨, 나에게 주어진 1천 드라크메 같은 것이 당신에게는 더 주어지지 않았다고 해서, 그(폴리에욱토스)의 딸을 취하지 않을 수도 있었겠지요. 그러나 당신이 가져간 돈은 전혀 더 적은 것이 아니었소. 먼저, 그 딸이 스푸디아스에게 출가할 때의 조건과 관련한 증언을 듣고 읽어 주십시오.

증언

27. 누가 이렇게 물을 수도 있어요. 이 사람이 받은 것이 어떻게 제 것보다 더 적지 않은가? 이 사람의 경우, 이 사람이 받은 40므나 안에 1천 드라크메 가치에 달하는 보석과 장신구가 포함되지만, 저의 경우 10므나(1천 드라크메)가 따로 추가 지급되었으니까요. 이 점에 대해 제가 말씀드리겠습니다. 스푸디아스가 혼인했을 때, 재판관 여러분, 그 아내가 전 남편 레오카테스로부터 장식품, 옷가지 등을 함께 가지고 왔는데, 그 대가로 폴리에욱토스가 레오크라테스에게 1천 드라크메 이상을 지불했어요. 그(폴리에욱토스)가 내게 준 지참금(받은 액수만큼)을 빼고 내게 준 선물을 스푸디아스에게 내준 것과 비교한다면, 비슷하다는 사실을 여러분이 보시게 될 겁니다. (제가 못 받은 10므나) 지참금 조로 1천 드라크메(10므나)에 붙여 잡은 담보물은 빼고 말이지요. 28. 그러면, 당연히 40므나 안에 (폴리에욱토스가) 레오크라테스에게 대가를 지불했던 물건이 포함되는 것이고, 그 총액은 제게 주어진 것보다 많아지게 되는 거예요.

먼저 이 목록9을 들고 우리 각각이 가진 것들을 재판관들께 읽어 주시고, 그다음 중재인들의 증언을 소개해 주십시오. 스푸디아스가 저보다 더 많이 받은 사실, 그리고 중재인들이 그 같은 취지의 결정을 내렸던 사실을 아실 수 있도록 말이죠.

목록, 증언

29. 이 사람이 자기 아내의 지참금으로서 40므나[10]를 오랫동안 보유한 반면, 저는 이이와 같이 30므나는 받았으나, 그 후에도 1천 드라크메를 받지 못했을 뿐만 아니라, 실로 그에 대한 청구권이 불법적인 것처럼 아예 상실하게 될 처지에 있다는 사실이 분명하지 않습니까? 이런 이유로, 재판관 여러분, 스푸디아스는 저에 대한 청구권 관련 조정을 우리 친구들에게 맡기려 하지 않았어요. 이들이 모든 거래 과정에 임석하여 모든 사안을 숙지하고 있으므로, 결과적으로 그의 거짓이 낱낱이 드러날 것이니까요. 반면, 여러분의 법정에서는 거짓말이 통하여 진실을 말하는 저를 누르고 승소할 수 있다고 여기는 것

---

9 *apographe.* 재산목록을 말한다. 공적 채무를 변제하지 않은 이에 대해 고소인이 아는 대로 채무를 연체한 이의 재산목록을 작성하여 압류 절차에 들어가도록 하는 경우가 있고, 또 삼단노선주직이 공적 부담과 관련하여 재산교환을 할 때는 각자가 자기 재산목록을 작성하여 제출하도록 한다. 여기에 자기 재산을 다 적지 않고 누락했다는 의심이 들 때, 이의를 제기하고 법정 분쟁으로 비화하기도 한다. 참조, Demosthenes, 53. 1.

10 고소인이 40므나라고 주장하는 것 가운데, 30므나는 스푸디아스가 현금으로 받았고, 1천 드라크메(10므나)는 가구, 선물 등을 계산한 것인데, 화자는, 앞 본문의 진술에서 나타나듯이, 그보다 더 적게 받은 것이라고 주장한다.

같습니다. 30. 저로서는, 제힘이 닿는 한, 저에게 씌워진 모든 혐의에 대해 여러분에게 분명히 해명했습니다. 스푸디아스는 사건을 숙지하고 있는 친구들을 회피했는데, 그것은 그들을 속일 수 없다고 여겼기 때문이었어요. 제가 여러분께 드린 말씀을, 재판관 여러분, 유념하셔서, 여러분께서도 이 사람이 거짓말하고 남을 중상하도록 내버려두지 마십시오. 여러분께서 사건의 추이를 다 아시게 되었으니까요. 물시계가 재는 한정된 시간 탓에 쫓겨서 혹여 제가 빠뜨린 것이 없다면 말이지요.

42

재산교환 관련하여 파이니포스에 반대하여

해제

이 변론은 '재산교환'[1]과 관련한 것인데, 위작이라는 의혹이 강하게 제기되어왔다. 화자는 파이니포스에게 '재산교환' 절차에 호소할 것을 제안했으며, 소송 과정에서 파이니포스가 거절하자, 자기 제안의 정당성을 옹호하면서, 사안의 내용과 그에 따른 절차와 관련하여 논지를 전개한다.

'재산교환'이란 중요하고 독특한 아테나이 소송제도이다. 한 시민이 공적 행사[2] 혹은 특별세[3] 등의 부담을 지도록 지목되었을 때, 그 부담이 자기에게 과하다고 생각하고, 동시에 그 부담을 대신 떠맡을 더 부유한 사람이 있는 것으로 보일 때, 그 다른 이에게 부담을 전가하도록 제안할 권리를 갖는다. 그 다른 상대가 자신이 더 부유하다는 사실을 인정하고 제안을 받아들이면 그렇게 일단락된다.

---

1 *antidosis*.
2 *leitourgia*.
3 *eisphora*. 이 변론이 이 특별세와 관련한 것이다.

그러나 자기가 더 부유하다는 의혹을 부인하고 자신이 오히려 더 가난하다고 주장하면서, 애초에 부담을 지도록 지목된 자에게 그 재산을 자기 것과 맞교환하자고 제안하는 경우에는, 애초에 부담을 지도록 지목된 자가 부담을 진다. 이때 재산교환을 할 것인지 여부도 애초의 부담자가 결정한다. 이것이 '재산교환'이다.

쌍방이 재산을 교환하기로 합의하면, 각자가 전 재산을 내놓기로 맹세하고, 그로부터 사흘 안에 재산목록을 교환한다. 여기에 능동(수익 창출 가능)재산과 수동재산이 다 포함된다. 법 규정에 따라 광산 관련 권리는 여기서 제외되는데, 이에 대한 상세한 내용은 전하지 않는다.

재산교환을 제안받은 사람이 아무런 반응이 없이 부담을 짊어지지도 않고 재산교환에 응하지도 않을 때, 이를 제안한 사람은 사안을 해당 장관(아르콘)에게 의뢰하고, 장관은 법정에 회부한다.

이런 경우 보통의 소송처럼 협소한 의미의 원고와 피고가 존재하는 것이 아니고, 누가 부담을 질 것인가를 법정이 결정한다. 이 같은 '심리절차'[4]에서 법정은 단순히 누가 부담을 질 것인지만 결정하고, 재산교환의 제안 여부는 직접 다루지 않는다.

이 변론의 화자는 납세분담조합[5]의 일원으로 군자금에 조달할 특별세 부담을 떠안았다. 그런데 재산이 크게 유실되어, 선금(先金 · *proeisphora*) 납부의 부

---

4   *diadikasia.*
5   *symmoria.* 이 제도는 기원전 357년 페리안드로스의 제안에 의해 처음 정초되었다. 각 부족당 2개씩 총 20개 심모리아가 있었고, 각 심모리아에 60명씩, 총 1,200명 부유한 시민들이 삼단노선 운영 경비 등을 감당했다. 책임자나 아주 부유한 이들은 미리 선금(先金 · *proeisphora*)을 내놓았다. 심모리아 제도는 기원전 340년 데모스테네스 법에 의해 폐기되었고, 그 후 토지재산을 기준으로 300명의 가장 부유한 이들이 부담을 지게 되었다.

담을 감당할 수가 없어, 더 부유한 지주 파이니포스를 상대로 재산교환 절차에 호소하게 되었다. 파이니포스는 처음에 재산교환에 찬성하는 듯했으나, 재산목록을 작성하고 봉인하는 과정에서, 목록도 작성하지 않았고 오히려 봉인된 재산을 위법하게 개봉했다. 그래서 화자는 관할권을 가진 장군들에게 이 사실을 고했다.

이 사건은 기원전 320년대 초반의 것으로 추정되며, 재판 결과는 알려져 있지 않다.

1. 많은 좋은 일들이, 재판관 여러분, 먼저 모든 여러분께, 그다음 재산교환 법을 제정한 솔론에게 있으시기를 빕니다. 재산교환 절차에 의지하려는 이들은 처음, 두 번째, 또 그다음 순서에 어떻게 해야 하는지 분명히 규정하지 않았더라면, 아 파이니포스의 무모함이 어디까지 이르게 되었을지 제가 알지 못하겠습니다. 목하 이 모든 것이 우리에게 법으로 규정되어 있는데도, 이 사람은 명문화된 법 규정을 준수하지 않았어요, 맹세한 바에 따르면, 법에 따라 사흘 만에 건네주겠다고 한 자신의 재산목록6을 내놓거나, 그렇게 하지 않으려면, 적어도 보이드로미온달7 6일째까지 내놓아야 했던 겁니다. 이 사람 자신이 그렇게 날짜를 정하자고 제게 제안했고, 그날 목록을 내놓기로 합의했으니까요. 그런데 둘 다 하지 않았어요. 2. 저와 법을 무시하고, 두 달 뒤, 법정에 출두하기 이삼일 전에야 재산목록을 내놓았습니다. 그전 한동안은 내내 눈앞에서 사라져 버렸는데요. 그러더니, 제가 봉인해 두었던 부동산을 가만두지 않고, 시골로 나가서 창고를 열고는 곡물과 그 밖의 재물을 들어냈어요. 마땅히 법에 따르는 것이 아니라, 마치 자기가 원하는 대로 할 수 있는 권리가 주어진 것처럼 말이죠.

3. 저로서는, 재판관 여러분, 재산 관련하여 이전에 제가 300인8

---

6 *apographe*. 재산목록 관련하여 참조, Demosthenes, 41. 28.
7 9월 중순~10월 중순.
8 10개 아테나이 부족이 각각 가장 부유한 이들 120명 명단을 내면, 총 1,200명을 300명씩 4개 집단으로 나누고, 이들을 다시 납세분담조합(*symmoria*)의 하부조직으로 나누어서, 필요할 때 경제적 부담을 지도록 했다. 참조, A. Boeckh, *The Public Economy of Athens*(Arno Press, 1976), IV, Chap. XIII.

에 선정되던 당시의 행운만 누릴 수 있다면, 참으로 감사했을 겁니다. 그런데 야금(冶金)에 종사한 이들은 다 같이 운이 좋지 못했고, 저도 큰 불행을 겪어서 재산을 잃었어요. 급기야 지금은 도시 당국에 3탈란톤을 내야 하고, 또 1탈란톤은 동업자 부담으로 지불해야 합니다. 제가, 안 그랬더라면 더 좋을 뻔했습니다만, 몰수된 광산의 한 동업자로 있었거든요. 그러니, 여러분께서 제게 돌아온 부역을 다른 사람에게로 넘겨주실 필요가 있겠습니다. 이 사람은 저보다 더 부유할 뿐만 아니라, 공적 부담9을 한 번도 진 적이 없고, 특별세10도 부담해 본 적이 없어요. 4. 그러니, 여러 모든 분께 청컨대, 재판관 여러분, 여기 있는 이 파이니포스가 위법행위를 했고 또 저보다 더 부유한 사실을 제가 증명한다면, 300인 가운데 제가 맡은 부역의 몫을 이 사람에게 전가하도록 저를 도와주십시오. 이런 연유로 해마다 재산교환이 이루어지도록 법이 규정하고 있습니다. 다시 말씀드리자면, 통상 시민들 가운데 다수의 경우 재산상의 번영을 지속적으로 누리지 못하니까요. 재산교환과 관련하여 모든 사안의 자초지종을 여러분께 말씀드리겠습니다.

5. 메타게이트니온달11 2일째부터, 재판관 여러분, 장군들이 300인 관련하여 재산교환을 실시했습니다. 이때 제가 법을 따라서 파이니포스를 소환했어요. 제 집안사람들과 친구 등 몇 명과 함께 이 사람의

---

9 *leitourgia.*

10 *eisphora.*

11 8월 중순~9월 중순.

토지가 있는 키테로스12로 갔지요. 처음에는 길이 40스타디온13이 넘는 주변을 돌면서 그들에게 토지를 보여 준 다음, 토지가 저당 잡힌 상태라는 것을 드러내는 저당석 같은 것이 보이지 않는다는 사실을 파이니포스 면전에서 증언하도록 했어요. 그러고는 그에게 혹 저당석이 있으면 바로 말하고, 저에게 보여 달라고 했어요. 혹시라도 나중에 저당 잡힌 토지가 있다고 둘러대지 못하도록 말이죠. 6. 그런 다음 제가 가옥을 봉인했고, 그가 와서 저의 재산도 확인하라고 그에게 통보했어요. 그러고는 탈곡된 곡물이 어디 있느냐고 물었거든요. 남녀 신들의 이름으로, 재판관 여러분, 그곳에 2개 탈곡장이 있었는데, 그 각각의 크기가 1플레트론14 정도 되었어요. 이 사람이 대답하기를, 일부는 팔았고, 다른 일부는 그곳에 있다고 했습니다.

7. 마침내, 간단히 말씀드리자면, 집을 지키도록 몇 명을 남겨 두고, 제우스의 이름으로, 당나귀 몰이꾼들에게 가옥 울타리 밖으로 나무를 실어내지 못하도록 금하여 중단시켰어요. 이것은, 재판관 여러분, 파이니포스에게 있어 덤으로 들어오는 주요 수입원인데요. 이 6필 당나귀는 1년 내내 나무를 실어 나르는데, 하루 12드라크메의 수익을 가져오는 거예요. 이렇게 나무에 손대지 못하도록, 여러분에게 말씀드렸듯이, 이들에게 금령(禁令)을 내린 다음, 파이니포스에게 법에 따라 맹세 의식을 치르자고 통고하고는, 제가 도시15로 들어왔습니다.

---

12 키테로스는 아티카의 한 시골 전원 지역이다.
13 약 7. 4킬로미터.
14 1플레트론(plethron)은 한 변이 약 100피트(30미터) 되는 넓이이며, 약 850~900제곱미터의 넓이가 된다.

230

8. 먼저, 제 진술을 증명할 수 있는 증언들을 여러분께 소개하고, 그다음 이 사건의 다른 측면들과 관련해서도 여러분이 사실의 전모를 들으시겠습니다. 이 파이니포스는, 재판관 여러분, 바로 첫날부터 불법을 자행하기 시작했어요. 법 규정에 따라 제가 가옥을 봉인한 다음에 이 사람이 그것을 개봉했어요. 그런데 이 사람은 봉인을 없앤 사실을 인정하면서도, 문을 연 사실은 없다고 하는 겁니다. 마치 문을 여는 것이 아닌 다른 목적으로 봉인을 개방한 것처럼 말이에요. 9. 또 제가 나무를 빼내지 말라고 금령을 내렸는데도, 금령 내린 당일만 빼고 다른 날은 하루도 안 빠지고 이 사람이 나무를 실어낸 거예요. 당시에 토지 경계에 어떤 저당석 같은 것도 없었어요. 그런데 지금 와서는 채무가 많다고 하는 겁니다. 한마디로, 이 사람은 자기 멋대로 할 뿐, 법 규정에 따르지 않습니다.

먼저 광산과 관련한 것, 그다음 다른 사안과 관련 증언들을 읽어주십시오.

증언들

10. 그러니, 재산교환 하기로 한 다음 첫째 날부터 이미 파이니포스가 어떤 점에서 불법행위를 한 것인가 하는 사실을, 아테나이인 여러분, 저와 증인들로부터 청취하셨습니다. 그런데 그 후 이 사람이 자행한 행위는 저뿐만 아니라, 여러분 모두가 소중하게 지켜야 할 법

---

15 *asty*. 아테나이 도심.

을 위반한 것이에요. 11. 보에드로미온달 11일 째, 자기 재산과 관련하여 사실에 부합하는 공정한 목록을 내놓기로 맹세했고, 또 법 규정에 따라 맹세한 다음 사흘 이내로 목록을 내놓아야 하는데도, 이 사람이 크리오아[16] 출신 폴리에욱투스와 그 외 몇 명을 대동하고 법정[17]으로 와서는 제게 간청했어요. 첫째, 이 사람 자신이 제가 요구하는 모든 사안에 공정하게 임할 것이므로, 자신과 만나서 타협하자는 것이었고, 둘째, 자신이 저의 형편을 모르는 것이 아니므로, 재산과 관련한 최종 결정을 단 며칠만 유예하자는 것이었지요. 12. 그래서 저로서는, 분쟁을 피하고 성급하게 법정으로 호소하지 않는 것이 온건하고 점잖은 시민의 징표라 여기고, 보에드로미온달 23일 째, [18] 타협을 위한 회동을 가지고, 같은 달 25일[19] 공표하기로 했습니다. 이렇게 파이니포스는 이 두 가지 사안에 대해 저의 동의를 받아 냈으나, 이 양일(兩日) 중 어느 하루도 나타나지 않았어요. 그래 놓고는 1개가 아니라 2개 법을 어기면서, 여러분 앞에 나타난 겁니다. 하나는, 맹세한 다음 사흘 이내에 재산목록이 제출되어야 한다는 법, 다른 하나는, 증인들 앞에서 이루어진 상호 계약은 구속력이 있다는 법입니다.

13. 그런데, 재판관 여러분, 법정 기일과 분쟁 쌍방이 동의한 기일이 똑같은 구속력을 갖는다는 사실을 여러분 가운데 모르는 이가 있습니까? 법정 기일은 13일째로 되어 있지만, 흔히 우리는 상호 동의

---

16 크리오아는 안티오키스 부족에 속하는 구(區 · demos)이다.
17 dikasteria.
18 보에드로미온달 끝부분 10일간에 속하는 8번째 날.
19 보에드로미온달 끝부분 10일간에 속하는 6번째 날.

에 의해 다른 날로 정하기도 합니다. 그리고, 쌍방 동의에 이르면, 모든 관청에서 관리20들은 재판21과 판결22을 연기합니다. 어느 일방이 상대방과 동의한 바를 무효로 간주하려 한다면, 여러분은 그런 이를 무고(誣告)를 능가하는 고약한 이로 혐오하게 되는 것이에요. 14. 그런데 파이니포스가, 자신의 재산목록을 제시하고 제 재산목록을 받기로 약속한 날, 감쪽같이 사라져 나타나지 않았던 겁니다. 마치 법 규정에 동의한 바의 어떤 것도 행하면 안 된다고 되어 있는 것처럼 말이죠. 그러나 저로서는, 이 사람이 저나 법에 전혀 개의치 않는 것을 보면서도, 장군 청사23에 저의 재산목록을 제출했습니다. 반면, 파이니포스는, 조금 전 제가 말씀드렸듯이, 지금에야 막 제출한 거예요. 그 목적은 다름 아니라, 그저 제출했다는 시늉을 할 뿐, 제가 그 내용을 살펴볼 수 있는 기회를 갖지 못하도록 하려는 것이죠.

15. 그러니, 재판관 여러분, 법보다 자신의 후안무치함을 더 앞세우는 이에게 마땅한 몫 이상의 것이 돌아가지 않도록 하십시오. 그렇게 하시지 않는다면, 여러분은 법 규정을 무시하는 이들을 양산하게 될 거예요. 오히려 여러분의 뜻이 법의 뜻이며, 법정에 출석하는 날이 가해자가 아니라 피해자를 위한 날이라고 믿는 이들을 도와주셔야 합니다. 16. 합당한 제 진술에 부합하는 증언들과 법 규정들을 읽어주십시오.

---

20 *archontes.*
21 *dikai* (단수형 *dike*).
22 *kriseis* (단수형 *krisis*)
23 *strategion.*

증언들, 법 규정들

이렇듯, 재판관 여러분, 파이니포스에 의해 피해를 보면서, 저는 장군들에게 다음과 같은 저의 재산목록24을 제출했습니다. 읽어 주십시오.

목록

17. 신들과 정령의 이름으로, 재판관 여러분, 제가 지금 원용하는 방법 이외에 달리 어떻게 여러분에게 말씀드린 부당행위에서 파이니포스가 유죄라는 사실을 증명할 수 있겠습니까? 그뿐 아니라, 제가 제 재산목록을 올바르게 작성하지 않았다고 이 사람이 저에 대해 맞고소까지 한 거예요. 이 같은 부류의 사람들은 여러분 앞에서 이렇게 거짓말하는 것이 여반장(如反掌)입니다. 또 목록 제출에 앞서 제가 한 맹세를 이 사람이 비난했는데, 광산을 제외한 나머지 모든 재산에 대한 목록을 작성하기로 했다는 거예요. 마치 법에 따라 맹세하는 것이 비난거리를 만들기 위한 계기나 되는 것처럼 말이죠.

18. 그러나, 재판관 여러분, 여러분이 제정했으므로, 여러분 스스로 알고 있는 법이 분명히 규정한 바에 따르면, 상호 재산교환에 임하는 이들은, 맹세로서 재산목록을 제시할 즈음, 다음과 같은 선서로 덧붙입니다. "저는 진실하고 정직하게 재산목록을 제출하겠습니다. 다만 은광(銀鑛) 사업은 제외되는데, 그것은 법에 의해 면세 범

---

24 *apographe*. 재산목록 관련하여 참조, Demosthenes, 41. 28.

위에 속하기 때문입니다." 19. 차라리, 이 법조문 자체를 들고 읽는 것이 좋을 것 같네요. 다만 잠깐 제게 말미를 주시고요. 저로서는, 재판관 여러분, 이전에 파이니포스에게 제안한 바 있고, 지금은 기꺼이 그에게 선처를 베풀어, 제가 광산을 포함하여 모든 재산을 이 사람에게 넘길 수도 있어요. 만일 제가 처음 증인들과 함께 이 사람의 토지를 방문했을 때와 똑같이 저당 잡히지 않은 상태로 제게 양도하고, 또 창고 문에서 봉인을 제거하고 빼내 간 곡물, 포도주, 그 외 다른 물건들을 다시 제자리에 돌려놓는다면 말이에요. 그런데도 여전히 당신이 불평하고 소리칠 일이 있소? 20. 내 은광으로부터는 말이요, 파이니포스씨, 전에는 내가 스스로의 육체로 수고하고 노동하여 많은 수익을 거두었소. 솔직히 말해 그랬소. 그런데 지금은 약간을 제하고는 다 거덜이 나 버렸소. 그러나 당신은 토지에서 곡물을 팔아 18드라크메, 포도주로 12드라크메를 거두지 않소. 1천 메딤노스[25] 이상의 곡물에다, 800메트리테스[26] 이상의 포도주를 거두니, 부유한 것이 당연한 것 아니오?

21. 지금 우리 처지가 같지 않은데, 우리가 전과 같이 같은 계층[27]에 속해서야 되겠소? 그렇지 않죠. 그러면 공정하지 못하니까요. 당신이 내 입장에 공적 부담을 지는 이들의 계층에 잠시 소속되어 있도록 하시오. 광업에 종사하는 이들은 있는 대로 다 나가떨어졌는데,

---

25 *medimnos*. 메딤노스는 곡물을 재는 단위로 1메딤노스는 55리터 정도에 해당한다.
26 *metrites*. 메트리테스는 액체를 재는 단위로 1메트리테스는 39리터 정도에 해당한다.
27 *taxis*.

당신네 농부들은 통상의 수준보다 더 형편이 좋으니까요. 이미 이전부터, 파이니포스씨, 당신은 두 가지 재산에서 수확을 거두고 있지 않소. 당신 생부 칼리포스의 재산, 그리고 당신을 입양한 연사 필로스트라토스[28]의 재산 말이오. 그런데도 당신은 여기 있는 여러분을 위해서 눈곱만치도 기여한 바가 없어요. 22. 반면, 내 아버지는 나와 내 형제에게 각기 45므나의 유산을 남겼는데, 이 돈으로는 생계 꾸리기가 쉽지 않아요. 그러나 당신 부친들은 돈이 아주 많아서, 디오니시아[29] 제전에서 무창지휘자를 역임하고 우승하여, 각기 자기 이름을 새긴 삼각대[30]를 남기고 있어요. 제가 그들을 시기하는 게 아니에요. 부자들은 당연히 시민들을 위해 기여해야 하는 것이니까요. 그러니, 두 가지 재산을 물려받아서 공적 부담을 감당하기에 충분한 여력이 있는 당신 말이오. 당신도 도시를 위해 동전[31] 한 푼이라도 내놓은 적이 있는지 증명해 보시구려. 23. 그러나 당신은 증명하지 못할 거요. 당신이 배워온 것은 감추고 피하는 것, 여기 있는 분들을 위한 공적 부담을 지지 않으려고 온갖 꼼수를 구사하는 것이었소. 반면, 내 아버지로부터 빈약한 재산을 물려받은 나는 많은 돈을 기부한 사

---

28 필로스트라토스는 당시 이름난 변론인이었다. 데모스테네스(59. 22~23)는 자신의 변론에서 그를 언급하고 있다. 필로스트라토스는 파이니포스의 외조부였는데, 파이니포스를 자기 아들로 입양했다.

29 대(大) 디오니시아 제전인 것으로 추정된다. 이 제전은 디오니소스 신을 위해 엘라페볼리온달(3월 중순~4월 중순)에 아테나이에서 거행되는 제전이다.

30 *tripos*. 삼각대는 보통 청동으로 만든다.

31 *chalkous*. 최소액의 동전으로 1오볼로스는 8칼쿠스이다.

실을 증명할 수 있어요.

먼저 저를 위해 광산 재산은 재산목록에 포함되지 않는다는 규정의 법과 저의 제안서,[32] 그다음 이 파이니포스가 공적 부담을 겨왔던 두 개 재산을 상속받은 사실을 증명하는 증언을 읽어 주십시오.

법, 제안, 증언들

24. 누구라도 단 한 가지 점에서 이 파이니포스가 여러분으로부터 칭송받을 만한 것을 증명할 수 있을 것 같습니다. 재판관 여러분, 이 사람이 말을 기르는 데 유능하고 또 자부심을 가지고 있어요. 젊고 부유하고 강건하니까요. 그런 확실한 증거가 무엇이냐고요? 전투용 말을 팔아 버리고 기마를 포기한 다음 그 대신, 그 젊은 나이에, 전차를 산 거예요. 걸어 다니지 않으려고 말이에요. 이 사람의 생활이 이렇듯 호사스러웠어요. 이 사람이 이 전차를 제게 내놓을 재산목록에 포함시켰지만, 곡물, 포도주, 그 밖의 토지에서 나는 생산물은 10분의 1도 안 넣은 겁니다.

25. 그런데, 그가 지금까지 재물과 생명으로 기여하고 명예를 중히 여기므로, 지금 공적 부담에서 벗어나게 해야 합니까? 그는 전혀 그런 적이 없어요. 훌륭[33]한 재판관은, 형편이 좋을 때 기꺼이 공적 부담을 지고 300인 목록에 등재된 이들이 부득이한 형편에서 부담에

---

32 *proklesis.*

33 *kaloi kagathoi.*

서 벗어나려 할 때 면제받도록 해 주는 것이에요. 반면, 공적으로 비용을 지출하는 것을 헛되이 쓰는 것이라 여기는 이들은 납세자 명단에 올리고 빠져나가지 못하도록 해야 합니다. 먼저 증언을, 그다음에 목록34을 읽어 주십시오.

증언, 목록

26. 그만 멈추어 주십시오. 게다가 파이니포스는, 재판관 여러분, 증언을 통해 여러분에게 드러났듯이, 봉인된 창고를 따고 그 안에서 많은 물건을 들어냈어요. 그리고 아끼는 것은 뒤로 숨겨 두고, 한 달35이나 늦게 재산목록을 제게 내놓았거든요. 그러나 이 문제는 이 정도로 하지요.

여기 "이 재산에 다음과 같은 채무가 있습니다"라는 구절을 읽어 주십시오.

목록

27. 거기서 멈추어 주십시오. 이 여인, 재판관 여러분, 아리스토노에는 필로스트라토스의 딸이며, 이 사람의 어머니입니다. 파이니포스의 주장에 따르면, 어머니의 지참금이 채무로 남아 있다고 하는

---

34 *apophasis*.
35 '두 달 째'는 만 한 달이란 뜻이다.

데, 법에 따르면, 그 소유자는 이 사람 자신입니다. 이것이 거짓이며, 이 사람은 목록을 올바르게 작성하지 않았어요. 무슨 이유로 내가, 파이니포스 씨, 지참금을 가지고 온 내 어머니가 내 집에서 머물러 살고 있는데, 나는 지참금만큼 어머니에게 채무를 지고 있다는 주장을 하지 않고, 또 재판관들을 속이려고도 하지 않고, 파이니포스의 것이 되든 내 것이 되든, 지참금이 내 재산에 포함되도록 가만 내버려두겠습니까? 왜냐하면, 이 알량한 친구여, 법이 그렇게 규정하고 있기 때문인 거요. 그런데 당신은 내내 불법만 저지르고 있어요. 그다음 부분을 읽어 주세요.

재산목록

28. 들으셨지요, 재판관 여러분. 이 사람이, 토지를 담보로 하여, 람누스[36] 출신의 팜필로스와 페이돌레오스에게 공히 1탈란톤, 플리아[37] 출신 아이안티데스에게 4천 드라크메, 아나기로스[38] 출신 아리스토메네스에게 14므나의 채무를 지고 있다고 합니다. 그러면 왜, 파이니포스 씨, 증인들이 임석한 가운데 내가 당신에게 토지에 무슨 채무가 있는지를 묻고, 거기 어딘가에 저당석이 있으면 보여 달라고 하며, 나중에 가공의 채권자가 나타나 내게 손해를 끼치는 일어 없도록

---

36 아이안티스 부족에 속하는 구(區 · *demos*).
37 Phlya(혹은 Phlyeia, Phlyas)는 케크로피스 부족에 속하는 구(區 · *demos*).
38 아나기로스는 에레크테이스 부족에 속하는 구(區 · *demos*).

하라고 당신에게 주문했을 때, 당신은 이런 채무 사실들을 그때 왜 밝히지 않았던 거요? 당신이 법정으로 사흘 안에 내놓아야 하는 목록을, 한 달 후[39]에 내게 넘겨주면서, 급기야 3탈란톤이 넘는 채권자와 채무가 등장하는 거요? 29. 얄량한 이여, 당신의 꼼수는 다름 아니라, 내가 도시에 지고 있는 공적 채무와 같은 액수를 당신도 빚지고 있는 것이라 말하고 싶은 것이지요. 그러나, 파이니포스 씨, 당신의 진술이 거짓이며, 여기 여러분 앞에서 당신이 위증하고 있다는 사실을, 내가 아예 분명하게 밝히도록 하겠소.

저를 위해, 서기관님,[40] 아이안티데스와 테오텔레스의 증언을 들고 읽어 주십시오. 이 사람이 이들에게 4천 드라크메의 채무를 지고 있다고 위증했으나, 그 빚은 오래전에, 자의가 아니라 재판에 패소한 다음, 부득이 갚은 것이라고 합니다. 읽어 주십시오.

증언

30. 이제, 재판관 여러분, 모든 점에서 명백히 허위의 목록을 작성하고, 목록 제출 기일을 명시한 법도, 법과 같은 효력을 갖는 상호 동의 등에 대한 일말의 배려도 없고, 게다가 봉인한 창고를 뜯고 그 안에서 곡물과 포도주를 들어냈고, 재산교환을 하기로 동의한 이후 30므나를 상회하는 목재를 팔아 치우고, 그중에도 가장 심각한 사안으로,

---

39 두 번째 달.
40 *grammateus.*

재산교환에 대비하여 허위 채무를 만들어낸 이런 사람이 공정하게 목록을 작성했다고 보고 그에게 지지 투표 하시겠습니까? 절대로 그러시면 안 됩니다, 재판관 여러분.

31. 여러분을 위해 어떤 기여도 하지 않았고, 풍성하게 생산된 곡식과 포도주를 그 전해보다 3배의 가격으로 팔며, 이 모든 것에도 불구하고 그런 이에게 여러분이 승소 판결 내린다면, 패소 판정받는 이는 어디에 의지해야 하겠습니까? 여러분에게 청컨대, 지금 그 같은 일은 일어나지 않도록 해 주시고, 광업에 종사하는 모든 이에게 공동으로 도움을 주셨듯이, 지금 한 사인(私人)으로서 저를 도와주십시오. 제가 만일 시민이 아니라 여러분의 하인이었다면, 저의 근면과 여러분을 향한 저의 선의를 참작하여, 저의 비용 지출을 면제하시고, 임무를 회피해온 다른 이들 가운데 한 사람에게 그 부담을 돌려주실 것 같습니다. 그와 같이, 제가 여러분에게 빚진 3탈란톤을 갚고, 다시 재산을 모으게 되면, 곤경에 처한 다른 이의 부담을 덜어 주시고 그 부담을 다시 제게로 돌려주십시오. 그러나 지금은 여러 모든 분께 청컨대, 재판관 여러분, 저의 부담을 덜어 주십시오. 또 제가 사실대로 말씀드렸으므로, 저를 도와주시고, 상대소송인들에 의해 제가 질곡에 처하도록 내버려두지 않도록 해 주십시오.

43

하그니아스의 재산 관련하여 (소시테오스가) 마카르타토스에 반대하여

해제

이 변론은 유산과 관련한 것으로서, 이와 동일한 사안과 관련한 변론으로 아사이오스의 〈하그니아스의 재산에 대하여〉가 있다.

오이온 출신 부셀로스는 5명 아들, 하그니아스, 에우불리데스, 스트라티오스, 하브론, 클레오크리토스를 두고 있었다. 이들 중 이 사건과 관련된 이는 앞의 3명, (제1) 하그니아스, (제1) 에우불리데스, 스트라티오스, 그리고 그 자손들이다.

하그니아스에게는 아들 폴레몬과 딸 필로마케가 있었다. 폴레몬은 (제2) 하그니아스를 낳았는데 그가 자식 없이 죽었으므로, 그 유산이 분쟁 대상이 되었다.

에우불리데스는 세 아들, 에욱테몬, 필라그로스, 칼리스트라토스를 두었다. 필라그로스는 자신의 사촌이며, (제1) 하그니아스의 딸인 (제1) 필로마케와 혼인하고, 아들 (제2) 에우불리데스를 얻었다. (제2) 에우불리데스는 딸 (제2) 필로마케를 낳았다. 필라그로스의 형제인 칼리스트라토스는 딸을 두었는데, 이 딸이 다시 소시테오스를 낳았다. 소시테오스는 (제2) 에우불리데스의 딸인 (제2) 필로마케와 혼인하고, 그사이에서 딸 하나와 네 아들 소시아스, (제3) 에우불리데스, 메네스테우스, (제2) 칼리스트라토스를 낳았다.

하그니아스 집안 가계도

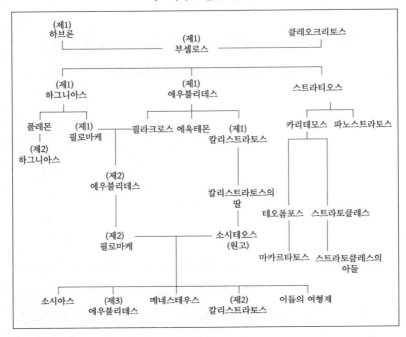

스트라티오스는 두 아들 카리데모스와 파노스트라토스를 두었다. 이 중 카리데모스는 두 아들, 테오폼포스와 스트라토클레스를 두었고, 다시 테오폼포스는 아들 마카르타토스를 낳았다.

폴레몬의 아들 (제 2) 하그니아스는 유언으로 자신의 질녀를 입양했다. 그는 기원전 396년 스파르타인과 싸우다 죽었고, 그 후 곧 입양된 무남상속녀 질녀도 미혼인 채로 죽었다. (제 2) 하그니아스에게 입양된 자식이 없었으므로, 그 유산이 (제 2) 필로마케(에우불리데스의 딸이자, 피상속인, 곧 제2 하그니아스의 숙모인 제 1 필로마케의 손녀)에게로 넘어갔다. 이에 (제2) 하그니아스의 동모이부(同母異夫) 형제인 글라우콘과 글라우코스가 본 상속권을 청구하였으나, 이는 받아들여지지 않았다. 이들이 제출한 유언장이 위조된 것으로 드러났기 때문이다.

한편, 카리데모스의 아들이며 스트라티오스의 손자인 테오폼포스도 피상속인 (제 2) 하그니아스의 최근친임을 주장하며 상속권을 주장했다. 그런데 동모이부 형제들이 그 모친과 함께 (제 2) 하그니아스의 모친(테오폼포스의 숙모)과 합세하여 상속권을 요구하고 나섰다. 참고로, 장관(아르콘)이 유산 상속권을 누군가에게 인정한 다음, 새로운 이가 나타나 상속권을 요구하면, 그전 상속권자가 생존하거나 죽은 지 5년이 경과하지 않은 한, 상속권 분쟁은 다시 재판에 회부된다.

이 경우 남계(테오폼포스)가 여계(제 2 하그니아스의 모친이자 테오폼포스의 숙모)보다 우선한다고 하기보다는 테오폼포스가, 이른바 편법 혹은 불법으로 의심되는 입양의 형식을 통해 (제 2) 하그니아스의 아들인 것으로 행세했기 때문이라고 보는 것이 타당하겠다. 그러나 필로마케와 (제 2) 하그니아스 모친의 항변으로 인해 테오폼포스의 상속권은 무효가 되었다.

필로마케와 그녀의 남편 소시테오스의 항변 배경은 다음과 같다. 이들은 네 아들 가운데 (제 3) 에우불리데스를 필로마케의 부친이자 하그니아스의 사촌인 (제 2) 에우불리데스의 아들로 입양시켰다. 그래서 (제 3) 에우불리데스는 (제 2) 에우불리데스의 외손자가 아닌 아들의 자격으로, (제 2) 하그니아스의 상속인이 되는 것이다. (제 3) 에우불리데스의 부친인 소시테오스는 그때까지 상속인으로 자격을 인정받았던 테오폼포스에게 상속권을 다투는 소를 제기하게 되었다. 그런 가운데 테오폼포스가 사망했으므로, 그 아들 마카르타토스를 상대로 소송을 계속하게 된다.

(제 3) 에우불리데스의 양부인 (제 2) 에우불리데스는, 그의 모친 (제 1) 필로마케가 피상속인 (제 2) 하그니아스의 숙모이므로, 모친을 통해 하그니아스와는 사촌(재종)간이 된다. 하그니아스의 부친 폴레몬과 (제 1) 필로마케는 형제로서 (제 1) 하그니아스의 자식들이기 때문이다. (제 2) 에우불리데스의 모친인

(제1) 필로마케가 폴레몬과 동부동모(同父同母) 형제간이라는 사실이 확실한 것이라면, (제3) 에우불리데스는 테오폼포스보다 더 우선순위의 상속권을 가지게 되는 것이다.

그래서 이 사건 상속권은 테오폼포스와 소시테오스 간의 분쟁으로 수렴된다. 소시테오스의 주장에 따르면, 원래 부셀로스의 다섯 아들은 각기 분가함으로써, 자신은 하그니아스와 에우불리데스의 가계에 속하지만, (제3) 에우불리데스는 다른 가계에 속한다고 한다.

논리 전개에서 다소 흠이 없는 것은 아니지만, 이 변론은 예부터 데모스테네스의 작품 가운데서도 중요한 의미를 갖는 것으로 인정되었다. 화자(話者)가 많은 자료들, 특히 법조문의 내용을 인용하고 있기 때문이다. 이 변론은 기원전 370~365년 사이에 작성된 것으로 추정된다.

1. 하그니아스의 재산과 관련하여 지난번 같은 이들을 상대로 한 재판이 있었습니다, 재판관 여러분. 그렇지만 이들은 자기들 것이 아닌 재산을 차지하기 위해서 불법과 폭력을 멈추지 않았어요. 그래서 사건의 자초지종을 여러분께 말씀드릴 필요가 있을 것 같습니다. 2. 그러면, 재판관 여러분, 여러분은 편안하게 이야기를 다 들으시는 가운데 이들이 어떤 종류의 사람들인지가 드러날 테니까요. 이들은 이미 예전부터 시작하여 지금도 여전히 악의적 속임수를 멈추지 않았고 무엇이든 원하는 대로 할 수 있다고 생각하는 것을 여러분이 보게 될 겁니다. 그러니 우리는, 재판관 여러분, 호의로서 이야기를 경청해 주시고 세심하게 주의를 기울여 주시기를 부탁드립니다. 저로서는 사실에 관해 가능한 한 가장 확실한 정보를 여러분께 전하도록 노력하겠습니다.

3. 이 소년의 모친1은, 재판관 여러분, 오이온 출신 하그니아스의 최근친인데, 여러분의 법에 따라 그녀에게 돌아오는 재산을 취득했습니다. 그리고 이 재산에 대해 이의를 제기한 이들 가운데 아무도 자기가 이 여인보다 더 가까운 친척이라는 사실을 감히 맹세하려 들지 못했어요. 그녀가 최근친이므로 유산이 그녀에게 증여된다는 사실을 모든 이가 인정하고 있었거든요. 4. 그러나 오이온 출신 글라우코스와 그 형제 글라우콘이 가짜 유언장을 조작하여 나타났고, 마카르타토스의 부친 테오폼포스가 이들과 결탁하여 이 모든 공작에 끼어들었으며, 그들 증언이 제출된 증거 진술의 대부분 이루고 있습니다. 그들이 제출한 유언장은 가짜로 판명되었고, 패소했을 뿐만 아니라 완

---

1   (제 2) 필로마케.

전히 불명예를 안고 재판소를 떠났습니다. 5. 근친이거나 유언에 의해 하그니아스의 재산에 대해 권리를 주장하거나, 혹은 그런 주장에 대한 보증으로 담보를 세우고자 하는 이가 있는지를 알기 위해 포고관이 공지했을 때 여기 있는 마카르타토스의 부친 테오폼포스는 시내에 있었음에도, 보증을 세우려 하지도 않았고, 이 같은 그 자신의 행적이 자신의 주장과는 반대로, 하그니아스 재산에 대해 어떤 권리도 가지고 있지 않다는 판단을 가능하게 하는 것이었습니다.

6. 그런데, 여기 이 아이의 모친이, 그녀의 상속권에 이의를 제기하는 이들에 대해 모두 승소하고 유산을 차지하자, 이들이, 여러분이 보시듯이, 심술이 나서, 여러분의 법도 여러분의 판결도 무시하고는 수단과 방법을 가리지 않고, 여러분이 그녀에게 귀속시킨 유산을 다시 빼앗아 가려고 시도한 겁니다. 7. 이들이 공모하여 서로 계약서를 교환하고는, 그것을 하그노스² 출신 메데이오스에게 맡겼어요. 여기 있는 마카르타토스의 부친 테오폼포스, 글라우콘, 그리고 지난번 패소했던 글라우코스, 그리고 또 다른 한 사람, 그들 친구로서 에우폴레모스라고 하는 이가 합세했지요. 그런 다음 하그니아스 유산 청구에 대한 판결을 구하면서 이 여인을 아르콘 앞으로 소환했어요. 소유권을 요구하려는 이는 판결에 의해 재산을 이미 차지하고 있는 이를 소환해야 한다는 법을 인용하면서 말이죠. 8. 그리고 장관이 사건을 법정으로 넘겨 재판이 열린 다음, 이들은 소송 관련하여 모든 것을 치밀하게 준비하고 있었고, 물시계의 양도 우리에게 허용된 것보다 4배

---

2   하그노스는 아티카 아카만티스 부족에 속하는 데모스(행정구역으로서의 촌락)이다.

나 더 많았어요. 정해진 절차에 따라, 재판관 여러분, 장관이 소송 쌍방 각각을 위해 물시계 항아리에 물을 부어 주는데, 답변에는 3후스3의 물을 줍니다. 9. 그때 제가 여인을 위해 변호를 맡았는데, 제가 기대했던 것만큼 집안 관계 및 다른 사안을 잘 해명하지 못했을 뿐만 아니라, 상대가 우리에게 한 거짓말과 관련하여 쥐꼬리만큼도 제가 방어하지 못했어요. 제게 주어진 물의 양이 5분의 1에 불과했거든요. 그들이 꼼수를 구사했는데요. 그들은 미리 통정하여 모든 사안에 대해 미리 말을 맞추었고, 우리에 대해 있지도 않은 거짓말을 꾸며서 해 댔습니다. 10. 이 같은 식으로 이들이 공모해서 상호 공동 전선을 구축하여 우리에게 대항했어요. 법 규정에 따라 4개 투표함이 마련되어 있었는데, 제 소견에 당연하게도, 속임수에 넘어간 재판관들이 서로 의견이 갈려서, 충돌이 있었고, 그들 꼼수에 걸려 미혹한 가운데 되는대로 표를 던졌던 겁니다. 그렇게 해서 아주 근소한 차이로, 이 여인보다 테오폼포스의 투표함에 서너 표가 더 많이 나왔지요.

11. 당시 일어난 상황이 이러했습니다, 재판관 여러분. 그런데, 이 아이가 태어나자, 저는 적기라고 판단하고, 기왕의 재판 결과를 애석해한 것이 아니라 당시 재판관들도 어쩔 수 없었던 것이라고 이해하는 한편, 에우불리데스를 위해 이 아이를 하그니아스의 부족 사람들4에게 소개했어요. 그 아이가 이 여인의 아들이므로 가계가 끊어지지 않

---

3 *chous.* '후스'란 액체를 재는 단위로서, 약 3쿼트(*quart*: 약 1. 1리터) 혹은 미국의 1갤런(*gallon*: 미국에서는 약 3. 5 리터, 영국에서는 약 4. 5 리터)에 조금 못 미치는 정도의 양이다.

4 *phraterai.*

도록 하려 했던 것이죠. 12. 저 (제2) 에우불리데스는 말입니다, 재판관 여러분, 하그니아스의 최근친이었는데, 신들에게 기도하여, 이 아이의 모친 되는 딸을 낳았듯이 아들도 얻기를 바랐어요. 그러나 하나도 얻지 못하자, 자기 딸이 낳은 아들을 자신의 양자로 들여서, 자신과 하그니아스의 집안, 또 하그니아스의 부족 사람으로 만든 겁니다. 그의 생각에, 재판관 여러분, 하그니아스의 생존 친족 중에서 이 아이가 최근친이 되고, 그렇게 해서 집안이 이어져 끊어지지 않도록 하려는 것이었지요. 13. 제가 그 뜻을 받들어, 그 딸과 가장 가까운 근친으로서, 전번 판결이 난 다음, 그녀를 취하고, 이 아이를 하그니아스와 에우불리데스의 부족으로 입적시켰던 것이죠. 여기 이 마가르타토스의 부친인 테오폼포스도 생전에 같은 부족에 속해 있었습니다.

14. 가문 내 각각의 촌수를 누구보다 잘 알고 있었던 마카르타토스의 부족 성원들은, 재판관 여러분, 이 아이가 부족에 입적되는 것이 불법이라면, 마땅히 불이익을 감수하고라도 이의를 제기하고 사당에 올린 제물을 치워 버려야 했을 것인데도 그는 그렇게 하지는 않고 오히려 이들에게 스스로 한 맹세를 어기도록 사주하는 것을 보고는, 제물이 타고 있는 동안 부족신 제우스 신전에서 표를 들고 나와서, 이 마카르타토스가 임석한 가운데, 재판관 여러분, 올바른 결정을 내렸습니다. 그래서 이 아이가 정당하게 에우불리데스의 양자로서 하그니아스 집안에 입적되었습니다. 15. 그런데 이 사람(피고 마카르타토스)과 같은 형제단 사람들이 입적에 찬성투표를 했을 때, 이 아이는 에우불리데스의 아들로서 이 사람(마카르타토스)을 상대로 하그니아스의 재산 관련 송사를 제기하여 장관5 앞에서 심리가 열리자 자기 형

제를 보호자6로 적어 냈어요. 저로서는 말이죠. 재판관 여러분, 보호자로 표기될 수가 없었지요. 제가 그 아이를 에우불리데스 가문에 입적시킨 장본인이었거든요. 이 아이의 모친은 지난번 재판에서 승소하여 하그니아스의 재산에 대한 권리를 찾았는데, 이 아이가 이들을 소환한 것은 이 사람들이 아이의 모친을 소환할 때 근거한 그 같은 법에 의거한 것이었어요.

16. 자, 저를 위해 유산을 점유하고 있는 이들을 소환하도록 하는 법을 읽어 주십시오.

법

상속인7 혹은 무남상속녀8의 권리가 있는 것으로 판결받은 사람에 대해 이의를 제기하고자 하는 이는 다른 소송 사안에서와 같이 이미 판결받은 사람을 아르콘 앞으로 소환할 수 있고, 소요 비용은 청구인이 맡긴다. 소환 없이 승소하면, 재산에 대한 기(旣) 판결은 무효가 된다. 만일 재산의 귀속 판결을 받은 사람이 생존하지 않으면, 법 규정에 따른 시한이 소멸하지 않은 한, 9 청구인은 같은 방식으로 그 상속인을 소환한다. 유산을 점유한 이를 상대로 한 이의 제기는 그가 어떤 근거로 그것을 점유하도록 판결받았는지에 대한 것이다.

---

5   *archon.*
6   *kyrios.*
7   *kleros.*
8   *epikleros.*
9   통상 시한은 5년이다.

17. 여러분이 법 규정을 들으셨으니, 이제 제가 여러분께 마땅하게 청을 드려야 할 것 같습니다. 재판관 여러분, 여기 이 아이 에우불리데스, 그리고 그의 모친이며 (제2) 에우불리데스[10]의 딸인 (제2) 필로마케가 하그니아스에게 마카르타토스의 부친인 테오폼포스보다 더 근친이라는 사실, 그리고 최근친일 뿐만 아니라 이 아이의 모친과 이 아이를 제외하고는 하그니아스 집안에 속하는 사람이 실로 아무도 없다는 사실을 제가 여러분에게 증명하겠습니다. 제가 이런 사실을 증명하면, 청컨대, 재판관 여러분, 우리를 도와주십시오.

18. 무엇보다 먼저, 재판관 여러분, 하그니아스의 전체 가계를 적어서 여러분 앞에 하나하나 짚어 나갔으면 합니다만, 재판관 여러분에게 똑같이 보이는 것이 아니고, 멀리 앉아 계시는 분들은 잘 분간하지 못할 것이므로, 하는 수 없이 말로 하여 모든 분께 같이 전달되도록 하겠습니다. 가능하면 간단하게 하그니아스 가계(집안)의 족보를 밝히도록 하지요.

19. 부셀로스는 오이온[11] 출신인데, 재판관 여러분, 5명 아들이 있었어요. (제1) 하그니아스, (제1) 에우불리데스, 스트라티오스, (제2) 하브론, 클레오크리토스이었지요. 이들 부셀로스의 아들들이 모두 자라서 성인이 되자, 부셀로스는 사리에 맞게 그 재산을 똑같이 공평하게 나누어 주었어요. 재산을 분배받은 다음 각기 여러분의 법 규정

---

10 에우불리데스와 같은 이름을 가진 딸의 아들을 양자로 들인 딸의 아버지이며 양부인 에우불리데스.
11 아티카의 데모스(행정구역 촌락).

에 따라 혼인했고, 또 모두가 자식과 손주를 얻었습니다. 이렇듯, 부셀로스의 단출했던 가구가 5개 가계로 증식했고, 따로 거주하면서 각기 후손들이 있었던 겁니다.

20. 부셀로스의 아들 중 3명 형제와 그 후손에 대해 상세하게 거론할 필요는, 재판관 여러분, 저나 여러분을 곤혹스럽게 할 것이므로, 없을 것 같습니다. 테오폼포스의 집안과 같고, 또 피상속인 하그니아스와는 같은 촌수에 있으니까요. 그들 가운데 아무도 예나 지금이나 우리를 불편하게 한 이가 없었고, 하그니아스의 유산과 관련하여 권리를 주장하거나 무남독녀 상속권자로서 저와 혼인하게 된 여인에 대해 의혹을 제기한 적이 없었어요. 하그니아스에게 속한 재산에 대한 아무런 권리도 그들 자신이 가졌다고 보지 않았던 겁니다. 21. 그러니 제가 그들에 대해 다른 어떤 것을 거론하는 것이 아무런 쓸모가 없습니다. 다만 한 가지 말씀드리지 않을 수 없는 것은 마카르타토스의 부친 테오폼포스와 바로 이 마카르타토스에 관한 것이지요.

이야기는 간단합니다, 재판관 여러분. 금방 여러분이 들었듯이, 부셀로스는 다섯 아들을 두었지요. 그중 한 명이 마카르타토스의 선조인 스트라티오스이고, 또 다른 이가 이 아이의 선조인 (제1) 하그니아스였어요. 22. (제1) 하그니아스에게는 폴레몬이라는 아들과 (제1) 필로마케라는 딸이 있었는데, 필로마케는 폴레몬의 누이로 이 둘은 같은 부모에게서 난 자식들이었지요. 한편, (제1) 하그니아스의 형제였던 스트라티오스에게는 파노스트라토스와 카리데모스란 아들이 있었는데, 후자가 이 사람(마카르타토스)의 조부였어요. 이제 제가 여러분에게 묻겠습니다, 재판관 여러분, 누가 하그니아스에게 더 가까운 친족입니까? 그 아들 폴레몬과 딸 (제 1) 필로마케입니까? 아니면 스트라티오스의 아들이며 하그니아스의 조카 카리데모스입니까? 제 소견으로는, 우리 모두가 보기에도, 아들과 딸이 조카보다 더 가깝죠. 우리들뿐만 아니라 헬라스인, 이민족 등을 막론하고 모든 다른 이들에게도 그러합니다. 23. 사실이 이러하니, 나머지 이야기는, 재판관 여러분, 여러분이 쉽게 파악할 것이고, 이들이 얼마나 방자하고 무모한지를 이해할 것 같습니다.

하그니아스의 아들 폴레몬에게는 (제 2) 하그니아스라는 이름을 가진 아들이 있었는데, 그 아들은 자기 조부였던 (제 1) 하그니아스와 이름이 같았죠. 24. 폴레몬의 누이 (제 1) 필로마케, 그리고 폴레몬이 (제 1) 하그니아스의 형제 에우불리데스의 아들로서 자기와 제종 (사촌) 간인 필라그로스 자기 누이를 출가시켰는데, 다시 말하면, 폴레몬의 사촌인 필라그로스와 폴레몬의 누이인 필로마케 사이에서 이 아이 모친의 부친인 (제 2) 에우불리데스가 태어났어요. 폴레몬과 그 누이 필로마케에게는 이렇듯 자식들이 있었지요. 한편, 스트라티오스의 아들 카리데모스에게 테오폼포스라는 아들이 있었는데, 그이가 바로 이 마카르타토스의 부친이에요. 25. 다시 제가 여러분에게 묻습니다, 재판관 여러분, 제 1 (선조) 하그니아스에게 더 가까운 근친은 폴레몬의 아들 (제 2) 하그니아스, 그리고 (제 1) 필로마케와 필라르고스의 아들 (제 2) 에우불리데스입니까? 아니면 카리데모스의 아들이며 스트라티오스의 손자인 테오폼포스입니까? 제 소견으로는, 재판관 여러분, 아들과 딸이 최근친이라면, 그와 같이 아들의 아들과 딸의 아들이 조카의 아들보다 더 가까운 근친이 되는 것이죠. 조카는 다른 집안이니까요. 26. 그런데 테오폼포스의 아들이 이 마카르타토스예요. 그러나 이 아이는 (제2) 필로마케의 아들인 동시에 (제1 하그니아스의) 손자 (제2) 하그니아스의 부계 사촌인 (제2) 에우불리데스의 후손이에요. 에우불리데스의 모친 (제2) 필로마케와 (제2) 하그니아스의 부친 폴레몬은 같은 동부동모의 오누이이지요. 반면, 테오폼포스의 아들인 이 마카르타토스로 말하자면, 이쪽(하그니아스)과 스트라티오스 등 두 집안 모두의 후손이 될 수 없어요.

27. 사리가 이러하므로, 이 아이는 법이 정하는 하그니아스의 근친이 되는 것이고 법에 따라 상속권을 주장할 수 있는 범위에 들어가는 것이죠. 이 아이는 (제2) 하그니아스의 질녀의 아들이고, 아이의 부친 (제2) 에우불리데스는 피상속인 (제2) 하그니아스의 사촌입니다. 그러나 마카르타토스의 부친 테오폼포스는 법에 따라 하그니아스의 근친 범위에 들어가지 않고, 스트라티오스를 시조로 하는 다른 집안에 속하는 거예요. 28. 그러니, 재판관 여러분, 다른 집안사람이 하그니아스의 재산을 요구하면 안 되지요. 하그니아스의 집안에 사람이 있는 한 말이지요. 또 같은 집안도 아니고 먼 친척에 불과한 이들이, 지금 하는 수작처럼, 폭력으로 우리들(하그니아스 집안사람들)을 쫓아내려고 해서도 안 됩니다. 바로 이런 점과 관련하여, 재판관 여러분, 이 마카르타토스의 부친 테오폼포스가 사기를 치고 있습니다.

29. 그렇다면, 지금 하그니아스 집안에 남은 이는 누구일까요? 저의 아내, 하그니아스의 질녀, 에우불리데스의 딸인 (제2) 필로마케, 그리고 에우불리데스와 하그니아스 집안에 양자가 되어 들어간 이 아이가 있습니다. 그러나 이 마카르타토스의 부친 테오폼포스는 하그니아

스의 집안에 속하지도 않는 사람인데, (제1) 필로마케와 관련하여 황당한 거짓말을 여러분에게 하고 있어요. 그녀가 폴레몬의 누이이며 (제2) 하그니아스의 숙모인데도, 하그니아스의 아들인 폴레몬과 동부동모를 둔 누이가 아니라고 주장하고, 또 자기는 실제로 속하지도 않은 하그니아스 집안사람이라고 하는 겁니다. 30. 이 같은 거짓말을 겁도 없이 하면서, 테오폼포스는 저와 신뢰를 쌓은 이들이 아니라 그의 말에 동조하는 이들만 증인으로 내세웠어요. 이들은 서로 결탁하여, 이 아이의 모친인 여인에게서 유산을 빼앗아 내려고 무슨 일이든 공모하고 있습니다. 여러분이 그녀의 것이라고 이미 판결 내린 그 유산 말이에요. 31. 그래서 저는, 재판관 여러분, 제가 여러분에게 드린 진술과 관련하여 증인을 소개하려 합니다. 먼저 에우불리데스의 딸 (제2) 필로마케가 하그니아스의 최근친으로 유산 상속권 분쟁에서 이겼다는 사실과 관련 증인을 대고, 그다음 다른 사안들로 넘어가겠습니다.

증언

본인들은 다음 사실을 증언합니다. 니코페모스 아르콘 때에 하그니아스의 재산을 두고 에우불리데스의 딸 (제2) 필로마케의 유산 상속권에 이의를 제기했던 모든 이들에 대해 그녀가 승소했을 때 본인들이 그 중재인 앞에 임석해 있었습니다.

32. (제2) 에우불리데스의 딸 (제2) 필로마케가 하그니아스의 유산 분쟁에서 승소했다는 사실을 여러분이 들으셨습니다. 재판관 여러분, 그녀의 승소는 악의적 속임수나 음모가 아니라 가능한 최선의

공정함에 의한 것이었어요. 그녀가 피상속인 (제2) 하그니아스의 최근친이라는 사실을 증명한 것이죠. (제2) 하그니아스의 부계 사촌의 딸이고, 한집안 사람이니까요. 33. 그러니, 자기 부친인 테오폼포스가 유산 분쟁에서 승소했다고 마카르타토스가 말한다면, 재판관 여러분, 여러분은 이런 점에 유념하도록 하십시오. 제 아내인 이 여인이 그(마카르타토스)의 부친인 테오폼포스보다 먼저 유산 분쟁에 승소했고, 그 승소는 정당한 근거에 의한 것으로서 (제2) 하그니아스의 사촌(제종)인 (제2) 에우불리데스의 딸이며 하그니아스와 한집안 사람이었기 때문이라는 것, 그러나 테오폼포스는 승소하지도 못했으면서도 어깃장 놓고 있고 절대로 하그니아스와 같은 집안이 아니라는 사실 말입니다.

34. 재판관 여러분, 여러분은 이런 사실들, 그리고 이 아이, (제2) 에우불리데스의 아들 에우불리데스,[12] 부계로 피상속자 (제2) 하그니아스의 질녀(제2 필로마케)의 아들인 이 아이에 대해 마카르타토스의 부친인 테오폼포스는 물론 다른 누구도 승소하지 못했습니다. 지금 (제2) 하그니아스의 유산을 둘러싼 분쟁과 재판은 (제2) 에우불리데스의 (양)아들(제3 에우불리데스)과 테오폼포스의 아들인 마카르타토스 사이에서 벌어진 것이죠. 이 두 사람 중 더 공정하게 또 정작 법에 따라 말하는 이에게 재판관 여러분이 찬성표를 던지게 될 것이 자명한 사실이죠.

---

12 (제2) 에우불리데스의 딸 (제2) 필로마케의 아들로, 입양된 양부(실제로는 외조부)와 같은 이름을 가졌다.

35. 나머지 증언들을 읽어 주십시오. 먼저 (제2) 하그니아스의 숙모인 (제1) 필로마케가 (제2) 하그니아스의 부친 폴레몬과는 동부동모를 둔 누이였던 사실을 증명하는 것들, 그다음 족보와 관련한 다른 모든 증언을 들으시겠습니다.

증언들

증인들은 다음 사실을 증언합니다. 본인들은 에우불리데스의 부친 필라그로스와 (제2) 하그니아스의 부친 폴레몬과 같은 데모스(행정구역) 사람들이며, (제2) 에우불리데스의 모친 (제1) 필로마케가 (제2) 하그니아스의 부친 폴레몬과는 동부동모를 둔 오누이였던 사실을 알고 있고, 또 (제1) 하그니아스의 아들 폴레몬에게 형제가 있다는 말을 들어본 적이 없습니다.

다른 증언

36. 증인들은 다음 사실을 증언합니다. 본인들의 조부 스트라토니데스의 모친인 오이난테가 (제2) 하그니아스의 부친인 폴레몬의 사촌(제종 간)이었고, 본인들의 아버지들은 형제간이었으며, 본인들의 아버지로부터 들은 바에 의하면, (제2) 하그니아스의 부친 폴레몬은 형제가 없었고 동부동모의 누이 하나가 있었는데, 그녀가 소시테오스의 아내인 (제2) 필로마케13의 부친인 에우불리데스의 모친 (제1) 필로마케입니다.

13　(제2) 필로마케는 (제1) 필로마케가 나은 아들 에우불리데스의 딸로서 (제1) 필로마케의 손녀이다.

다른 증언

증인은 하그니아스와 에우불리데스와 같은 가문 사람,14 형제단원,15 같은 데모스 사람입니다. 본인의 아버지는 물론 다른 친척들로부터 들은 바에 의하면, (제2) 하그니아스의 부친 폴레몬에게는 형제가 없었고, 동부동모의 누이로 (제1) 필로마케가 있었는데, 그녀는 소시테오스의 아내인 (제2) 필로마케의 부친인 (제2) 에우불리데스의 모친이었습니다.

다른 증언

37. 증인은 다음 사실을 증언합니다. 본인은 아르키마코스의 손자로서, 그의 양자로 들어갔고, (제2) 하그니아스의 부친 폴레몬과는 친척입니다. 본인이 아르키마코스와 다른 친척들에게서 들은바, 하그니아스의 부친 폴레몬에게는 형제가 없었고, 동부동모의 누이가 하나 있었는데, 그녀16는 소시테오스의 아내인 (제2) 필로마케의 부친인 에우불리데스의 모친이었습니다.

다른 증언

증인은 다음 사실을 증언합니다. 본인의 아내의 부친 칼리스트라토스는 형제지간에 있는 하그니아스의 부친 폴레몬과 테오폼포스의 부친 카리데모스의 조카입니다. 본인의 모친은 폴레몬의 사촌(제종)의 딸입니다. 본인 형제들의 어머니가 본인 형제들에게 자주 말씀하시기를, (제2) 필

---

14 *syngenes.*
15 *phrater.*
16 (제1) 필로마케.

로마케는 에우불리데스의 딸인데, (제2) 하그니아스의 부친 폴레몬의 동부동모 누이였고, (제2) 하그니아스의 부친 폴레몬에게는 형제가 없었다고 했습니다.

38. 지난번 재판에서, 재판관 여러분, 이들이 서로 공모하고는 여럿이 합세하여 이 여인을 상대로 소(訴)를 제기했어요. 그런데 우리는, 재판관 여러분, 뻔히 알려진 사실에 대해서도 증언을 준비하지 않았고 증인을 소환하지도 않았고, 그냥 재산을 우리가 차지하는 데 아무 문제가 없을 것이라고만 생각하고 있었던 겁니다. 그러나 우리 소송상대는 이 재판에 대비하여 많은 교활한 수작을 동원하고, 현재 상황에서 39. 재판관을 속이려는 일념밖에 없어요. 급기야 (제2) 하그니아스의 아버지 폴레몬에게 동부동모의 누이가 없다고 주장하기에 이르렀습니다. 이렇듯 철면피하고 비열하게, 이처럼 막중하고 모든 이가 알고 있는 사안에서도 재판관들을 현혹하려 하면서 이 문제에 집착하여 안달하고 있어요. 그러나 지금에야 우리는, 폴레몬의 누이이며 (제2) 하그니아스의 숙모인 그녀를 위해 많은 증인들을 대동했어요.

40. 원하는 이는 누구라도 여기서 다음과 같은 증언을 해 보십시오. 폴레몬과 (제1) 필로마케가 같은 부모의 소생이 아니라거나, 폴레몬이 부셀로스의 아들인 (제1) 하그니아스의 아들, 혹은 (제1) 필로마케가 그 (제1) 하그니아스의 딸이 아니라거나, 피상속인 폴레몬이 (제2) 하그니아스의 부친이 아니고 41. 또 폴레몬의 누이 (제1) 필로마케도 그의 숙모가 아니라거나, (제2) 에우불리데스가 (제1) 필로마케 혹은 (제1) 하그니아스의 조카인 필라그로스의 아들이 아니라거나,

또 (제 2) 하그니아스의 사촌(제종)인 (제 2) 에우불리데스에게 지금도 버젓이 살아 있는 (제 2) 필로마케란 딸이 없다거나, 여기 이 아이가 여러분의 법에 따라 에우불리데스의 집안에 입양된 그 아들이 아니라거나, 급기야 마카르타토스의 부친 테오폼포스가 하그니아스 집안에 소속된다는 등의 증언을 말입니다. 이 중 무엇이라도 누가 마카르타토스를 위해서 증언해 보십시오. 제가 장담컨대, 그런 증언을 할 만큼 뻔뻔하고 소갈머리 없는 이는 없을 것 같습니다. 42. 재판관 여러분, 지난번 재판에서 소송상대의 뻔뻔함과 아무 근거도 없는 주장으로 이들이 승소했다는 사실을 재판관 여러분께서 이해할 수 있도록, 자, 나머지 증언들도 읽어 주십시오.

증언들

증인은 다음 사실을 증언합니다. 본인은 (제 2) 하그니아스의 부친인 폴레몬의 친척입니다. 본인의 아버지에게서 들은바, 폴레몬, 에우불리데스의 부친인 필라그로스, 스트라티오스의 모친 파노스트라테, 소시아스의 장인 칼리스트라토스, 왕[17]으로 임직했던 에욱테몬, 테오폼포스와 스트라토클레스의 부친인 카리데모스는 폴레몬과 사촌(제종간)이었고, 이들의 부친은 모두 형제간이었습니다. (제 2) 에우불리데스는 자기 아버지 필라그로스를 통해, 이들의 아들들 및 하그니아스와 같은 항렬이었고, 모친 (제 1) 필로마케를 통해서는 부계로 (제 2) 하그니아스와 사촌

---

17 *basileus archon.* 아테나이 10명의 장관(아르콘) 가운데 한 명으로 전통의 제식 등을 주관한다.

(제종) 간이었던 바, 하그니아스의 부계 숙모의 아들이었기 때문입니다.

다른 증언

43. 증인들은 다음 사실을 증언합니다. (제 2) 하그니아스의 부친인 폴레몬과 (제2) 에우불리데스의 아버지 필라그로스, 왕이었던 에욱테몬의 친척입니다. 이들이 알고 있었던 사실은, 에욱테몬이 (제2) 에우불리데스의 부친 필라그로스와 동부 형제였다는 것, 하그니아스의 재산을 두고 (제2) 에우불리데스가 글라우콘을 상대로 소송을 걸었을 때, 당시 살아 있던 에욱테몬은 (제2) 하그니아스의 부친 폴레몬의 사촌이었고, 이들의 아버지는 서로 형제간이었다는 것, 에욱테몬은 (제2) 하그니아스의 재산을 두고 (제2) 에우불리데스와 분쟁한 사실이 없으며, 당시 다른 어떤 이도 근친이라는 구실로 이의를 제기하지 않았습니다.

다른 증언

44. 증인들은 다음 사실을 증언합니다. 본인들의 아버지 스트라토스는 (제2) 하그니아스의 부친 폴레몬, 테오폼포스의 부친 카리데모스, (제2) 에우불리데스의 부친 필라그로스 등의 친척입니다. 또 본인들의 아버지에게 들은 바에 따르면, 필라그로스는 (제2) 하그니아스의 부친 폴레몬과 동부동모의 누이 (제 1) 필로마케와 초혼(初婚)하여 (제2) 에우불리데스를 얻었습니다. (제 1) 필로마케가 죽자 필라그로스는 펠레시페와 혼인하여 메네스테우스를 낳았는데, 후자는 (제2) 에우불리데스와 동부이모의 형제였습니다. (제2) 에우불리데스가 근친으로 (제2) 하그니아스의 재산에 대한 권리를 주장했을 때, 메네스테우스는 (제

2) 하그니아스의 재산에 이의를 제기하지 않았고, 필라그로스의 형제였던 에욱테몬도 마찬가지였고, 당시 어느 누구도 근친이라는 구실로 (제 2) 에우불리데스에 대해 이의를 제기하지 않았습니다.

다른 증언

45. 증인은 다음 사실을 증언합니다. 본인의 아버지 아르키다모스는 (제 2) 하그니아스의 부친인 폴레몬, 테오폼포스의 부친 카리데모스, (제 2) 에우불리데스의 부친 필라그로스와 친척입니다. 본인들 아버지로부터 들은바, 필라그로스는 (제 2) 하그니아스의 부친인 폴레몬과 동부동모를 둔 누이 (제 1) 필로마케와 초혼하여 (제 1) 필로마케로부터 (제 2) 에우불리데스를 얻었습니다. (제 1) 필로마케가 죽은 다음 텔레시페를 취하여 그녀에게서 메네스테우스를 얻었는데, 메네스테우스는 에우불리데스와는 동부이모의 형제였습니다. 에우불리데스가 근친으로 (제 2) 하그니아스 재산의 상속권을 주장했을 때, 메네스테우스는 물론 필라그로스의 형제 에욱테몬, 그 외 어느 누구도 근친을 구실로 (제 2) 에우불리데스에게 이의를 제기하지 않았습니다.

다른 증언

46. 증인은 다음 사실을 증언합니다. 본인 어머니의 아버지 칼리스트라토스는 왕으로 임직했던 에욱테몬의 형제였고, 이 두 사람은 (제 2) 하그니아스의 부친 폴레몬, 테오폼포스의 부친 카리데모스와 사촌(제종)간입니다. 또 본인의 어머니에게서 들은바, 폴레몬에게는 형제가 없었고, 동부동모의 누이 (제 1) 필로마케가 있었는데, 그녀는 필라그로스

와 혼인했습니다. 여기서 (제2) 에우불리데스가 태어났는데, 그가 소시테오스의 아내 (제2) 필로마케의 부친입니다.

47. 이상 증언들을 부득이 들으실 필요가 있는 것은, 재판관 여러분, 지난번 우리가 준비가 안 되어 당한 일이 다시 일어나지 않도록 하려는 것입니다. 참으로 명명백백한 것은 마카르타토스가 스스로 자승자박하는 것으로서, 자기 부친 테오폼포스는 물론 자기 자신도 하그니아스의 유산 상속권이 없다는 사실을 증언하게 될 것입니다. 테오폼포스의 아들로 먼 친척이고 다른 집안에 속하기 때문이지요. 48. 재판관 여러분, "하그니아스의 유산과 관련하여 누가 이 아이의 상속권을 문제 삼는가?"라고 누군가 묻는 일이 있다고 칩시다. 제 소견으로, 분명히 그이는 마카르타토스라고 대답할 거예요. 그이의 부친이 누굽니까? 테오폼포스이지요. 그 모친은요? 한 프로스팔타[18]인의 딸이며, 같은 프로스팔타 출신인 (또 다른) 마카르타토스의 누이인 아폴렉시스입니다. 테오폼포스의 부친은 누구일까요? 카리데모스이죠. 그러면 카리데모스는 누구의 아들입니까? 스트라티오스입니다. 스트라티오스는 누구의 아들인가요? 부셀로스이죠. 재판관 여러분, 이것이 부셀로스의 아들 둘 중 한 사람인 스트라티오스 가계입니다. 여러분이 금방 들었던 이름들이 스트라티오스의 후손들이죠. 그 가운데 하그니아스 집안에 속하는 이는 한 사람도 없고, 그 비슷한 이름도 없어요.

---

18 프로스팔타는 아티카 아카만티스 부족에 속하는 데모스(행정구역)이다.

49. 다시 마카르타토스가 주장하는 하그니아스 유산 상속권을 반박하는 이가 누구인지를 검토하기 위해서 제가 이 아이에 대해 질문하도록 하겠습니다. 재판관 여러분, 이 아이는 (제 3) 에우불리데스라는 것밖에 다른 대답을 할 게 없어요. 그 부친이 누구인가요? 하그니아스의 사촌인 (제 2) 에우불리데스[19]이죠. 그 모친은요? 부계로 (제 2) 하그니아스의 사촌(제종) 되는 이의 딸인 (제 2) 필로마케입니다. 그러면 (제 2) 에우불리데스는 누구의 아들인가요? (제 1) 하그니아스의 조카인 필라그로스이죠. 그 모친은요? (제 2) 하그니아스의 숙모인 (제 1) 필로마케입니다. 그러면 (제 2) 하그니아스는 누구의 아들인가요? 폴레몬이에요. 50. 폴레몬은 누구의 아들입니까? (제 1) 하그니아스이죠. (제 1) 하그니아스는 누구의 아들이지요? 부셀로스입니다. 이렇듯, 이들은 부셀로스의 아들들 중 한 사람인 (제 1) 하그니아스에게서 비롯된 다른 집안으로, 스트라티오스 집안 후손들과는 같은 이름이 하나도 없고, 그 비슷한 것도 없어요. (제 1) 하그니아스 집안은 별개의 가계로서, 일련의 이름들을 서로 물려받아 왔지요. 어느 모로 보나, 또 어떤 식으로나, 우리 소송상대는 별개 집안으로서, 우리와는 먼 친척이며 (제 2) 하그니아스의 유산 상속권이 없습니다. 입법자가 근친의 범위와 상속권에 대해 규정한 법을 여러분께 소개하겠습니다.

---

19 부친 에우불리데스는 그 아들과 이름이 같다.

51. 누가 유언 없이 사망하는 경우, 자식들이 있으면 재산은 이들에게 돌아간다. 그렇지 않으면, 동부 형제들이 있는 경우 이들이 상속권을 갖는다. 그리고 그 슬하 합법적 자식이 있으면, 이들이 그 부친의 몫을 나누어 갖는다. 형제나 그 형제의 자식이 없는 경우 … 후손들이 같은 방식으로 유산을 갖는다. 동부동모 소생으로서 먼 친족이 아닌 경우, 남성 친족과 그 남성 친족의 후손이 우월한 상속권을 갖는다. 부계로 사촌(제종)의 아이들 범위 내에서 친족이 없는 경우, 같은 범위로 모계 친족이 상속한다. 부계·모계 양쪽으로 근친이 아무도 없는 경우, 부계로 그다음 근친이 상속한다. 에우클레이데스 장관20 때부터 사생아21는 남녀를 불문하고, 신성의 제식이나 도시의 공적 행사를 막론하고, 친족으로서의 권리를 주장할 수 없다.

52. 법이 분명히 밝히고 있습니다, 재판관 여러분, 누가 상속권을 가져야 하는지를 말이죠. 제우스의 이름을 빌려, 그것은 하그니아스

---

20 명칭(수석) 아르콘.
21 *nothos*. 사생아란 법으로 인정되지 않는 자식들을 뜻한다. 예를 들면 양친 부모를 모두 시민으로 두지 않은 자식들이 그러하다. 에우클레이데스 아르콘 이전이 아니라 그 후부터 다시 이 법이 효력을 발생했다. 참조, Aristophanes, *Ornithes*(새), 1660 이하. 사생아가 상속권을 가진 근친에 들어가지 않는 것이 솔론 이후의 법이라고 한다. 다만 사생아의 개념이 〈솔론법〉에서 말하는 것과 페리클레스 때 제정된 〈시민권법〉과 다를 가능성이 있다. 페리클레스 때 제정되어 일시 적용되다가 곧 폐기된 〈시민권법〉은 양부모가 다 시민권자인 소생만이 합법적 자식으로 인정받았으나, 그전에는 부모 한쪽만 시민권자이면 시민권을 인정받았기 때문이다.

집안에 속하지 않은 테오폼포스도, 테오폼포스의 아들도 아닙니다. 법에 따라 상속권이 있는 이가 누구입니까? 하그니아스의 후손들로 서 그 같은 집안사람들이지요. 법의 규정이 그러하고, 당연히 그래 야 하지요.

53. 더구나, 재판관 여러분, 입법자는 최근친에게 이러한 권리만 인정한 것이 아니라, 수행해야 할 많은 의무를 법으로 규정했습니 다. 법에 따라 근친에게 돌아가는 많은 부담은 어떠한 구실로도 피할 수 없고 필히 수행해야만 하는 것입니다. 우선 첫 번째 법을 읽어 주 십시오.

법

54. 테테스 계층[22]에 속하는 모든 무남상속녀 관련하여, 최근친이 그녀 와 혼인하지 않으려 하는 경우, 그는 그녀에게 500드라크메의 지참금 을 주어 출가시켜야 한다. 그가 500메딤노스 계층[23]이거나 기사 계층[24] 에 속하면, 300드라크메, 제우기타이 계층[25]에 속하면, 150드라크메를

---

22 테테스(*thetes*) 계층이란 솔론 이래 내려오는 4개 계층 가운데 경제적 수입을 기준 으로 최하의 제 4계층이다.

23 500메딤노스 계층이란 솔론 이래 내려오는 4개 계층 가운데 경제적 수입을 기준으 로 최고의 제 1계층이다.

24 기사 계층이란 솔론 이래 내려오는 4개 계층 가운데 경제적 수입을 기준으로 제 2 계층이며, 전시에 말을 가지고 기병으로 복무할 의무를 진다.

25 제우기타이 계층이란 솔론 이래 내려오는 4개 계층 가운데 경제적 수입을 기준 으로 제 3계층이자 자영농에 해당하며, 전시에 중무장 보병으로 출병할 의무를 갖는다.

지급하며, 여기에 원래 그녀가 가지고 있던 것을 더한다. 같은 촌수의 친족이 다수 있을 때는 각자에게 돌아오는 몫을 무남상속녀의 지참금으로 지불한다. 다수의 무남상속녀가 있는 경우, 한 명의 최근친 남자는 그중 한 사람에게만 지급하고, 그다음 근친이 차례로 한 명씩 맡아서 출가시키거나 자신이 직접 혼인한다. 최근친이 무남상속녀와 혼인도 하지 않고 출가도 시키지 않으면, 장관(아르콘)이 나서서 그에게 혼인하든지 출가시키도록 강요한다. 장관이 강요하지 않으면, 1천 드라크메의 벌금을 물고, 그 돈은 헤라 신전에 헌납한다. 누구라도 이 법을 지키지 않은 이를 장관 앞으로 고발할 수 있다.

55. 재판관 여러분, 여러분은 법 규정을 들으셨습니다. 이 아이의 모친이자 하그니아스의 부계 이종사촌의 소생으로 무남상속녀인 (제2) 필로마케를 누구에게 출가시킬 것인지 결정해야 했을 때, 제가 법에 따라 나섰고 최근친으로 지목되었습니다. 그때 마카르타토스의 부친 테오폼포스는 오지도 않았고 저의 권리에 이의를 제기하지도 않았지요. 그가 그녀와 같은 나이였으나, 그 같은 권리를 갖지 않았던 거예요. 56. 그러니, 재판관 여러분, (제2) 하그니아스의 부계 사촌(제종)의 딸인 무남상속녀에 대한 권리를 주장한 적도 없으면서, 그 테오폼포스가 법 규정에 반하여 하그니아스의 유산을 요구한다는 것이 어떻게 말이 됩니까?

다른 법들을 읽어 주십시오.

법들

57. 사람을 죽인 이[26]에게 피해자의 사촌과 그 자식의 범위 내 친족에 의해 광장[27] 출입을 금지하는 포고가 내린다. 반면, 사람을 죽인 이를 추적하는 권리는 사촌의 아이들(제종 조카)까지의 친족, 사위, 사돈, 형제단[28]에게 허용된다. 사면을 구하려면, 부친, 형제, 혹은 아들들이 있으면 모두가 동의해야 하고, 반대하는 이가 있으면 성립하지 않는다. 이들 중 아무도 없고 그 죽임이 비고의에 의한 것일 경우, 51명의 에페타이[29]가 그 살인이 비고의에 의한 것이라고 판단한 연후에, 형제단 중 10명이 원한다면, 가해자와 화해할 수 있다. 이 10명의 형제단원은 51명 에페타이가 기품 있는 이들 가운데서 선출한다. 이전에 사람을 죽인 이는 이 법의 적용을 받는다. 데모스에서 죽은 시신이 발견되고 아무도 거두어 묻는 이가 없으면, 바로 죽은 당일로 촌장[30]이 그 친족들에게 시신을 거두어 묻도록 조치하고, 데모스를 정화하도록 한다.

58. 죽은 이가 예속인이면, 지시는 그 주인에게로 내리고, 자유인이라면, 그의 재산을 차지하는 이들에게로 향한다. 친족이 촌장의 지시를 따르지 않고 죽은 자를 묻지 않으면, 바로 당일로 가능한 한 단시간에 촌장은 사람을 고용하여 일을 치르고, 촌을 정화한다. 촌장이 사람을 고용하지 않으면, 수천 드라크메를 공공금고로 지급해야 한다. 경비가

---

26 *kteinanti.*
27 *agora.*
28 *phraterai.*
29 *ephetai.* 재판관.
30 *demarchos.* 데모스의 촌장.

소요된 만큼, 책임이 돌아가는 이에게서 돈을 거두어들인다. 그러지 못하면, 촌(데모스) 사람들이 부담한다. 아테나 여신, 다른 신들, 명칭영웅[31]에 소속된 땅의 지대를 지불하지 않는 이들은 납부 완료할 때까지 자신, 가문,[32] 그 상속인들이 자격박탈[33] 당한다.

59. 법에 따라 친척에게 부과되는 이 모든 의무가 우리에게 돌아왔고, 우리가 이행하도록 강요받았습니다, 재판관 여러분. 반면, 이 마카르타토스는 물론 그 부친인 테오폼포스에게는 아무런 지시가 내려간 적이 없어요. 그들은 하그니아스 집안이 아니니까요. 그런데 왜 그들에게 의무를 지우겠습니까?

60. 그러나 이 사람(마카르타토스)은, 재판관 여러분, 법조문에 대해 그리고 저희가 제시한 증언들을 반박할 설득력 있는 논변을 전개하지도 못하면서, 역정을 내면서, 자기 부친이 죽었으므로 자기가 이 소송에 당사자(피고)가 되어 곤욕을 치른다고 말합니다. 그러나 그가 미처 고려하지 못한 것은, 재판관 여러분, 그 부친은, 노소를 막론하고 많은 다른 이들이 그런 것처럼, 언젠가는 죽게 될 사람이라는 사실입니다. 더구나 테오폼포스는 죽었으나, 법이 죽는 일은 없고, 정당함도, 또 결정을 내리는 재판관들도 사라지는 것이 아니지요. 61. 당면한 소송과 재판은 누가 먼저 죽었는지 나중에 죽었는지를 가리는 것이

---

31 *eponymoi.* 명칭영웅은 부족이나 씨족, 행정구역 촌락(*demos*) 등이 공동으로 모시는 영웅으로 그 이름이 지역을 상징한다.

32 *genos.*

33 *atimoi.*

아니라, (제 2) 하그니아스 집안사람들, (제 2) 하그니아스 부계의 사촌과 그 사촌의 자식들이 스트라티오스 집안사람들에 의해 (제 2) 하그니아스 집안으로부터 쫓겨나게 될지 여부에 관한 것이에요. 스트라티오스 집안사람들은 (제 2) 하그니아스의 유산 상속권이 없는 먼 친족일 뿐입니다. 당면한 소송은 바로 이 점과 관련한 것이죠.

62. 여러분이 더 분명하게 아시게 될 것은, 재판관 여러분, 다음에 소개할 법에서 입법자 솔론은 친척들의 입지를 용의주도하게 규정하여, 죽은 이가 남긴 재산의 귀속뿐 아니라 온갖 의무의 부담도 함께 지웠습니다.

법을 읽어 주십시오.

법

사자(死者)는 그가 원하는 방식으로 집안에 안장하고, 그가 안치된 다음 날 일출 전에 운구한다. 운구 시 남자들은 앞에 서고, 여자들은 뒤에서 따른다. 60세 이하 여인들은, 사촌의 여식들까지의 친족 범위에 들지 않으면, 시신이 안치된 집에 들어가거나 무덤으로 운구될 때 시신을 뒤따르지 못한다. 사촌의 여식들까지의 친족 범위에 들지 않으면, 어떤 여인도 시신을 들어낼 때 사자의 집에 들어가지 못한다.

63. 법에 따르면, 사촌의 여식까지의 근친에 들어가지 않으면, 어떤 여인도 사자(死者)의 집에 들어서지 못합니다. 근친은 시신을 따라 무덤까지 갈 수가 있지요. 그래서 (제 2) 하그니아스의 부친 폴레몬의 누이 (제 1) 필로마케는 (제 2) 하그니아스의 사촌이 아니라 숙모

였어요. 부친 폴레몬의 누이었으니까요. 그런데 이 여인의 아들 에우불리데스는 피상속인 (제2) 하그니아스의 부계 조카였어요. 에우불리데스의 딸이 이 아이의 생모였고요. 64. 이들이 시신을 안치하고 무덤까지 따라가는 여인들로 법에서 규정한 범위에 속하며, 마카르타토스의 모친인 테오폼포스의 부인은 여기에 포함되지 않아요. 그녀는 (제2) 하그니아스와는 다른 아카만티스 부족, 다른 프로스팔타 촌(데모스) 출신이었으니까요. 그래서 그녀는 하그니아스가 사망했을 때 그 사실조차 알지 못했답니다. 65. 이들이 참으로 황당한 일을 획책하는 거예요. (제2) 하그니아스가 죽었을 때 저희와 저희 집안 여인네들이, 친척이며 근친으로서, 그를 안치하고 온갖 합당한 의례를 갖추었는데, 마카르타토스는 스트라티오스 집안에 속하고, 또 프로스팔타34인의 딸인 동시에 마카르타토스의 (다른) 누이인 아폴렉시스35의 소생이면서도, 죽은 (제2) 하 그니아스의 재산을 요구하다니요. 이것은 전혀 정당성도 정통성도 없는 겁니다, 재판관 여러분.

66. 델포이의 신탁(神託)으로 신에게서 내려온 말씀을 읽어 주십시오. 그것은 친족과 관련하여 〈솔론법〉과 같은 취지를 담고 있음을 여러분이 보게 될 것입니다.

---

34 아카만티스 부족에 속하는 데모스 이름.
35 이 글 §48 참조.

행운을 기원합니다. 아테나이인이 하늘에 나타난 징조에 대해 질문을 해왔습니다. 그 징조를 유리하게 원용하자면, 아테나이인이 어떻게 대처해야 하는지, 혹은 어느 신에게 제물을 바치고 기원해야 하느냐는 것입니다. 이 징조를 아테나이인에게 유리하게 만들려면, 지고(至高)의 제우스, 지고의 아테나, 헤라클레스, 구세(救世)의 아폴론에게 제를 드리고, 또 암피온 형제36에게 마땅한 제물을 바치도록 하시오. 행운을 위해 길의 신 아폴론, 레토와 아르테미스에게 제를 드리고, 희생제의 향기가 길에 가득하도록 하시오. 포도주 항아리를 설치하고 무창단을 조직하고, 선조의 관습에 따라 그들을 화환으로 장식하여, 오른손과 왼손을 들어 올리면서 올림포스의 남녀 신들을 기리도록 하시오. 선조의 관습에 따라 성심으로 감사의 제물을 드리시오. 또 선조의 관습을 따라 여러분을 상징하는 이름을 따온 시조 영웅들에게 제물을 드리고, 집안 사람들은 선조의 관습에 따라 기일에 맞추어 사자(死者)를 위해 마땅한 예를 갖추도록 하시오.

67. 들으셨지요, 재판관 여러분, 〈솔론법〉과 신의 신탁에서 다 같이 친척들로 하여금 기일에 사자(死者)를 위한 제를 올리도록 하고 있습니다. 그러나 테오폼포스도, 그 아들인 마카르타토스도 그 같은

---

36 Amphiones. 제우스와 안티오페 사이에서 태어난 암피온(Amphion)과 제토스(Zethos) 쌍둥이를 지칭하는 것으로 풀이되고, 그 사당은 테바이에 있었던 것으로 전한다.

일을 돌본 적이 없어요. 그들이 애쓰는 유일한 것이 자신들에게 속하지 않은 재물을 차지하는 것, 아주 오랜 세월 동안 유산을 차지하고 있었는데, 지금에 와서 그에 대한 권리를 방어해야 하는 지경에 처하게 되었다고 불평하는 겁니다. 제 입장에서 보면, 재판관 여러분, 남의 재산을 차지하고 있던 이가, 오래 가지고 있었다는 이유로 불평하는 것은 옳지 못한 겁니다. 오히려 감사해야 하는 것이죠. 저희가 아니라, 행운에게 말이죠. 많은 불가피한 상황들이 우리로 하여금 지체하게 만들어서 지금에야 소(訴)를 제기하게 되었으니까요.

68. 이들(피고)은 이 같은 부류의 사람들입니다, 재판관 여러분. 이들은 하그니아스 집안의 단절이나 자신의 범하는 다른 모든 불법행위 같은 것에는 개의치 않습니다. 제우스와 다른 신들의 이름을 걸고, 이들의 다른 짓거리에 대해서 누가 무슨 말을 할 것이 있겠습니까? 많지요. 그러나 그 가운데 한 가지만, 가장 불법적이고 가장 가증스러운 짓거리를 여러분께 말씀드리겠습니다. 그것은 그들의 유일한 관심이 수단과 방법을 가리지 않고 부를 얻는 것이라는 사실을 적나라하게 보여 주는 사례입니다. 69. 테오폼포스가, 여러분이 들으신 그 같은 과정으로, 하그니아스의 유산 상속권을 얻게 되자, 바로 자기와 아무 연고도 없는 재산을 차지하는 것이 좋다는 욕심을 드러냈어요. 하그니아스에 속하는 땅에서 가장 귀한 것, 이웃과 다른 모든 이들이 가장 부러워하던 것이 올리브나무였거든요. 이것을 이들이 파서 없애 버렸어요. 1천 그루가 넘었고, 많은 양의 기름이 생산되는 것이었죠. 이 나무를 이들이 파내서 팔아 거액의 돈을 챙겼습니다. 이런 짓거리를 한 것이 (제2) 하그니아스의 재산이 아직 소송 중

에 있을 때였어요. 이 아이의 모친을 소환할 수 있도록 한 그 같은 법에 따라서 말이죠.

70. 제가 드린 말씀이 사실이고, 이들이 (제2) 하그니아스가 유산으로 남긴 땅에서 올리브나무를 베어 없애 버린 사실을 증명하기 위해서, 이웃들은 물론, 이들 사안과 관련하여 증명하기 위해, 증언해 주도록 우리가 초청한 다른 이들을 증인으로 여러분께 소개하겠습니다.

증언을 읽어 주십시오.

증언

증인들은 다음 사실을 증언합니다. 테오폼포스가 (제2) 하그니아스의 유산을 차지하도록 승소 판결을 받은 다음 본인들은 소시테오스의 부탁으로 (제2) 하그니아스의 농지가 있는 아라펜[37]으로 그를 따라갔습니다. 그리고 하그니아스의 농지에서 올리브나무가 베어져 없어진 것을 소시테오스가 본인들에게 보여 주었습니다.

71. 그런데, 재판관 여러분, 이런 짓거리가 사자(死者)에 대한 모욕으로 그치는 것이라면, 그 행위가 가증스럽다 하더라도 그 심각함이 덜했을 겁니다. 그러나 이들은 지금 전체 도시를 모독하고 전체 도시에 반하여 불법을 자행했습니다. 법조문을 들으신다면, 여러분이 이해하실 겁니다. 법조문을 읽어 주십시오.

---

37 아티카 아이게이스 부족의 한 데모스.

법

도시에서 신전을 건조하려는 목적이 아닌 경우, 누구라도 아테나이, 데모스에서 사적 용도로 혹은 사자(死者)에게 예를 드리기 위해서 한 해 2그루의 한계를 넘어 올리브나무를 베어 없애면, 1그루당 100드라크메를 공공금고에 납부해야 한다. 이 금액의 10분의 1은 아테나 여신에게로 귀속된다. 또 고발한 개인에게 1그루당 100드라크메를 따로 지급한다. 고발은 이 사안의 부정행위 여부를 판정하는 장관들 앞으로 하고, 장관들은 각기 재판관으로 기능한다. 고발인은 자기 몫의 법정 수수료를 공탁한다. 피고가 유죄 판정을 받으면, 사건을 담당한 장관은 공금으로 납입해야 할 금액, 아테나 여신에게 귀속되는 금액, 아테나 여신의 금고로 귀속되는 금액 등을 징수관에게 통보한다. 장관들이 금액을 통보하지 않으면, 자신이 물어내야 한다.

72. 법은 이렇듯 엄격합니다. 청컨대, 여러분 스스로 유념하실 것은, 재판관 여러분, 여러분이 보기에, 지난날 이들로부터, 또 이들의 횡포로부터 우리가 얼마나 큰 불행을 겪었는가 하는 점입니다. 여러분을 백안시하고 법이 명백히 금지하는 수많은 짓거리를 자행함으로써, (제 2) 하그니아스가 유산으로 남긴 농장을 방자하게 망가뜨릴 정도니까요. 법조문에 따르면, 자기 부친으로부터 물려받은 자신의 땅에서도 이런 것을 베어내지 못합니다. 실로 이들은 여러분의 법을 준수하든가, 아니면 (제 2) 하그니아스 집안 대가 끊어지지 않도록 노력해야 하는 것이죠.

73. 저로서는, 재판관 여러분, 제 자신에 대해 여러분에게 몇 말씀 드리고, 저는 그들과 아주 다르게, 하그니아스의 집안이 끊어지지 않도

록 배려했다는 사실을 여러분에게 밝히려 합니다. 저도 부셀로스의 집안사람입니다. 칼리스트라토스가 부셀로스의 아들인 (제 2) 하브론의 손녀와 혼인했는데, 그는 스스로 에우불리데스의 아들인 동시에 부셀로스의 손자입니다. 하브론의 손녀와 하브론의 조카인 칼리스트라토스로부터 저의 어머니가 태어났어요. 74. 이 아이의 모친(무남상속녀인 제 2 필로마케)이 근친으로 저에게 출가하여, 거기서 네 아들과 딸 하나를 얻었지요. 저는 아이들에게, 재판관 여러분, 다음과 같이 이름을 지었어요. 맏이는 마땅히 제 아버지의 이름을 붙여 소시아스라고 하고, 두 번째 아들은 이 아이의 외조부 이름을 따서 (제 3) 에우불리데스, 그 다음 세 번째는 메네스테우스라고 했는데, 이 이름은 제 아내의 친척 이름을 딴 겁니다. 막내아들은 저의 외조부 이름을 따서 칼리스트라토스라고 불렀지요. 더구나, 저는 제 딸을 다른 집안이 아니라 제 조카에게 출가시켰어요. 그 자식들도 건강하게 자라나면 하그니아스의 집안에 속하도록 하기 위해서였어요. 75. 이런 방식으로 부셀로스에게서 비롯된 가계가 가능한 한 이어지도록 하려 했지요. 반면, 이들(소송상대)은 어떤 입장이었는지 다시 살펴봅시다. 그에 앞서 이 법을 읽어 주십시오.

법

장관은 고아, 무남상속녀, 대가 끊어질 위기에 처한 집안, 남편이 죽은 후 집에 임부(妊婦)로 남은 과부들을 돌보도록 한다. 장관은 이들을 돌보며 누구도 이들에게 무례를 범하지 않도록 보호한다. 누가 이들에게 무례를 범하거나 불법으로 가해하면, 법정의 최고 벌금을 부과하는 권한을 갖는다. 가해자가 더 큰 벌을 받아야 하는 것으로 판단되면, 장관은 5일 전에 그에게 통지하고, 제안하는 벌금 액수를 서면에 적어서 헬리아이아 법정으로 넘긴다. 피고가 유죄 선고를 받으면, 헬리아이아 법정은 신체형(자유형) 혹은 벌금형을 내린다.

76. 한집안의 대를 끊기 위해 이들이 구사한 것보다 더 좋은 방법을 도대체 누가 찾을 수 있겠습니까? 스트라티오스 집안에 속한 이들은 하그니아스의 최근친을 하그니아스 집안에서 쫓아내는 겁니다. 또 있어요. 어떻게 하그니아스 집안사람인 것처럼 행세하며 하그니아스의 유산을 요구한답니까? 그 이름이 하그니아스 집안의 것이 아닐 뿐더러, 자기 선조 스트라토스 집안의 것과도, 또 그렇게 많은 부셀로스의 다른 후손들의 것과도 같지 않은 마당에 말입니다. 77. 그렇다면, 마카르타토스란 이름은 어디서 따온 것이겠습니까? 모계 집안에서 나온 것이에요. 프로스팔타 출신으로 모친의 형제인 마카르타토스 집안에 양자로 들어가서 그 유산도 물려받았던 겁니다. 참으로 뻔뻔한 것이, 자기 아들이 태어났을 때, 하그니아스의 양자로 해서 그 집안에 들이도록 조치하지도 않았어요. 그런데도 하그니아스의 유산을 차지하고는 남계로 그의 근친이라고 주장하는 겁니다. 78. 마카르타토스는 그 아들을 자신의 모계인 프로스팔타 인들에게로 입적했고, 이쪽 하그니아스 집안은 대가 끊기도록 내버려둔 거예요. 〈솔론법〉에 따르면, 상속권은 남계 후손과 그 자식들에게 돌아갑니다. 그러나 이 사람(마카르타토스)은 방만하게도 법은 물론 하그니아스를 백안시하고, 자기 아들을 자기 모친 집안에 양자로 들인 거예요. 이이보다 더 큰 불법과 더 방자한 행위를 자행하는 이가 어떻게 있을 수 있습니까?

79. 그뿐 아닙니다, 재판관 여러분. 부셀로스의 후손들이 공동으로 이용하는 장지(葬地)가 있는데요. 부셀리다이 가문의 장지라 불리는데, 사방에 울타리가 쳐진 넓은 면적으로 선인들의 취향에 어울리는 곳이지요. 이 장지는 부셀로스의 다른 모든 후손들, (제1) 하그니아스, (제1) 에우불리데스, 폴레몬, 그 밖의 부셀로스의 일련의 후손들이 묻혀 있고, 이들이 모두 공동 장지로 쓰는 곳입니다. 80. 그러나 이 마카르타토스의 부친과 조부는 거기에 없고, 부셀리다이 장지에서 멀리 떨어진 곳에 따로 썼어요. 여러분이 보시기에, 재판관 여러분, 그들이, 어느 모로 보나, (제2) 하그니아스 집안에 속한 것 같습니까? 자신들의 것도 아닌 것을 차지하는 사실을 제외하고 말입니다. (제2) 하그니아스, 그리고 하그니아스의 사촌인 (제2) 에우불리데스의 집안에 대가 끊기고 이름 없이 사라지는 것에 대해 이들은 일말의 연민이 없었어요.

81. 저로서는, 재판관 여러분, 힘이 닿는 한, 사자(死者)의 친족을 도우려 합니다. 그러나 이들의 간계에 맞서는 게 쉬운 일이 아니에요. 그래서 이 아이를 여러분에게 넘기고자 하니, 여러분이 가능한 한 공정하게 처분해 주십시오. 이 아이는 에우불리데스 집안에 양자로 들어갔고, 제가 속한 형제단이 아니라, 에우불리데스, 82. 하그니아스, 이 마카르타토스[38]의 형제단으로 입적된 바 있습니다. 형제단에 입적할 때, 다른 이들은 비밀로 투표했는데, 마카르타토스는 이 아이가 에우불리데스의 아들로서 형제단에 입적하는 것이 좋다는 뜻을 공개적으로

---

38 마카르타토스는 다른 집안에 양자로 들어갔으나, 여전히 에우불리데스, 하그니아스 등과 같은 형제단(phratria)에 속한다.

밝혔어요. 신성의 제물을 제단에서 제거함으로써39 (아이 대신) 자기 자신을 권리자로 세운 일이 없었습니다. 오히려, 아이를 위해 올린 제물의 고기에서, 다른 형제단원 같이, 자기 몫을 챙겨 떠났을 뿐입니다.

83. 재판관 여러분, 여러분은 이 아이가 여기에서 여러분에게 호소하는 것을 보고 계십니다. 고인이 된 (제2) 하그니아스와 (제2) 에우불리데스, 그리고 하그니아스 집안의 또 다른 이들의 이름으로 말이죠. 이 아이가 재판관 여러분들에게 읍소하는 것은, 하그니아스 집안이 아니라 스트라티오스 집안에 속하는 저 금수 같은 이들에 의해 집안의 대가 끊어지지 않도록 해 주십사 하는 것입니다. 이들이 자기 것이 아닌 것을 차지하도록 내버려두지 마십시오. 하그니아스 집안의 유산을 하그니아스의 근친에게 돌려주도록 하십시오. 84. 저로서는 다만, 재판관 여러분, 사자(死者)와 그들과 관련한 현행법을 수호할 뿐입니다. 제가 여러분에게 간청하고 호소하고 탄원하는 것은, 이들이 이 아이를 백안시하고, 또 지금 모욕하는 것에 더하여 한층 더 선조를 모욕하려는 것을 보면서 방치하지 마십시오. 그들이 원하는 대로 하도록 내버려두면 그렇게 될 것이니까요. 법을 수호하시고, 사자(死者)에게 경의를 드리시고, 그들의 집안에 대가 끊어지지 않도록 해 주십시오. 그러면, 공정을 기하고 여러분이 한 맹세에 걸맞고, 여러분들 자신에 득이 되는 결정을 내리는 것이 될 것입니다.

---

39 신성의 제물을 제단에서 제거한다는 것은 이 아이가 에우불리데스의 아들로서 형제단에 입적하는 사실을 부당한 것으로 보고 반대한다는 뜻이 되는데, 이때 마카르타토스는 제단의 제물을 제거한 것이 없으므로, 당시 찬성을 표했다는 뜻이다.

44

아르키아데스의 재산 관련하여
레오카레스에 반대하여

해제

에우티마코스에게 아들 셋, (제 1) 메이딜리데스, 아르키포스, 아르키아데스와
딸 아르키디케가 있었다.

(제 1) 메이딜리데스는 므네시마케와 혼인하여 클레이토마케라는 딸을 두었
는데, 그 딸 클레이토마케는 아리스토텔레스와 혼인하여 아들 셋, 아리스토데
모스, 하브로니코스, (제 2) 메이딜리데스를 두었다. 다시 에우티마코스의 아들
중 아르키포스는 자식 없이 죽었고, 아르키아데스는 혼인하지 않았다. 에우티
마코스의 딸 아르키디케는 엘레우시스 출신 (제 1) 레오스트라토스와 혼인하여
딸을 낳았는데, 그 딸이 다시 아들 (제 2) 레오크라테스를 낳았다.

(제 1) 레오크라테스는 아르키아데스의 아들로 입양되었는데, 이것이 (제 1)
메이딜리데스가 아테나이를 떠나 부재할 때였다. (제 1) 메이딜리데스가 돌아와
이 같은 사실을 알고 불쾌해했으나 이의를 표면화하지는 않았다.

그런데 (제 1) 레오크라테스가 아르키아데스의 집안을 떠나 친생가로 돌아가
면서, 자신의 아들 (제 2) 레오스트라토스를 자기 대신 아르키아데스의 아들로
입양했다. 그 후 (제 2) 레오스트라토스도 그같이 자신의 아들 (제 2) 레오크라
테스에게 입양아의 자리를 물려주고 친생가로 돌아왔다. 그 (제 2) 레오크라테

스가 자식 없이 죽자, 아르키아데스의 최근친이며, 므네시마케의 손자(아들의 아들)인 아리스토데모스가 아르키아데스의 재산 상속권을 주장하고 나섰다. 이 변론은 아리스토데모스가 발표한 것이다.

이때 자식 없이 죽은 마지막 입양아 (제 2) 레오크라테스의 부친이며, 아르키아데스의 증손자인 (제 2) 레오스트라토스가 나서서 아리스토데모스에게 대항하여, 자신이 아르키아데스의 입양아라고 주장하며 상속권을 요구했다. 그러고는 그 전제 작업으로 오트리네구 인명부에 입적하려 했으나, 아리스토데모스 집안에 의해 실패했다. 그러자 (제 2) 레오스트라토스는 자신의 또 다른 아들 레오카레스를 아르키아데스의 입양아인 것으로 들여놓았다.

이들 (제 2) 레오스트라토스와 그 아들 레오카레스를 상대로 하여 아리스토데모스의 아들이 소(訴)를 제기하면서, 자신의 부친을 대신하여 아르키아데스의 유산에 대한 권리를 요구했다.

아리스토데모스는 피상속인 아르키아데스의 형제인 메이딜리데스의 손자(딸의 아들)로서, 최근친으로서의 자격을 갖추었다. 반면, 유산 상속권을 주장하는 상대소송인 (제 2) 레오스트라토스는 아르키아데스의 누이인 아르키디케의 증손자였으나, 아르키아데스의 입양아라고 주장하는 것이다.

아테나이 법제도에 따르면, 친자식이 없는 이는 입양할 수 있다. 입양아를 통해 피상속인의 재산은 같은 집안에 그대로 남게 되고, 다른 집안으로 전이되지 않는다. 만일 그 재산이 조카나 사촌 등에게 상속된다면, 다른 가계로 옮겨가는 것이 되고, 또 혼인한 딸에게 상속되면 그 재산이 그 남편의 집안으로 옮겨가게 되겠지만, 그런 일은 발생하지 않는다. 입양아는 적어도 한 명의 친형제를 두고 있어야 한다. 떠나온 친가에서도 상속인이 있어야 할 것이고, 또 입양아는 양부의 합법적 자식으로서 친가와의 관계를 완전히 단절해야 하기 때문이다. 입양은 양부 생전에 이루어져야 하지만, 솔론 이후 유언에 의해서도 가능하도록 했다. 유언에 의한 입양은 실제로 상속인을 선택하는 것이었다.

아르키아데스 집안 가계도

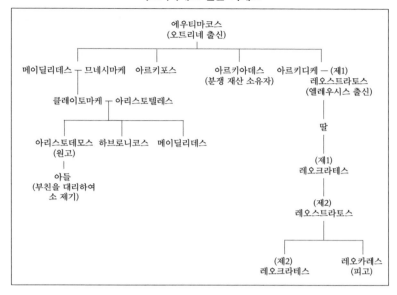

흔히 입양아는 최근친 가운데서 선택되고, 예외는 아주 드물었다.

입양아는 양부의 형제단(*phratores*)과 구(區 · 데모스)에 입적됨으로써, 새 집안에서 입지와 권리가 확보된다. 한 가지 중요한 사실은 입양된 이는 자신의 양자를 들일 수 있는 권한이 없다.[1] 이 변론에서 드러나듯이, 세 차례에 걸쳐 입양된 이들이 모두 아르키아데스의 양자를 자처하는 것도 그 사실에 근거한다.

이 변론은 위작으로 간주하는 이가 많고, 특별하게 중요성을 갖는 것은 아니지만, 상속 제도와 관련하여 그 소송의 실제, 그에 수반되는 실제의 법 규칙에 대한 정보를 담고 있다. 이 변론의 작성 연대는 확실하지 않으며, 기원전 330년대로 추정된다.

---

1 Demosthenes, 44. 67~68; 최자영, 《고대 그리스 법제사》, 아카넷, 2007, p. 430; 같은 책(전자책), 아카넷, 2023, 제6장, 2. 3) (2) 양자의 지위와 권한.

1. 이 레오카레스가 재판에 회부된 것은, 재판관 여러분, 스스로의 잘못에 기인한 것입니다. 그리고 제가 연소함에도 여러분 앞에서 발언하게 된 것은 그가 자신의 것이 아닌 재산에 대해 상속권이 있다고 주장하고, 또 그 주장을 뒷받침하기 위해 장관2 앞으로 허위의 소명서3를 제출했기 때문입니다. 2. 법조문에 따르면, 상속권은 최근친인 자에게 속하는 것입니다. 그래서 애초에 유산을 남긴 이인 아르키아데스의 근친인 우리는, 그 집안의 대가 끊기고 그 재산이 아무런 권리가 없는 이들 수중으로 들어가는 것을 보면서, 방심하고 있을 수가 없었어요. 그러나 이 사람(레오카레스)은 고인의 친생자도 아니고, 또 제가 여러분에게 증명하겠습니다만, 합법적으로 채택된 양자도 아니면서, 우리 재산을 갈취하기 위해, 뻔뻔하게도 허위 증언에 기초한 소명서를 제출했습니다.

3. 그러니 청컨대, 재판관 여러분, 저희 주장이 옳으면 제 부친과 저를 도와주시고, 가난하고 힘없는 이들이 불공정한 상대소송인 무리에 의해 짓밟히도록 방치하지 말아 주십시오. 저희는 진실에 의지하여 여러분 앞에 섰으며, 누구라도 저희의 합법적 권리를 찾도록 해 주신다면 감사하겠습니다. 그러나 이들은 평생을 권모술수와 돈에 의지하고 있습니다. 제 소견에는, 그런 것이 당연하죠. 남의 돈을 쉽게 유용하고는 자신들을 위해 많은 사람을 동원하여 허위 증언4하도

---

2   *archon*.

3   *diamartyria*. '소명'은 특별한 '재판(*agon*)' 절차로서, 공탁금을 제기하고 패소할 경우 공탁금을 상실하는 위험(보통 5분의 1의 지지도 얻지 못하는 경우 공탁금 상실)을 안고 소송에 임한다. 아래 5절 참조.

록 하니까요. 4. 사실이 여러분에게 밝혀지겠습니다만, 제 아버지는, 여러분 모두가 주지하듯이, 가난하고, 또 평범한 개인에 불과하나, 이 법정에 오게 된 것은 분명한 증거를 가지고 있기 때문입니다. 그는 페이라이에우스에서 전령 공무에 종사하는데, 그런 사실은 그냥 궁핍하기만 할 뿐만 아니라, 이 같은 송사에 매달릴 여가가 없다는 뜻이에요. 송사에 연루된 이는 부득이 온종일 광장에서 지내야 하는 것이니까요. 이 같은 점을 고려하셔서, 우리가 옳다는 확신이 없었다면 이 사건을 여러분 재판정으로 가져오지도 않았을 것이라는 점에 유념해 주십시오.

5. 이어서 제가 이 문제에 대해 더 자세히 말씀드리겠습니다만, 우선 사건 관련 소명(疏明)과 재판 절차를 여러분께 말씀드려야 할 것 같습니다. 그런데 만일, 재판관 여러분, 레오카레스가 소명을 통해 자신이 아르키아데스의 적생자5라는 사실을 증명한다면, 더 이상의 군소리나, 우리 가계를 들추어낼 필요가 없었을 겁니다. 6. 그러나 이 소명은 그런 취지가 아닌 것이, 이들 주장의 주요 취지는 자신이 양자로 들어왔으므로, 적생6의 자격을 갖춘 최근친7으로 정당하게 유산 상속권을 가진다는 것이에요. 그래서, 재판관 여러분, 저희 가계와 관련하여 다소간 여러분에게 소개를 드리겠습니다. 이 점을 분명히 꿰고 계신다면 이들의 말에 현혹되지 않을 것이니까요. 7. 이 재판

---

4   *martyresontas ta pseude* (*pseudomartyria*). 참조, Demosthenes, 41. 16.
5   *hyios gnesios*,
6   *gnesioi*.
7   *anchisteia*.

은 유산상속권에 관한 것으로, 그것이 혈족8 혹은 근친에 있는가, 아니면 입양된 이들에게 있는가 하는 것입니다. 우리가 여러분 앞에서 인정하는 바, 모든 입양은, 합법적으로 올바르게 이루어져야 유효한 것이죠. 그러니 우리 주장에 유념하셔서, 이들이 소명서에서 주장하는 내용이 법에 따른 것인지를 여러분 앞에서 증명한다면, 유산이 그들에게 가도록 결정하십시오. 8. 그리고 이들이 법에 따르지 않았으나, 이들 주장이 공정과 아량으로 용납된다고 여러분이 보시는 경우에도, 우리 주장을 철회하겠습니다. 그러나 우리가 혈족으로 최근친이지만, 우리 주장은 이런 점뿐만 아니라 온갖 다른 근거에도 입각하고 있다는 점을 여러분이 아실 수 있도록, 유산이 계승되어 온 우리 가계에 대해 먼저 말씀을 드리겠습니다. 제 소견에, 이 점만 여러분이 분명히 이해하고서 재판에 임하신다면, 다른 사실들을 파악하는 데도 어려움이 없을 것 같기 때문이에요.

9. 발단부터 말씀드리자면, 재판관 여러분, 오트리네구9 출신 에우마코스가 메이딜리데스, 아르키포스, 아르키아데스 등 아들 셋과 아르키디케라는 딸 하나를 두었어요. 이들 부친이 죽자 세 아들이 아르키디케를 엘레우시스 출신 (제1) 레오스트라토스에게 출가시켰지요. 아르키포스는 30인 참주정 치하에서 메팀나에서 죽었고, 얼마 후 메이딜리데스는 크리오아10 출신 리시포스의 딸 므네시마케와 혼인

---

8 *genos*,
9 아이게이스 부족에 속하는 구(區 · *demos*).
10 안티오키스 부족에 속하는 구(區 · *demos*).

했어요. 10. 거기서 클레이토마케라는 딸이 태어났는데, 그(메이딜리데스)는 딸을 그때까지 미혼으로 있던 자신의 형제(아르키아데스)와 연을 맺도록 하려 했지요. 그런데 아르키아데스가 혼인을 거부했고, 그렇게 재산이 분배되지 않은 상황에서 아르키아데스는 혼자 살라미스에서 살았어요. 그러다가 (제 1) 메이딜리데스는 마침내 딸을 저의 조부인 팔레네[11] 출신 아리스토텔레스에게 출가시키게 되었지요. 거기서 세 아들이 났어요. 제 아버지인 아리스토데모스, 제 숙부 하브로니코스, 지금은 고인이 된 (제 2) 메이딜리데스가 그들입니다.

11. 이것이 우리 근친 가계이며, 유산은 이들을 통해 계승되는 것이죠. 우리는 남계로서 아르키아데스의 최근친입니다. 그래서 법에 따라 그 유산 상속권을 주장하는 것이고, 그 가문의 대가 끊기는 것을 그냥 방관할 수 없어, 장관에게 유산상속권을 청구하게 되었습니다. 반면, 우리 소송 상대방은 불법으로 재물을 차지하고, 항의의 소명서를 제출했는데, 그 주요 근거는 입양이고, 그로 인해 친척인 것으로 자처하고 있습니다. 12. 이 입양이 정확하게 어떻게 이루어졌는지는 나중에 여러분에게 분명히 말씀을 드리겠습니다만, 당장에는 이들의 족보로 보면 그들이 [고인(아르키아데스)에게] 우리보다 더 근친이 아니라는 사실부터 아셔야 하겠습니다. 한 가지 인정되는 사실은, 상속에서 남계와 그 남계의 후손이 우선권을 갖는다는 사실입니다. 법에 따르면, 상속권은 자식이 없을 때 남계의 최근친에게 돌아갑니다. 이같은 조건에 상응하는 것이 저희입니다. 아르키아데스는 후사 없이

---

11 안티오키스 부족에 속하는 구(區 · *demos*).

죽은 것으로 알려져 있고, 우리가 그에게 남계로 최근친이기 때문이지요. 13. 게다가 우리는 여계로 보더라도 최근친이 됩니다. 메이딜리데스가 아르키아데스의 형제인데, 메이딜리데스의 딸이 제 조모(祖母)[12]이니까, 우리가 지금 상속권을 요구하고 있는 아르키아데스는 제 조모에게 숙부가 되지요, 그래서 조모의 아버지 대에서 서로 형제지간이었으니까, 그 친족은 여계가 아니라 남계로 걸리는 것이죠. 그러나 이 (제2) 레오스트라토스는 더 먼 친족으로서, 아르키아데스에게 여계로 걸립니다. 이 사람(제2 레오스트라토스)의 부친인 레오크라테스의 모친은 우리가 후손의 자격으로 상속권을 주장하는 저 아르키아데스와 메이딜리데스의 질녀입니다.

14. 먼저 재판관 여러분, 저희 가계가 제가 진술한 바와 같음을 증명하기 위해, 증언, 그다음에 혈족과 남계 최근친에게 상속권을 부여하는 법조문을 읽어 드리겠습니다. 이런 점들이 본 사건의 핵심 쟁점이며, 그에 대해 여러분이 맹세에 따라 판결하게 될 것이니까요. 이를 위해 증인들을 이곳으로 불러 주시고 법조문을 읽어 주십시오.

증인들, 법조문

15. 이들(소송상대)과 저희 가계는 각기, 재판관 여러분, 이러합니다. 증언에 기초하여 더 가까운 근친임을 증명한 이들이 상속권을 가져야 하는 것이고, 여러분의 법보다 이치에 닿지 않게 제출한 이들의

---

12 아버지의 어머니.

소명서가 더 우선되어서는 안 되는 것이죠. 이들(소송상대)이 입양되었다고 주장할 것이므로, 입양의 과정을 저희가 여러분께 밝혀야 할 것 같습니다. 입양된 이가 자식 없이 죽는 바람에, 우리가 권리[13]를 주장하고 나설 때까지 그 집안의 대가 끊긴 상태에 있었던 거예요. 그러니 그 상속권은 최근친에게 돌아가야 하며, 또 권모술수에 도통한 이들이 아니라 부당한 지경에 처한 이들을 여러분이 돕는 것이 올바른 처사 아닙니까? 16. 저희 가계와 이 소명서 관련하여 주요 쟁점만 말씀드리고 군더더기 말 없이 연단에서 내려가는 것으로서 충분했다면, 그 이상으로 여러분을 번거롭게 하지 않았을 것 같습니다. 그러나 이들(소송상대)이 법에 의거하지 않고, 오래전부터 우리를 배제하고 기선을 제압하여 재산을 차지하고 있었고, 그런 사실을 증거로 대면서 스스로 상속권자라고 주장하고 있어요. 그래서 저희는 이런 사실과 관련해서도 언급하고 또 이들이 세상 사람들 가운데서 가장 포학하다는 사실을 증명할 필요가 있습니다.

17. 애초에, 재판관 여러분, 메이딜리데스와 아르키아데스가 누이를 엘레우시스 출신 (제1) 레오스트라토스에게 출가시켰어요. 그 후 출가한 그들의 누이에게서 이 (제2) 레오스트라토스의 부친인 (제1) 레오크라테스가 태어났습니다. 그가 눈독 들이고 소(訴)를 제기한 유산의 피상속인 아르키아데스가 그와 얼마나 먼 친척인지를 여러분이 보십시오. 제가 말씀드렸듯이, 아르키아데스는 혼인하지 않았고,

---

13 *lexis.* 이 용어는 상속뿐만 아니라 출생, 결혼, 죽음 등을 표시하는 행위를 말하는데, 여기서는 상속권을 뜻하는 것으로 보아야 한다.

그 형제이며 제 부친의 조부14인 (제 1) 메이딜리데스는 혼인했지요.
18. 당시 그들은 재산분배를 하지 않은 상태에서 제각기 넉넉하게 지냈으며, 메이딜리데스는 시내15에 살았고, 아르키아데스는 살라미스에 거주했어요. 오래지 않아 제 증조부 메이딜리데스가 해외로 나갔을 때, 아르키아데스가 병이 들었고, 메이딜리데스 부재중에 여전히 미혼인 채로 죽었습니다. 미혼인 증거가 무엇이냐고요? 아르키아데스 무덤에서 물항아리 들고 있는 이16의 모습입니다. 19. 그때 (제 2) 레오스트라토스의 부친인 (제 1) 레오크라테스는, 여계로 친척 관계에 있다는 빌미로 자의적으로 아르키아데스의 양자가 되어 재산을 차지한 겁니다. 마치 아르키아데스 생전에 입양된 것처럼 말이지요. 메이딜리데스가 돌아와서 일어난 상황을 보고 화를 내고 레오크라테스를 상대로 소(訴)를 제기하려고 했어요. 그러나 친척들이 만류하고 또 아르키아데스의 양자로서 레오크라테스를 가족 성원으로 남도록 내버려두어야 한다고 설득하므로, 양보하게 된 겁니다. 법정에서 패소한 것이 아니라, 이들(소송상대) 모두에게 속고 또 친척들의 청에 설득된 것이죠.
20. 그런 일이 있고 난 뒤 메이딜리데스가 죽고, 레오크라테스가 아르키아데스의 재산을 차지하고는, 수년간 실제로 양자인 것처럼

---

14 원고의 증조부.
15 아테나이 시내(asty).
16 *loutrophoros*. 물항아리를 들고 옮기는 이. 결혼식이나 장례식에서 물항아리를 들고 옮기는 이를 말한다. 흔히 미혼으로 죽은 이의 무덤에는 물항아리를 들고 있는 아이들의 모습이 그려진 부조가 있다.

유산을 관리17했어요. 우리로서는, 메이딜리데스가 양해한 사안이므로, 조용하게 지냈습니다. 그런데 얼마 가지도 않았을 때였어요, 재판관 여러분, 21. 제가 드리는 말씀을 잘 들어 주십시오, 아르키아데스의 양자가 된 레오크라테스가 합법적 자식인 양 (제 2) 레오스트라토스를 이 집안에 남겨 놓고 자신은 생가가 있는 엘레우시스로 돌아가 버린 겁니다. 그런 지경에서도 우리는 재산 관련한 문제를 들고 나오지 않고 그대로 있었어요. 22. 그런데 이 (제 2) 레오스트라토스 자신도, 자의적으로 양자인 것으로 자처하고 아르키아데스의 집안에 들어왔으면서도, 자기 부친처럼 또 자기 생자(生子)18를 남겨 놓고는 다시 엘레우시스인들에게로 돌아가 버렸답니다. 그러니 애초에 법을 무시한 가운데 이루어진 최초의 입양으로부터 세 사람이 들어서게 된 것이란 말이죠. 23. 자의적으로 입양된 것으로 자처하는 이가 양부의 집을 떠나서 생가로 돌아가고, 자신의 생자들을 양자로 남겨 두는 것이 어떻게 불법이 아닙니까? 지금까지 이런 짓거리를 하고, 그런 식으로 우리의 상속권을 빼앗아 가려 한 거예요. 아르키아데스의 재산을 착취하여 아이들을 키우고, 남의 재산을 써 놓고는, 자기네 생가 재산은 온전하게 보존한 겁니다.

24. 그 같은 짓거리를 하는 이들이었으나, 제가 말씀드린 바와 같이, 우리는 모든 것을 감내했습니다. 어떤 일이 있을 때까지냐고요? 레오스트라토스가 아르키아데스의 집안에 양자로 남겨 둔 (제 2) 레

---

17 *ekleronomei.*
18 *hyios gnesios*, (제 2) 레오크라테스를 말한다.

오크라테스가 자식 없이 죽었을 때까지였어요. 그가 자식 없이 죽었으므로, 아르키아데스의 최근친으로서 우리가 유산상속권을 요구했는데, 레오스트라토스가 죽은 자식 대신 또 다른 자식19을 양자로 대신 내세우면서 우리에게 속한 재산을 우리가 가져가지 못하도록 했거든요. 25. 만일 고인이 살아생전에 다른 자식을 양자로 세우기만 했더라도, 그것도 불법이지만, 우리는 이의를 제기하지 않았을 겁니다. 그러나, 한편으로 자식을 낳은 것도 아니고, 고인 생전에 입양한 것도 아니고, 다른 한편으로 법에 따라 상속권은 최근친에게 속하는 것이므로, 두 가지 측면에서 다 저희가 권리를 빼앗기지 않는 것이 올바른 것 아니겠습니까? 26. 저희는 애초에 유산이 속했던 아르키아데스와 그 양자였던 (제 1) 레오크라테스의 최근친입니다. (제 2) 레오크라테스의 부친(제 2 레오스트라토스)이 다시 엘레우시스로 돌아갔을 때, 법에 따라, 그는 친척의 지위를 잃었습니다만, 저희는 그(제 2 레오크라테스)가 양자로 들어온 가문의 불변의 혈족이고, (양자가 된) 그 (제 2 레오크라테스)의 사촌의 자식들20이기 때문이지요. 그러니, 이른바, 아르키아데스의 친족으로서, 또 (제2) 레오크라테스가 자식 없이 죽었고 또 그에게 누구도 저희보다 더 가까운 친족이 없으므로, 저희가 상속권을 주장하는 것입니다.

27. 더구나 레오스트라토스 씨, 당신 때문에 집안의 대가 끊겼어요. 당신이 당신을 입양한 이가 아니라 그의 재물과 친족 관계를 유지

---

19 이 사건 피고인 레오카레스.

20 *anepsiadoi.*

하기를 원하기 때문이요. (제 2) 레오크라테스가 죽을 때까지, 아무도 유산에 대해 왈가왈부하지 않았고, 당신은 아르키아데스를 위해 어떤 자식도 입양한 적이 없어요. 그런데 친족인 우리가 개입하는 순간부터, 당신은 재산을 계속 보유하기 위해서 아르키아데스 집안에 당신 아들을 들여놓았던 거란 말이요. 그러고는 한편으로 당신을 입양했다고 하는 아르키아데스가 재산이 전혀 없었다고 하고, 다른 한편으로, 세상 사람들이 친족이라고 인정하는 이들을 배제하기 위해서, 우리를 상대로 소명서를 제출했어요. 만일 그(아르키아데스) 집안에 재물이 없다면, 왜 당신은 아무것도 상속받지 않은 우리보다 더 불리한 지경에 서려고 하시오? 28. 이 사람의 몰염치와 욕심은, 재판관 여러분, 이와 같아서, 엘레우시스로 돌아가 친부의 재산을 차지하려 하고, 동시에 입양된 집안에 아들을 들여놓지도 않고 그 재산을 차지하려고 하는 겁니다. 이 모든 것을 그는 쉽게 처리했어요. 가난하고 무력한 우리에 비해 그는 아주 유리한 입장에 있었거든요. 남의 재물을 유용할 수 있으니까요. 그래서 여러분이 우리를 도와주셔야 한다고 저는 봅니다. 우리는 다른 사람들보다 더 많은 이득을 보려는 것이 아니라, 합법적 권리로서 주어지는 것에 만족하니까요.

29. 재판관 여러분, 우리가 어떻게 해야 하겠습니까? 입양이 세 사람을 거쳤고, 마지막 양자는 자식 없이 죽었으니, 우리에게 속한 유산을 우리가 가져야 할 때가 되지 않았습니까? 당연한 권리로서 저희는 장관님께 유산 청구권을 요구했습니다. 그러나 이 레오카레스는 거짓과 몰염치한 소명 절차에 빗대어, 완전히 불법적으로 우리 재산을 빼앗아 가야 한다고 생각하고 있습니다.

30. 무엇보다 먼저, 입양 관련, 우리 친족 계보, 또 아르키아데스의 비석에 물항아리를 들고 있는 이가 새겨져 있다는 사실 등에 관한 저희 진술이 진실임을 증명하는 증언들을 읽어드리겠습니다. 이어서 나머지 사안에 대해서도 분명하게 말씀드려서, 이들(소송상대)의 소명이 위증들에 기초해 있다는 사실을 확인하실 수가 있겠습니다. 저를 위해 제 진술에 대한 증언들을 듣고 읽어 주십시오.

증언들

31. 이것이 이 사건의 핵심이며, 상속과 관련하여 명백한 권리는 이와 같습니다, 재판관 여러분. 동시에 주요 사실에 대해 자초지종을 거의 모두 들으신 겁니다. 그러나 우리가 상속권을 청구한 다음 그들이 한 짓거리와 우리에게 가한 행패에 대해서 여러분에게 고할 필요가 있다고 저는 봅니다. 특히 상속 관련 사건 재판에서, 이들이 우리에게 저지른 것같이 중대한 불법을 자행한 이는 아무도 없을 것이라 저는 믿습니다. 32. (제2) 레오크라테스가 죽고 장례가 거행되었을 때, 우리는 그 재산이 있는 곳으로 갔습니다. 아이도 없이 미혼으로 죽었기 때문이었지요. 그런데 이 (제2) 레오스트라토스가 저희를 쫓아내면서, 그 재산이 자기 것이라 주장했어요. 저희가 사자(死者)를 위해 관습에 따른 제사를 드리는 것을 방해하는 것이 불법이라고 하더라도, 그 부친이 똑같은 짓거리를 했으므로, 그런 점에서는 당연한 것일 수도 있겠습니다. 친부가 장례를 주도하는 것이 당연하듯이, 친족의 경우에도 마찬가지입니다. 죽은 이가 입양에 의해 우리 친족이

었거든요. 33. 관습의 제례가 행해진 집안에 대가 끊긴 마당에, 그 (제 2 레오스트라토스)가 최근친인 우리가 사자(死者)의 재산을 취하지 못하도록 하는 것은 어떤 법이랍니까? 제우스의 이름으로, 그가 죽은 자의 부친이라고 할 것이니까요. 그래요, 그러나 그는 선조가 있는 생가로 돌아갔으므로, 자신의 아들에게 넘겨준 재산에 대해 관할권이 없어요. 그렇지 않다면, 법이 왜 필요하겠습니까?

34. 나머지 사정을 다 생략하자면, 저희가 쫓겨난 뒤 마침내 장관 앞으로 상속 관련 소를 제기했습니다. 제가 말씀드린 대로, 사자는 자식이 없었고, 합법적으로 입양된 것도 아니었으니까요. 그 후 이 레오스트라토스가 법원에 공탁금을 걸고는, 저 아르키아데스의 양자로 자처하고 나섰어요. 엘레우시스의 생가로 돌아간 사실이나, 혹은 입양된 이는 스스로 다른 이를 입양할 수 없고 그들을 입양한 이들만이 입양할 수 있다는 사실은 고려하지 않고 말이죠. 35. 그러나, 제 소견에, 그는 단순하게, 불법이든 합법이든, 남의 재산을 차지할 권리를 갖고 있다는 사고방식을 가진 것 같습니다. 그래서 먼저 그는, 엘레우시스인이면서도, 오트리네구(區)를 찾아가서 민회 회원 목록에 등재해 달라고 요구하여, 양해를 구했어요. 게다가 이름이 오트리네구 명부에 등재되기도 전에, 공무에 동참하려고 했던 겁니다. 욕심으로 그같이 중대한 불법을 저지르려고 한 것이에요. 36. 우리가 그런 상황을 감지하고는 증인들을 대동하여 저지했습니다. 누가 아르키아데스의 양자 지위를 인정받기 전에, 상속권 문제가 먼저 여러분 법정에서 판정되어야 한다고 생각했던 것이죠. 그렇게 그가 방해를 받고, 또 명부 등록하는 그곳 문서고와 구(區) 관리21들을 뽑은 광장

에서 그의 불법행위가 많은 이들 앞에서 드러났습니다. 그럴수록 그는 무리수를 두는 데 조금도 위축되지 않았고, 여러분의 법보다 자신의 권모술수에 의해 더욱 강해질 것이라 믿었습니다. 37. 그 증거가 무엇이겠습니까? 그가 몇 명 오트리네인을 모으고 구청장22을 설득하여, 명부 관청이 문을 열면 자기 이름을 기재해 달라고 양해를 구했어요. 그 후 대(大) 판아테나이아23 제전을 맞아 테오리콘(극장수당) 24을 나누어 줄 때, 그도 수당을 받으려고 와서, 다른 구민(區民)이 수당을 받을 때, 자기에게도 달라고 하고, 또 아르키아데스의 이름 아래 등재해 달라고 요구했지요. 그러나 우리가 항의하고 다른 모든 이들도 그의 처사가 터무니없다고 비난하자, 이름도 등재하지 못하고 기금도 수령하지 못한 채 자리를 떴어요.

38. 여러분의 조령25을 무시하고, 다른 구에 속하면서 오트리네구 명부에 이름을 등재하기도 전에 수당을 수령하려 한 이가 법26을 무시하고 상속권을 요구할 것이라고 여러분은 생각하지 않습니까? 아니면, 법정이 판결을 내리기도 전에 참으로 부당한 이득을 취하려 하는 그런 이가 하는 짓거리에 정당성이 있다고 어떻게 믿겠습니까? 불법으로 빈민 수당을 받으려고 했으므로 그 같은 심보로 재산도 차지하려는

---

21 *archontes.*
22 *demarchos.* 데모스(區)의 수장.
23 아테나이 축제 가운데서 가장 중요한 것으로 4년마다 헤카톰바이온달(7월 중순~8월 중순)에 열린다.
24 빈민 수당의 일종.
25 *psephisma.*
26 *nomoi,*

것이 명백합니다. 39. 더구나 장관을 속이고, 여러분에게 공탁금을 걸고, 엘레우시스구에 속하면서도 오트리네구 명부에 또 등재하려 했어요. 이 모든 기도가 수포로 돌아가자, 지난번 공직자 선출 시에는 수 명 구민과 짜고서 아르키아데스의 양자로서 구민 명부에 등재해 달라고 요구했답니다. 40. 저희가 다시 반대하고 나서서 구민 투표는 상속권 소송이 일단락되기 전이 아니라 그다음에 이루어져야 한다고 했지요. 이 점에 대해서 구민이 동의했는데, 그것은 그들 자신의 재량이 아니라 법에 따른 것이었어요. 상속권 소송에서 공탁금을 건 이가 판결이 나오지 않은 상태에서 스스로 양자로 자처하는 것이 터무니없는 것으로 구민들이 여겼던 겁니다. 그런데 이 레오스트라토스가 그다음에 구상한 수작은 모든 것 가운데 가장 폭력적인 것이었어요.

41. 자기 이름을 명부에 등재하지 못하게 되자 그는 불법으로 구민에 의한 자격심사가 이루어지기도 전에 자신의 아들 레오카레스를 아르키아데스의 양자로 들였는데, 당시 아르키아데스의 형제단27에는 소개되지 않았어요. 그런데 그 이름을 구민 명부에 먼저 등재한 다음, 레오스트라토스가 형제단 가운데 몇 명을 포섭하여 형제단 명부에도 오르도록 했습니다. 42. 그런 다음 장관 앞으로 낸 소명서에 레오카레스를 수년 전에 죽은 이의 합법적 자식(양자)으로 적었던 겁니다. 겨우 하루 이틀 전에 형제단에 등재된 레오카레스를 말이죠. 그 결과로서 이들 둘이서 상속권을 주장하게 된 겁니다. 레오스트라토스는 아르키아데스의 합법적 자식으로 상속권을 주장하며 공탁금을

---

27 *phraterai.*

걸었고, 라오카레스도 같은 부친(아르키아데스)의 합법적 자식으로 소명서를 제출했던 것이에요. 43. 그러나 이 둘 다 스스로 양자를 자처한 것이 살아 있는 이가 아니라 죽은 이를 두고 한 짓거리였어요. 그러나 저희가 당위로 믿고 있는바, 재판관 여러분, 현안 소송에서 여러분이 판결을 내릴 때에, 바로 최근친인 우리들 중 누가, 아르키아데스 집안의 대가 끊어지지 않도록, 그 집안의 양자가 되도록 해야 하겠습니다.

44. 먼저, 재판관 여러분, (제 2) 레오스트라토스는 오트리네구를 떠나 엘레우시스구로 돌아가고, 자신의 아들을 아르키아데스의 합법적 자식으로 남겨 놓았으며, 앞서 레오스트라토스의 부친(제 1 레오크라테스)도 그 같은 짓거리를 했던 사실, 또 오트리네구에 남아 있던 그(제 1 레오스트라토스)의 아들(제 2 레오크라테스)은 자식 없이 죽었으며, 소명서를 제출한 이(레오카레스)는 먼저 구민 명부에 이름을 등재하고 그다음 형제단에 등재한 사실 등 관련하여 형제단과 구민 증인들을 여러분에게 소개하겠습니다. 또 제가 진술한 그들의 작태 각각을 증명하는 증언들도 소개합니다. 저를 위해 증인들을 이곳으로 불러 주십시오.

증인들

45. 상속과 관련하여, 재판관 여러분, 처음부터 일어난 모든 사실들, 또 나중에 우리가 장관 앞으로 소를 제기하면서 바로 일어난 모든 사실을 여러분이 들으셨습니다. 더 말씀드려야 할 것은 소명서, 그리

고 우리가 상속권을 요구하는 근거가 되는 법조문에 관한 것인데요. 시간이 허용하고 또 여러분을 번거롭게 하지 않는 한, 상대방 소송인이 여러분에게 하게 될 말이 공정성도 없고 바르지도 않다는 사실을 증명하겠습니다. 우선, 소명서를 여러분에게 읽어드리겠습니다. 소명서와 관련하여 여러분이 판결을 내리게 될 것이므로, 매우 주의 깊게 들어 주십시오.

소명서

46. 들으셨듯이, 이 사람은 소명서에 "아르키아데스의 유산은 재판에 회부될 수 없습니다. 아르키아데스가 입양에 의해 적출 자식28들을 두고 있기 때문입니다"라고 적었습니다. 그렇다면 실제로 이런 아이들이 있는지, 아니면 이 사람이 소명서에 거짓말을 썼는지 살펴보겠습니다. 애초에 재산을 가지고 있었던 아르키아데스는 지금 소명서를 제출한 이(레오카레스)의 조부를 양자로 들였습니다. 그런데 그 사람은 자신의 적자이며 이 사람(레오카레스)의 부친인 (제 2) 레오스트라토스를 양자의 자리에 남겨 놓고, 자신은 엘레우시스로 돌아가 버렸어요. 47. 그 후 그 레오스트라토스도 다시 자신의 적자(제 2 레오크라테스)를 남겨 두고 친부의 집으로 돌아갔지요. 그런데 마지막 양자로 들어와서 아르키아데스의 집안에 남아 있던 이(제 2 레오크라테스)가 자식 없이 죽었습니다. 이렇게 집안에 대가 끊기게 되고,

---

28 *paidia gnesia.*

유산은 다시 원래 최근친에게로 속하게 된 것이죠.

48. 그런데 소명서에 따르면 여전히 아르키아데스에게 무슨 아들들이 있다고 하는데, 어떻게 그런 것이 가능합니까? 입양된 이들이 친부의 집으로 돌아갔다는 사실을 인정하고 있고, 또 아르키아데스 집안에 남아 있던 마지막 양자는 자식이 없이 죽었는데 말입니다. 부득이 집안의 대가 끊긴 겁니다. 대가 끊겼으니 아르키아데스의 적자29가 있을 수 없어요. 그런데도 이 사람(제2 레오스트라토스)이 없는 자식을 있다고 항변하고, "아이들이 있다"고 소명서에 적었으며,

49. 그중 하나가 자기라고 한 거예요. 더구나 "적자들", 30 "정통성 있는 관습31에 따라 (입양된 아이들)"라고 하는 것은 위법입니다. "적자"라는 것은 직접 낳은 아이32를 말하는 것이죠. 이런 사실은 법에서 증명되는바, "부친, 형제 혹은 조부가 합법적 혼인을 통해 여인을 출가시키면, 이 혼인에서 적자33가 나옵니다"라고 하는 것입니다. 입양의

---

29 *hyieis gnesioi.*

30 *gnesioi.*

31 *thesmos.*

32 여기서 화자가 목적성을 가지고 단어의 뜻을 좁게 해석하고 있다고 보기도 한다. '적자(*gnesios*)'의 표현은 직접 낳은 아이뿐만 아니라 법적으로 입양된 이도 포함한다는 것이다. 양자도 입양한 이의 합법적 자식으로 모든 법적 권리를 행사하고, 또 직접 낳은 아이와 같이, 사자(死者)의 재산을 상속받기 때문이다(Kaktos 판본, 11, p. 306, n. 14). 그러나 양자가 친자와 같은 권리를 행사한다고 해도, 두 개념은 서로 구분할 필요가 있다는 점에서 양자가 언제나 친자(적자ㆍ*gnesios*)와 같은 의미로 쓰인다고 하기는 어렵다. 그런 점에서 여기서는 오히려 피고(레오카레스) 쪽에서 양자를 친자인 것으로 윤색하려는 목적성을 가졌다고 볼 수 있다.

33 *paidai gnesioi.*

효과는 입법자에 의해 정의되는바, 입법에 따르면, 자식 없고 재산 있는 이가 입양할 때 그 입양이 유효한 것이에요. 그런데 이 사람(제2 레오크라테스)은 어디서도 아르키아데스에게 낳은 친생자34가 있었다는 말은 하지 않고, 그냥 "적자35가 있다"고 항변하고 있는바, 이런 소명은 사실에 어긋나는 것입니다.

50. 특히 스스로 양자라는 점을 인정하나, 사자(死者)로부터 직접 입양되었다는 말은 어디서도 하지 않은 것으로 드러나요. 그런데 어떻게 유효하고 합법적인 입양이 될 수 있습니까? 그 근거로서, 제우스의 이름으로, 구민 명부에 아르키아데스의 아들로 등재되어 있다고 그가 주장할 것 같아요. 그러나 이 사람(레오카레스)의 호적 등재는 바로 직전, 이들의 농간에 의해, 또 유산 상속 재판이 시작된 다음에야 이루어진 것이에요. 이 같은 야바위를 그들 주장의 증거로 원용하는 것이 실로 올바른 것이 아니죠. 재판관 여러분. 51. 이들이 벌이려는 수작이 황당한 것 아닌가요? 잠시 후 있을 변론에서 그는 자신이 양자라고 주장할 것이나, 소명서에는 감히 그렇게 적지 않은 사실 말이에요. 소명서에는 친자인 것처럼 하여 청구 사항을 적었지만, 앞으로 있을 그들의 변론은 그 같은 소명서 내용과 상반되는 것이 될 거예요. 둘 중 하나는 부득이 거짓말 아니겠습니까? 소명서에는 당연히 입양 사실을 언급하지 않았어요. 누구에 의해서 입양된 것인지를 말해야 할 테니까요. 실은 누가 입양한 것이 아니라, 그들이 스스

---

34 *ganesthai hyon.*

35 *gnesioi.*

로를 입양된 것으로 자처하면서, 우리의 상속권을 빼앗아 간 겁니다.

52. 그다음에 발생한 일도 참으로 어이없고 파격적인 것이 아니라 할 수 있습니까? 엘레우시스 출신인 이 레오스트라토스가 상속권 재판과 관련하여 장관 앞으로 공탁금을 걸었는데, 그때 자신이 오트리네인 아르키아데스의 아들이라고 자처했어요. 그러나 소명서를 제출할 때는, 여러분이 보시듯이, 자신의 아들이 아르키아데스의 아들이라고 주장한 거예요. 여러분은 둘 중 어느 쪽이 진실이라고 간주하십니까? 53. 한 사람이 같은 사실을 주장하지 않는다는 것은 그 자체로 이 소명서가 거짓임을 드러내는 것으로서 가볍게 볼 수 없는 증거입니다. 당연한 것은, 제 소견에, 레오스트라토스가 유산 상속권을 주장하여 공탁금을 걸 때, 나중에 소명서를 제출하게 되는 레오카레스는 아직 구민 명부에 등재되지도 않았던 거예요. 그러니, 앞에서 말씀드린 (호적 등재) 과정이 이루어지고 난 다음에야 적혀진 소명서 내용을 여러분이 믿으신다면, 우리는 최대의 불행에 직면하게 될 것입니다.

54. 레오카레스는 자신이 출생하기도 전 일을 소명서에 언급했어요. 상속권 소송이 제기했을 때 아르키아데스 집안사람으로 들어오지도 않은 사람이 어떻게 그런 사실들을 안답니까? 그가 소명서에 자기와 관련된 일만 적었다면, 타당성을 가질 수도 있지요. 그의 진술이 정당성이 없다고 하더라도, 적어도 그 나이에 적합한 것일 수 있으니까요. 그러나 지금 그가 적은 것은, 자기 부친(제2 레오스트라토스), 그리고 분명히 처음으로 입양된 사람(제1 레오크라테스) 등 이들이 아르키아데스의 적자라는 겁니다. 이들이 원래 친가로 돌아간 사실은 언급하지 않고서 말이죠. 그러니 불가피하게 자신이 태어난 다음이 아니

라 태어나기 전의 일을 소명서에 적은 겁니다. 그러니, 이런 사정들을 고려한다면, 그런 짓거리를 하는 이가 진실을 말한다고 여러분은 믿으시겠습니까? 55. 제우스의 이름으로, 자기 부친에게서 들은 사실에 기초하여 소명서를 적은 것입니다. 그러나 법에 따르면, 전언(傳言)으로 알게 된 사실은, 사자(死者)와 관련된 경우를 제외하고는, 증언하지 못하게 되어 있습니다. 레오카레스는 아직도 생존한 자기 부친에 관한 사실을 증언한 것입니다. 또 있어요. 그(제2 레오스트라토스)가 무엇 때문에 소명서에서 자신이 아니라 자기 아들을 언급했겠습니까? 가장 나이가 많은 그는 지난 일에 대해 소명해야만 하거든요. 제우스의 이름으로, 그가 말하고 싶었던 것은 저에게 이 사람(레오카레스)을 아르키아데스의 아들로 입양한 사실을 받아들이라는 것 같습니다. 56. 그렇다면, 아마 당신(제2 레오스트라토스)은 "내가 내 자식을 아르키아데스의 양자로 넣었소"라고 말할 수 있겠습니다만, 당신이 양자를 들이고 모든 일을 기획한 데 대해 부득이 해명해야 할 것 같소. 당신이 주도하여 벌어진 일이기 때문이요. 꼭 그래야만 하는 것이죠. 그런데 당신은 그러지 않고, 아무것도 모르는 당신 아들 이름을 소명서에 적어 넣었단 말이요. 여러분이 보시듯이, 재판관 여러분, 소명서의 진술은 거짓이며, 이들은 스스로 그런 사실을 인정한 것이에요. 그러니, 잠시 후 레오스트라토스가 소명서에 감히 적지 못했던 것을 여러분 앞에서 말하면, 귀담아듣지 않는 것이 좋겠습니다.

57. 그런데 소명이란 모든 재판 절차 가운데서 가장 부당하고, 또 상대소송인의 분노를 극도로 유발한다는 사실은 누구라도 다음과 같은 점에서 잘 알 수 있지요. 첫째, 소명은 다른 소송 절차에서와 같이

불가피한 것이 아니라 소명하는 이의 선호와 의지에 따른 것이라는 겁니다. 분쟁 사안에서 소명 이외에 판단의 준거가 없을 때는 소명할 필요가 있을 수도 있습니다. 58. 그러나 소명 없이도 온갖 위원들 앞에서 호소할 수가 있는데도, 그런 것에 의지한다면, 그 소명은 무모하고 또 극도로 몰지각한 것 아니겠습니까? 입법자는 소송 쌍방에 소명을 의무화한 것이 아니라, 원한다면 그것을 제출할 수 있는 권리를 부여한 것입니다. 우리 각자의 성격을 시험해 보려는 듯, 어떻게 우리가 무모한 절차에 의지하는지를 보려 한 것이에요. 59. 더구나, 이같은 소명을 제출하는 이들36의 경우에는, 재판37도 소송38도 제대로 작동할 수 없어요. 소명이라는 것이 이 모든 절차를 마비시키는 겁니다. 소명을 제출하는 이의 뜻에 따라 번번이 재판 절차에 회부하는 것을 방해하기 때문이지요. 그러니, 제 소견에, 이 같은 부류의 사람들은 세상 사람들의 공동의 적으로 간주할 필요가 있고, 또 여러분 앞으로 소(訴)39를 제기할 때 여러분이 양해를 베풀어서는 안 되겠습니다. 각자가 소명을 통해 스스로 위험을 자초한 것이고, 부득이 소환된 것이 아니기 때문이에요.

60. 소명서 내용과 함께 여러분이 들으신 내용들을 통해, 여러분은 소명이 거짓이라는 사실을 아주 분명하게 아셨습니다. 그런데 법규정에 따라서도, 재판관 여러분, 유산은 우리에게 돌아와야 한다는

---

36 *diamartyron.*
37 *dikasteria.*
38 *agones.*
39 *agonizomenoi.*

점을 간략하게 여러분에게 말씀드리겠습니다. 애초에 우리가 말씀드린 것을 여러분이 이해하지 못했기 때문이 아니라, 이들의 거짓과 상반되는 공정성에 대해 여러분이 더 잘 인지하실 수 있도록 하려는 것이에요.

61. 간추린다면, 우리는 애초의 재산권자인 아르키아데스의 남계 최근친입니다. 아르키아데스 집안의 입양과 관련하여, 먼저 입양된 이들은 친부가 있는 생가로 돌아갔어요. 아르키아데스의 집안에 마지막으로 남아 있던 이는 자식 없이 죽었습니다. 이런 상황에서 저희는 상속권을 주장하게 된 것입니다. 62. 우리가 레오스트라토스의 재산을 빼앗으려고 하는 것이 아닌 것이, 그 집안은 따로 자체 재산을 가지고 있기 때문이지요. 마지막으로, 법조문에 따르더라도 아르키아데스가 남긴 재산은 우리에게 속합니다. 법에 따르면, 재판관 여러분, 남계와 남계의 후손들이 재산을 상속하게 되어 있는데, 그것이 저희입니다. 아르키아데스는 자식이 없었고, 그 최근친이 저희예요.

63. 더구나 양자는 다른 이를 양자로 입양할 수 없습니다. 친자를 두거나, 그렇지 않으면 상속권을 근친에게로 넘겨야 하는 것이에요. 법조문에 따르면 그러합니다. 그 같은 권리가 양자에게 주어진다면, 여러분 모두 어떻게 원래 최근친 혈족의 권한으로부터 배제되지 않을 수 있습니까? 주지하시듯이, 대부분 사람들이 아첨에 넘어가거나 가족 분쟁으로 심술이 발동하여 양자를 들입니다. 그러나, 양자가 불법으로 스스로 원하는 이를 양자로 들일 수 있다면, 유산은 절대로 원래 친족에게 돌아가지 못하게 되겠죠. 64. 입법자가 입양된 이가 양자를 입양하지 못하도록 금지한 것은 이 같은 사태를 막기 위한 것

입니다. 그(입법자)가 어떻게 이러한 점을 밝혔는지 보십시오. "적출자를 대신 남기고 양부의 집을 떠나서 친가로 돌아간다"라고 할 때, 그 뜻은 양자는 스스로 양자를 들일 권리가 없다는 뜻입니다. (입양된 집에서) 친생자가 없는 경우, (생가의) 적출자를 대신 남겨 놓지 못합니다. 그런데 레오스트라토스 씨, 당신은 우리 집안에 양자로 들어왔다가 죽은 이의 재산을 다시 양자를 세워서 상속하려 하고 있소. 법에 따라 근친에게 돌아가야 할 재산이 아니라 마치 당신의 것인 양 말이요.

65. 저희로서는, 재판관 여러분, 사자(死者)가 누구를 입양한 것이라면, 그것이 불법이지만, 우리가 승복했을 겁니다. 혹은, 그가 유언장을 남겼다면, 우리는 또한 그 점을 존중했을 거예요. 애초에 그런 것이 우리의 입장이었으니까요. 이들이 재산을 차지했고, 또 제멋대로 친가로 돌아가도 저희는 이의를 달지 않았어요. 66. 그런데 지금은 이들 스스로 하는 짓거리와 법에 근거하여 불법이 드러났으므로, 저희가 아르키아데스의 재산을 상속받아야 하고, 또 양자는 이들이 아니라 그전에 입양된 적이 없는 저희 중에서 나와야 하는 것입니다. 제 소견에, 입법자는 친척의 불행을 구제하고 또 여성을 출가시키는 의무를 최근친에게 부과한 것과 같이, 재산을 상속하고 분배하는 권리도 같은 이들에게 돌아가도록 한 점에서 공정했다고 봅니다.

67. 그리고 가장 중요하고 또 여러분에게도 널리 알려진 것이 있어요. 그것은 솔론이 양자는 입양된 집안의 재산에 대해 유언으로 처분할 수 없도록 한 것입니다. 이런 조치는 일리가 있다고 저는 봅니다. 합법적으로 입양되어 남의 재산을 장악한 이는 그것을 자기 재산처럼

취급해서는 안 되는 거예요. 법을 준수하여, 일일이 법이 규정한 바를 따라야 하니까요. 68. 입법자는 "솔론이 공직에 임할 당시 입양되지 않았던 이들은 모두 원하는 바에 따라, 재산을 유증할 수 있다"고 했어요. 그 뜻은 입양된 이는 재산을 마음대로 처분할 수 없으나, 살아생전에 적자40를 대신 남겨 놓고 자신은 친가로 돌아갈 수 있다는 겁니다. 그렇지 않고 사망한 경우, 이들은 애초에 양부의 친족들에게 재산을 반환해야 합니다.

---

40 *hyios gnesios.*

지은이 · 옮긴이 소개

지은이_ 데모스테네스 (Demosthenes, BC 384?~BC 322)

데모스테네스는 파이아니아 데모스(아테나이 동쪽 히메토스 산기슭)에서 태어났다. 그의 부친은 그와 같은 이름으로 부유한 자산가였고, 모친 클레오불레는 스키티아 계통이었다. 7살 무렵 부친이 타계하며 거액의 유산을 남겼으나, 성인이 되어 후견인들로부터 되돌려 받은 것은 그 10분의 1에 불과했다. 그는 부친의 재산을 되찾기 위해 변론인이 되기로 결심한 후, 유산상속 사건의 변론으로 유명한 이사이오스를 가정교사로 들이고 유산으로 받은 돈을 투자하여 법률과 변론술을 익혔다. 데모스테네스는 변론가이자 기원전 4세기 중후반 아테나이에서 영향력이 큰 정치가로 성장했다. 그는 마케도니아에 대항해 페르시아와 제휴한 반면, 그의 경쟁자 이소크라테스는 마케도니아와 손잡고 페르시아에 저항했다. 기원전 388년 카이로네이아 전투에 패배한 아테나이는 마케도니아에 종속되었다. 알렉산드로스가 바빌로니아에서 사망한 직후인 기원전 322년, 그는 마케도니아에 맞서는 아테나이의 반란에 앞장섰고, 아테나이 서북쪽 라미아에서 벌어진 마지막 전투에서 패배한 후 자살했다. 최고의 법정 변론인이자 명성 있는 정치가로서 이력을 가진 그의 변론문은 정치, 사회, 경제, 법률 등 기원전 4세기 아테나이 사회를 거울같이 조명하는 데 손색이 없는 귀중한 고전이다. 데모스테네스의 변론문집은 변론문 총 61개, 서설 56개, 서신 5개, 그 외 산발적으로 전해 내려오는 단편, 주석 등이 있다.

옮긴이_ 최자영 (崔滋英)

경북대 문리대 사학과를 졸업(1976) 하고, 동 대학교에서 석사학위(1979) 를 취득했으며 박사과정을 수료(1986) 하였다. 그리스 국가장학생(1987~1991) 으로 이와니나대 인문대학 역사고고학과에서 "고대 아테네 아레오파고스 의회"로 역사고고학 박사학위 (1991), 이와니나대 의학대학에서 의학 박사학위(2016) 를 취득했다. 그리스 오나시스 재단 방문학자(2002~2003), 부산외국어대 교수(2010~2017), 한국서양고대역사문화학회 학회장(2016~2017) 을 역임했다. 현재 한국외국어대 겸임교수이자 ATINER (Athenian Institute for Education and Research) 의 유럽 지중해학부 부장으로 재임하고 있다. 저서로 《고대 아테네 정치제도사》(1995), 《고대 그리스 법제사》(2007), 《시민과 정부 간 무기의 평등》(개정판, 2019) 등이 있다. 역서로는 아리스토텔레스의 〈아테네 정치제도〉 등을 번역한 《고대 그리스 정치사 사료》(공역, 2003), 기원전 4세기 아테나이 변론가 이사이오스의 《변론》(2011), 크세노폰의 《헬레니카》(2012), 기원전 5~4세기 아테나이 변론가 리시아스의 《리시아스 변론집》1, 2권(2021) 등이 있다.